Lebensart *genießen*

in und um Bayreuth

1. Auflage, Mai 2014

ISBN 978-3-9813799-5-2
Printed in Germany

Titelbild: Wagner-Büste aus Schokolade, Modell aus der Sammlung von Barbara Flügel Porzellan, Schönwald.
Foto und Bildbearbeitung: Josef Hagen, ADM Service Bamberg.

Lebensart *genießen*

in und um Bayreuth

Herausgegeben
von Oliver van Essenberg

- Essen Trinken Ausgehen
- Ausstattung Design Architektur
- Kunst Kultur Natur

selekt

Der Muse geweiht – Einsiedelei in der Eremitage.

Inhalt

● Essen Trinken Ausgehen

Ausstattung Design Architektur

Kunst Kultur Natur

Editorial

Wir alle sind auf der Suche nach guten Gefühlen, und es gibt zig Möglichkeiten, sie zu erleben: Shoppen bis zum Abwinken, einen Marathon laufen, meditieren, ein Liebespaarmenü genießen, sich von Musik überwältigen lassen … Die guten Gefühle haben alle etwas gemeinsam. Es geht um Erfahrungen, die über das Gewöhnliche hinausgehen. Es geht um Lust. Das Leib- und Magenthema von „Lebensart genießen". Aber was haben die eingangs genannten Beispiele mit dem Inhalt dieses Buches zu tun? Einiges! Shoppen ist ein Thema. Wer alle Adressen dieses Buches abgeht, hat am Ende mindestens einen Marathon hinter sich. Der Ausflug in die Natur führt zu meditativen Orten, an denen der Geist zur Ruhe kommt. Vielleicht regt Sie das eine oder andere Rezept zu einem Liebespaarmenü an? In Bayreuth kann schließlich jeder von der Muse geküsst werden, denn in der Stadt schwingt überall der Dreiklang von Wilhelmine, Jean Paul und Wagner mit.

Die Lebensart eines jeden Einzelnen ist heute individualistisch und bunt. Lebensart steht dabei häufig nicht nur für Lebensführung, sondern auch für Lebensänderung, bewusstes Erleben und genaues Hinschauen. Im Zusammenhang mit einer liebevollen Einstellung wird aus dem Leben nach dem Lustprinzip die Fähigkeit, Lebensart zu genießen. Statt Shoppen bis zum Abwinken empfehle ich daher lieber, weniger und gut zu genießen. „Genießen mit Verstand" – das Motto von Slow Food wäre zu übertragen auf alles Sinnliche.
Dieses Ethos steht im Mittelpunkt des Buches „Lebensart genießen". Es präsentiert sorgfältig ausgewählte Adressen, allen voran Handwerksbetriebe und Hersteller, und verknüpft die Empfehlungen mit Gastbeiträgen profilierter Autoren. Bei der Auswahl haben mich gut informierte Bayreuther, gelegentlich auch die Autoren der Gastbeiträge beraten. Neben dem Kriterium handwerklicher Herstellung waren Aspekte wie Regionalität, Naturnähe, Vielfalt, aber auch Originalität, geschichtliche Bedeutung und Einzigartigkeit Ausschlag gebend, wobei es immer darauf ankam, jeweils herausragende Vertreter einer Richtung, zum Beispiel der fränkischen, der italienischen Küche usw., vorzustellen. Die Betriebe haben die Umsetzung intellektuell und finanziell unterstützt.
Entstanden ist eine Hommage an die Region. Für Einheimische und Individualreisende, fachlich Interessierte und Genussmenschen gleichermaßen. So unterschiedlich die Lebensart jedes Einzelnen auch ist: Vielleicht sind die guten Gefühle des Genusses bei uns allen mehr oder weniger ähnlich.

Den Leserinnen und Lesern wünsche ich, dass die Artikel zum Weiterlesen verführen und Appetit machen auf mehr. Damit Sie am Ende des Werkes noch lange nicht satt sind.

Oliver van Essenberg, April 2014

Linke Seite: Schönheit als ein lustvolles Spiel – Steinfiguren in der Eremitage.
Voran gehende Doppelseite: Bayreuth um 1830, Stich von Ludwig Richter, bearbeiteter Ausschnitt.

Bayreuth, Baroid, Bareid!

von Mia Pittroff

„Ich denke immer noch, irgendwann einmal sitzen wir alle in Bayreuth zusammen und begreifen gar nicht mehr, wie man es anderswo aushalten konnte.“

– Friedrich Nietzsche

Bayreuth also. Wo fängt man da an? Wagnerstadt, Universitätsstadt, Hauptstadt Oberfrankens, Bayreuther Rokoko, Bayreuther Nachkriegsarchitektur.
Ja, was ist es denn nun? Wagner oder Jean Paul? Fränkische Weltmetropole zwischen Fränkischer Schweiz und Fichtelgebirge oder verschlafenes Beamtenstädtchen im ehemaligen Zonenrandgebiet? Und zuallervorderst: Wie um Himmels Willen spricht man es eigentlich aus?

„Wagner dirigiert Bayreuth" – Zum 200. Geburtstag des Meisters (2013) waren überall in Bayreuth, vor allem im Festspielpark die Figuren des Künstlers Ottmar Hörl zu sehen.

Bayreuth? Baroid? Bareid? Ich übe den Selbstversuch und stelle fest: Spreche ich BayREUTH, also mit Betonung auf der zweiten Silbe, wandern zuerst meine Augenbrauen wie von einer unsichtbaren Schnur gezogen nach oben, anschließend fällt mein Kopf mit der zweiten Silbe nach unten in Richtung Kinn. Mein ganzes Gesicht bekommt derweil einen leicht entrückten Ausdruck. Als ob ich sagen wollte: „Natürlich sind mein Zahnarztgatte und ich jedes Jahr da." Mit „da" meine ich nicht die Stadt an sich, sondern die Festspiele. Ich habe aber weder einen Zahnarztgatten noch bin ich jedes Jahr „da".

Nein, BayREUTH, das liegt mir nicht so. BaROID, das hab ich das letzte Mal so von der Kulmbacher Verwandtschaft gehört und ich kann es nicht aussprechen, ohne es wie eine Frage zu betonen. BaROID? Muss man da wirklich hin? Klingt ein bisschen wie „bereut". Und bereuen will ich nichts. Außerdem kräuseln sich beim Sprechen Kinn und Lippen auf unangenehme Weise. Nein, BaROID ist es meines Erachtens auch nicht.

Nun zur dritten Version: BaREID. Na, das ging ja gut von der Zunge. Ich probiere es gleich nochmal: BaREID. Das sitzt. Ja, ich glaube des Bayreuthers Bayreuth spricht sich BaREID. Die erste Silbe schön kurz und die zweite dann etwas breiter gezogen, nicht unbedingt länger, schließlich will man´s ja nicht übertreiben und in nicht mal zwei Sekunden ist die Stadt mit ihren zwei kurzen Silben schon aufgesagt. Wo kommst du her? BaREID. Und wenn die Nachbarn auf dem Campingplatz am Gardasee dann fragen: „Soso, da gibt es doch die berühmten Wagner-Festspiele?" Dann antwortet der stilbewusste Bayreuther: „Naja. Scho. Oba aa bloß im Summa."

Der Bayreuther macht in der Regel nicht viel Gewese um seine Stadt. Dem Bayreuther muss man nicht ständig versichern, wie schön seine Stadt sei, was für eine Perle in der fränkischen Hügellandschaft, welch Kleinod am Main oder gar heimliche Hauptstadt der fränkischen Herzen. Zugegeben, als Bayreuther bekommt man das auch nicht allzu oft zu hören. Aber wenn doch, dann antwortet der Bayreuther mit großer Wahrscheinlichkeit mit einem schlichten: „Wennsd maansd."

Nach dem Krieg größtenteils zerstört, dann

in der typischen Nachkriegsweise wieder aufgebaut ist Bayreuth seit Jahren stets im Wandel und in der Entwicklung. So sitzt man seit einigen Jahren im Sommer am Canale Grande und seit Kurzem gibt's auch auf dem Marktplatz „a glaans Bächla“, die sogenannte Todesrinne. Der Busverkehr ist aus der Fußgängerzone verbannt und statt hupenden Bussen auszuweichen, flanieren die Bayreuther jetzt nach dem „Schobbing“ über den breiten Marktplatz, um schließlich im Wirtshaus am Markt ein Seidla zu trinken, oder in der Eisdiele gegenüber einen Bananensplit auf das bereits im Magen schwappende Schäufala zu legen. „Seng und gseng wern“ auf bayreutherisch.
Insgeheim findet es der Bayreuther nämlich auch gar nicht so schlecht, wenn BayREUTH nach den trubeligen Sommerwochen wieder von der Weltstadt zur manchmal etwas nüchternen oberfränkischen Haupt- und Universitätsstadt wird. Sich also von BayREUTH in BaREID zurückverwandelt.
Wenn die Massagedüsen in der Lohengrintherme nicht mehr von amerikanischen Touristen belagert werden und dem Heiner sein Handycap am Rodersberg wieder zum etwas gemütlicheren Händikäbb wird. Wenn die japanischen Reisegruppen die Eremitage für die Dauer von Herbst und Winter wieder sich selbst überlassen und die Hundebesitzer und Jogger zwischen Sonnentempel und Oberer Grotte ihre Runden drehen ohne ständig durch's Gruppenfoto zu laufen. Wenn man beim Mann´s, beim Becher oder auf der Theta nicht mehr mit weltbekannten Startenören oder Kultregisseuren um die besten Plätze kämpfen muss. Und genau da sitzen's dann wieder zamm: die Junga, die Oldn, die Schdudendla, die Neigschmeggdn und die Echdn. Und dazwischen der ein oder andere hängengebliebene Wagnerianer, der nach dem letzten Vorhang am grünen Hügel, einem plötzlichen Impuls folgend, nicht in den Zug nach München, Frankfurt oder Berlin gestiegen ist, sondern am Bahnhof vorbei über den Luitpoldplatz zur Innenstadt hinab und wieder hinaufgestiegen ist.
Und der so Bekehrte lässt es sich bei einem Schluck Bayreuther Bier noch einmal auf der Zunge zergehen, das wunderschöne BaREID – und begreift gar nicht, wie er es einst anderswo aushalten konnte.

Essen Trinken Ausgehen

Auf der Theta

Genussregion zwischen Tradition und Moderne

Essen, Trinken und Genießen in Kulmbach und Bayreuth

von Uta Hengelhaupt

Dass Essen und Trinken Leib und Seele zusammenhalten, ist eine alte, fast epikureische Lebensweisheit, die ihre Bedeutung bis heute nicht verloren hat. So bedeuten Essen und Trinken über die reine Kalorienaufnahme hinaus ein Stück Lebensqualität, das das eigene Wohlbefinden und das Gefühl der Zusammengehörigkeit stärken kann. Dabei spielte für Menschen vergangener Zeiten der Jahreskreislauf mit seinen saisonal verfügbaren Produkten sowie einer Folge an Fest- und Fasttagen eine wichtige Rolle. Und häufig sind es gerade diese traditionellen Rahmenbedingungen, die uns heute das Einfache als Spezialität empfinden und aus der Schlichtheit Genuss schöpfen lassen.

Während der globale Nahrungsmittelmarkt vom Grundmotiv eines „immer schneller, immer mehr, immer billiger" und den damit verbundenen negativen Auswirkungen für Menschen, Lebensräume, Natur sowie für ökologische und soziale Güter bestimmt wird, entwickelt sich im behutsamen Gegenzug seit einigen Jahren in vielen Regionen eine Kultur des achtsamen Umgangs in der Erzeugung von Lebensmitteln, die sich vor allem Leitbildern der regionalen Wertschöpfung, des handwerklichen und bäuerlichen Familienbetriebs und – nicht zuletzt – des authentischen Genusserlebnisses verpflichtet fühlt.

Diesen Zielsetzungen widmen sich seit Oktober 2007 auch in Oberfranken handwerkliche und bäuerliche Spezialitätenerzeuger, die sich mit Vertretern aus Politik, Institutionen, Wissenschaft, Forschung und Tourismus zum Verein „Genussregion Oberfranken"

Ein Brotzeitklassiker ersten Ranges: Der „Zwetschgenbaames" – ein geräucherter, roher Rinderschinken – ist in der klassischen Zubereitung nicht mehr feucht, aber noch nicht trocken. Bei der Herstellung wird das Fleisch über Zwetschgenholz geräuchert. Die niedrige Glimmtemperatur ermöglicht ein langsames Heranreifen des Schinkens im Rauch.

zusammengeschlossen haben, um die gewachsene Kultur hochwertiger Lebensmittelerzeugung in der Region zu fördern. Denn hier hat Oberfranken wahrlich Beeindruckendes zu bieten.
Aufbauend auf der agrarwirtschaftlichen Erzeugung einer bodenständig kleinteiligen Landwirtschaft eroberte das oberfränkische Handwerk gleich drei Spitzenplätze im globalen Ranking. Nirgendwo auf der Welt gibt es gemessen an der Zahl der Einwohner mehr Bäcker (529), Metzger (714) und Brauer (ca. 200) als in Oberfranken (Stand: Dezember 2013). Und mit diesen Zahlen verbunden ist eine ebenfalls rekordverdächtige Vielfalt regional erzeugter Lebensmittelspezialitäten, die keinen Zweifel daran lassen, dass Oberfranken mehr als viele andere Regionen seine kulinarische Identität bewahrt hat. Essen und Trinken sind hier nicht nur ein Stück Geschichte, sondern allseits gepflegte kulturelle Gegenwart.

Dennoch: Selbstverständlich gilt es auch in Oberfranken der McDonaldisierung der Gesellschaft zu begegnen, die über den zunehmenden Bedeutungsverlust

Von der kulinarischen Vielfalt inspiriert

Der Verein Genussregion Oberfranken setzt sich für Vielfalt ein: So sollen sich in den hier erzeugten Lebensmitteln Landschaft, Bodenbeschaffenheit, Klima, Flora und Fauna der oberfränkischen Kulturlandschaften spiegeln. Typische Nutzpflanzen und Tierarten sollen auch jenseits optimierter Produktionsquoten ihre Wertschätzung erfahren.

Die damit verbundene Botschaft ist eindeutig: Wer regional und saisonal isst, trinkt und genießt, fördert die kulturelle Vielfalt und trägt zum Erhalt hochwertiger, mit verantwortungsvoller Sorgfalt hergestellter Lebensmittel bei. Auf den Internetseiten der Genussregion Oberfranken (www.genussregion-oberfranken.de) gibt es dazu viel zu entdecken: Wissenswertes zu den Spezialitäten der Region aber auch zu geschichtsträchtigen Orten, phantastischen Landschaften, imposante Naturwunder, verbunden mit vielen Hinweisen auf kulinarische Überraschungen, attraktive Einkehrmöglichkeiten und spannende Mitmachaktionen quer durchs Land.

Lebendige Geschichte
Ein ganz besonderes Erlebnis sollten sich diejenigen nicht entgehen lassen, die beim Essen und Trinken gerne hinter die Kulissen schauen wollen. Unter dem Motto „Heute back' ich, morgen brau' ich" gibt es im Kulmbacher Mönchshof seit 2008 das Bayerische Bäckerei- und Brauereimuseum zu bestaunen und zu besuchen. 1994 eröffnet, hat sich das Museum im alten Brauereikomplex zum regelrechten „Kulturzentrum" in Sachen Bier und Brot entwickelt. Hier kann man sich nicht nur informieren, sondern an vielen interaktiven Stationen von der „Kunst des Bierbrauens" bis zur „Gläsernen Brauerei" und vom Backhäuschen des 17. Jahrhunderts über eine dreistockige Mühle bis zum fortig gebackenen Brot mit allen Sinnen erleben, wie fränkische Spezialitäten entstehen. Und wer noch mehr erfahren möchte, findet in den zahlreichen Veranstaltungen des Museumspädagogischen Zentrums (MUPÄZ) bestimmt das Richtige. Ob Koch- und Backkurse, Vorführungen und Mitmach-Seminare, Ferienkurse und Gruppenerlebnisse, das Programm des MUPÄZ ist vollgepackt mit attraktiven Veranstaltungen. Im stimmungsvollen Ambiente der Adalbert-Raps-Gewürzbibliothek, die natürlich den Besuchern offen steht, lauscht man Vorträgen oder genießt eine exklusive Schaukochaktion.

von Essen und Trinken als Mittel zum Leben und Teil der gemeinschaftlichen Alltags- und Festtagskultur den Bezug zu ihren ökologischen wie identitätsstiftenden Grundlagen zu verlieren droht. Auch hierzulande werden handwerkliche Erzeugnisse aus heimischen Rohstoffen immer stärker in Nischen verdrängt, verschwindet ein immer größeres Stück regionaler Identität, Wissen um Herstellung, Tradition, Kultur, wie auch die gemeinsame Mahlzeit am Familientisch, der jahreszeitliche Kontext von Lebensmitteln und letztlich auch die traditionelle Kreislaufwirtschaft, das soziale Engagement und die politische Verantwortung rund um diese Themen insbesondere auf dem Land.

Daher gehören zur Werbeoffensive der Genussregion Informationsveranstaltungen, die z.B. die Qualität regionaler Getreideerzeugung für das Bäcker- und Brauergewerbe, die Wertschöpfung von Rindfleisch aus Mutterkuhherden in Weidehaltung für Landwirte, Metzger und Gastronomiebetriebe, aber auch für Kulturlandschaft, Artenvielfalt, für Naherholung und Tourismus betonen. Daher wird in Genuss- und Sensorikseminaren geduldig erläutert,

Da Wissen den Genuss nicht schmälert, sondern die Sinne schärft, haben die Veranstaltungen im museumspädagogischen Zentrum Kulmbach einen ganz lebenspraktischen Nutzen (im Bild: Pralinenhersteller Johannes Storath bei einem Seminar). Unten: Sauerteigbrote – eine Parade-Disziplin handwerklicher Bäcker.

warum ein Brot aus echtem Natursauerteig in der Herstellung viel mehr Zeit braucht als chemisch gesäuerte Ware, dafür aber die ernährungsphysiologisch wichtigen Bestandteile des Getreidekorns besser aufschließt und letztlich länger haltbar ist, warum Fleisch- und Wurstwaren aus artgerechter Tierhaltung und langsamer Mast mehr Qualität und sorgsame, zeitintensive Verarbeitung und Reife einfach mehr Geschmack erzeugen, warum Obst, Gemüse sowie Säfte und weitere Veredelungsprodukte aus Streuobstbeständen oder feldmäßigem Anbau bei kurzen Vermarktungswegen letztlich ein Mehrfaches an Frische, Inhaltsstoffen, Sortenvielfalt und Charakter entwickeln usw.
Den Mitgliedern der Genussregion ist aber noch ein weiterer Aspekt ihrer gemeinsamen Arbeit wichtig. So wird der immer weiter entwickelte Gedanke der Wertschöpfungspartnerschaften zwischen Erzeugern, Veredlern und Verbrauchern in der Region erweitert, um das gemeinsame Bedürfnis, die kulturelle Identität Oberfrankens durch die Bewahrung seines kulinarischen Reichtums zu pflegen und weiterzuentwickeln.
Schon im Vergleich der Landkreise Kulmbach und Bayreuth ist die sprichwörtliche Vielfalt der Lebensmittelspezialitäten so groß, dass man mit dem Probieren gar nicht hinterher kommt. Beginnen wir bei den Bäckern, die in Kulmbach und Bayreuth gerne auf ihr Aushängeschild, das echte Fränkisches Landbrot aus ca. 80 Prozent Roggenmehl mit röscher Kruste und saftiger Krume verweisen, das man auch nach einer Woche noch ohne weiteres schneiden kann. Denn daran zeigt sich, dass es der Bäcker versteht, einen Sauerteig selbst herzustellen und (mindestens) über drei Stufen behutsam ausreifen zu lassen. Dieser enthält so ein ausgewogenes Verhältnis an Milch- und Essigsäurebakterien sowie Hefepilzen, die den schweren Roggenteig lockern und backfähig machen. Darüber hinaus entwickeln und intensivieren sie das Brotaroma und optimieren die Haltbarkeit des Brotes.
Unter den Weißmehlgebäcken gehören die Krätzaweggla zu den Bayreuther Spezialitäten. Das gehaltvolle Hefegebäck wird zu Fest- und Feiertagen gebacken und früher in der „Krätz'n", einem Korb, ausgetragen. Spulweggn wiederum gehören in das familiäre Brauchtum um Weihnachten und Neujahr und wurden gerne zu Fleisch oder Gansjung und brauner Soße gegessen. In die Osterzeit gehören in Bayreuth die Eierringe, die aus einem süßen Hefeteig gebacken und mit 12 bunten Eiern gefüllt werden. In vielen oberfränkischen Gemeinden in und um Bayreuth werden sie noch heute von den Paten an die Patenkinder verschenkt und am Ostersonntag zum Frühstück gegessen.

Backspezialitäten zu den Festtagen

Auch in Kulmbach dürfen zu Ostern Butterzöpfe und Osterbrot auf keinem Frühstückstisch fehlen. In der Kerwa-Zeit verführen die Kulmbacher Pfannkuchen (Küchla oder Krapfen), die wirklich unvergleichlich schmecken. Ab Ende November bis Aschermittwoch oder Gründonnerstag bäckt man in Kulmbach wunderbar aromatische Anisbrezeln.
Über weitere Kulmbacher und Bayreuther Backspezialitäten informiert Georg Langs Beitrag auf Seite 39.

Eine der bekanntesten Gebilde des Bäckerhandwerks, die Brezel, ergibt mit Anis gewürzt eine oberfränkische Spezialität, die im übrigen Bayern und in Deutschland sonst nahezu unbekannt ist.

Das Bayerische Brauereimuseum in Kulmbach hat ein eigenes Biersortiment. Das ganze Jahr über gibt es den „Urtyp", ein süffiges Exportbier, zudem jahreszeitlich wechselnde Spezialitäten wie z.B. im Januar den hellen Bock zum Stärkantrinken, das Osterfestmärzen und für die Sommerzeit das Gartenweizen, im Herbst das Erntedankbier und zur Adventszeit das Lebkuchenbier. Daneben kreiert Braumeister Robert Boser auf Wunsch aber auch Hochzeits- und Jubiläumsbiere. Nicht weniger variationsreich als das Bier präsentieren sich die (ober-)fränkischen Wurstspezialitäten. Wer auf Diät ist, muss beim Verzehr Abstriche machen.

Regionale Wurstspezialitäten

In den Bayreuther und Kulmbacher Metzgereien ist die Palette der angebotenen Wurstwaren typisch oberfränkisch. Neben Kochwürsten wie Presskopf, Pressack und Leberwurst isst man hier gerne Mettwurst, sowohl als Rohwurst mit Zwiebeln angemacht oder auch geräuchert und getrocknet als Bauernseufzer. Und neben kalten Gerichten wie Tellersülze und Zwiebelfleisch, die in der warmen Jahreszeit schon mal eine Hauptmahlzeit ersetzen können, liebt man natürlich auch hier die Bratwürste (eine ausführliche Darstellung finden Sie auf Seite 36). Immer mehr Metzger achten inzwischen auf die regionale Herkunft der verarbeiteten Tiere. Unter dem Label „Bayreuther Land – Genuss von Wald und Weide" haben sich einige engagierte Weiderindhalter, Metzger und Jäger zusammengeschlossen. Produkte dieses Qualitätssiegels erhält man in der Metzgerei Parzen (Bayreuth), der Metzgerei Klaus Lindner (Pegnitz) sowie im Hofladen Böhmer (Schrenkersberg). Auch im Hofladen der Landwirtschaftlichen Lehranstalten werden ausschließlich Produkte von eigenen Tieren verarbeitet. Damit garantieren diese Erzeuger und Veredler nicht nur gesunde Lebensmittel aus dem Bayreuther Land mit einem Optimum an Geschmack. Durch ihr Bekenntnis zur artgerechten Tierhaltung, regionalen Verarbeitung und zum Erhalt der Kulturlandschaft tragen sie dazu bei, die Region als attraktiven Lebens- und Wirtschaftsraum zu gestalten.

„Heimliche Hauptstadt des Bieres"

Besonders stolz sind die Kulmbacher auf ihr süffiges Bier, das schon Goethe gerne trank und sich per Postkutsche nach Weimar schicken ließ. Stolz führt man daher den Namen der heimlichen Hauptstadt des Bieres. Unter den Kulmbacher Brauereien fällt die Kulmbacher Brauerei AG schon allein wegen der Dominanz ihrer Betriebsgebäude im Stadtbild auf. 1996 aus dem Zusammenschluss der ehemals selbständigen Brauereien Reichelbräu, Sandlerbräu, Mönchshof und EKU hervorgegangen, bietet die Kulmbacher Brauerei heute ein

vielfältiges Bierspezialitätensortiment. Dabei bekennt sich das Unternehmen zu seinen fränkischen Wurzeln und ist zugleich auf dem überregionalen Markt tätig. Unter dem Dach der Kulmbacher Brauerei werden heute über 30 verschiedene Biere eingebraut.
Daneben konzentriert sich die Kommunbräu Kulmbach als echte Handwerksbrauerei auf einen deutlich kleineren Absatzmarkt mit Schwerpunkt im eigenen Brauereiwirtshaus. Hier zaubert der Braumeister das traditionell unfiltrierte, naturtrübe Hell- und Bernsteinbier. Außerdem gibt es jeden Monat eine andere ganz besondere Spezialität, die auf dem Kommunbräu-Bierkalender angekündigt wird. (Porträt auf Seite 64)

Außerdem werden in Kulmbach auch Biere der Brauerei Haberstumpf (Trebgast) sowie Schübel (Stadtsteinach) getrunken (Porträt Brauerei Haberstumpf s. Seite 59). Schließlich wird in der heimlichen Hauptstadt des Bieres der Gerstensaft auch gerne zum Kochen verwendet. So entstand z.B. das Rezept für das Kulmbacher Bierfleisch, das mit einer Flasche kräftigem Eisbock, dem stärksten Biergenuss, zubereitet wird. Viele Wirte in Kulmbach servieren zum frischen Gerstensaft gerne typisch Fränkisches aus dem Ofenrohr, dem Kochtopf oder der Pfanne. Neben traditionellen Bratenstücken vom Rind oder Schwein stehen auch Lamm und Zicklein sowie Wild aus den naturbelassenen Revieren von Frankenwald und Fichtelgebirge auf den Speisekarten.
Je nach Saison werden Karpfen, Forellen und andere Süßwasserfische zubereitet. Und wer altes Brauchtum schätzt, sollte zu Karfreitag einmal Stockfisch nach Kulmbacher Art probieren. Dieses originelle Gericht hat im nördlichen Oberfranken eine besondere Tradition und verbindet die Region unmittelbar mit Norwegen, Flandern, Portugal, Kroatien und Italien.
Imposant und kaum zu übersehen dominieren auch in Bayreuth Brauereigebäude des 19. und 20. Jahrhunderts im Stadtbild und bezeugen die lange Tradition der Baukunst in der Stadt. Beginnen wir mit der Bayreuther Bierbrauerei, einem

Auf den Spuren des Stockfisches
Um die Tradition der weltweit verbreiteten Stockfischgerichte aufrecht zu erhalten, wird ihre Verbreitung von Norwegen ausgehend über Europa bis Afrika und Surinam erforscht. Dahinter steht die Idee, die lebendige Tradition der Stockfisch-Zubereitungen zu erhalten und das Thema zu einer kulinarischen Route aufzuwerten. Dass Oberfranken darin prominent vertreten sein wird, ist einmal mehr Beweis seiner jahrhundertealten kulinarischen Geschichte.
Nach der Art der hiesigen Stockfischrezepturen wird Oberfranken dabei der „Via Querenissima" zugeordnet, die nach dem venezianischen Kapitän Pietro Querini benannt wird. Dieser strandete im Dezember 1431 auf einer Handelsreise im Dienste der Republik von Venedig vor Norwegen (Røst) und wurde mit weiteren Überlebenden von den Küstenbewohnern gerettet. Im Jahr darauf trat er auf dem Landweg – versorgt mit 60 Stockfischen als Proviant – über Göteborg, Augsburg und Basel die Heimreise an.
Noch heute pilgern die Mitglieder der italienischen „Bruderschaft des Stockfisches" (Confraternita del Baccalà alla Vicentina) auf den Spuren Querinis durch Europa, um den kulturellen Austausch mit der Region Venetien zu fördern und um vor allem die Tradition der Stockfischrezepte in den Partnerregionen aufrecht zu halten. Traditionell wird der Stockfisch entlang der Via Querinissima, die auch als Milchroute bezeichnet wird, in einer Mischung aus Butter, Milch und Eiern sowie weiteren Zutaten zubereitet.

Das Bierfest in der schönen Markgrafenstadt Kulmbach: Bei der alljährlich vom letzten Juli- bis zum ersten Augustwochenende stattfindenden Kulmbacher Bierwoche stehen fränkische Bierkultur mit den süffigen Festbieren von Kulmbacher, Mönchshof und EKU sowie das Kapuziner Weißbier, fränkische Schmankerl und Geselligkeit im Mittelpunkt des Geschehens. Genau das ist es, was Besucher aus nah und fern immer wieder nach Kulmbach zieht.

Faszinierende Brauwelt
In Maisel's Brauerei-museum funktionieren Maschinenhaus, Sudhaus und Büttnerei so, als wären die Brauer und Büttner mal eben zur Mittagspause entfleucht. Die Besucher tauchen ein in die faszinierende Brau- und Erlebniswelt und lernen die gute alte Zeit kennen. Oder sie nehmen an der Bayreuther Biertour teil. Das Programm enthält drei thematische Führungen u.a. mit Besichtigung von Maisel's Brauerei- und Büttnerei-Museum oder Rundgang durch die Felsenkeller der Bayreuther Katakomben, zwei fränkische Biere und zwei typische Brotzeiten. So lernt man auf der Bayreuther Biertour neben Menschen die Stadt, die Geheimnisse der Braukunst und regionale Schmankerl kennen.

Das historische Ensemble der Brauerei Gebrüder Maisel hat Ähnlichkeiten mit einer Burg und prägt das Bayreuther Stadtbild.

echten baugeschichtlichen Wahrzeichen Bayreuths. 1857 auf dem Herzog, einer Anhöhe westlich des Roten Mains gegründet, entstanden in rascher Folge imposante Industriebauten, die weithin sichtbar waren: Malzhaus mit Darre, Brauhaus mit Wasserpumpe, Rohrleitungen, Braupfanne, Vorwärmpfanne, Bierpumpen, Maischbottich und Bierwannen, ein Kühlhaus mit darunter befindlichem Gärkeller, ein Haus für den Aufzug zu den Felsenkellern, ein Stallgebäude und eine Fassremise. Friedrich von Feustel, der berühmte Bayreuther Mäzen Richard Wagners, wandelte die Brauerei 1872 in eine Aktiengesellschaft um. Unter den Bezeichnungen „Zwickl", „Original" und „Landbier" werden hier typische, süffig-würzig-frische Biere gebraut, die das Lebensgefühl der Region treffen. Im zünftigen Ambiente des Aktien-Kellers oder des Herzog-Kellers kann man diese Biere auch zu typisch fränkischen Gerichten probieren.

Nicht weit entfernt wurde 1887 die Brauerei Maisel gegründet, die seit 1955 mit Maisel's Weisse zum Trendsetter unter den Weißbierbrauern in Deutschland aufgestiegen ist (zu den Bierspezialitäten s. Seite 54). Nachdem Maisel's in ein neues Gebäude an der Hindenburgstraße umgezogen sind, wurden die alten Brauereigebäude an der Kulmbacher Straße in ein „Museum zum Anfassen" umgewandelt.

Last but not least ist unter den Bayreuther Brauereien der Becher-Bräu (Inh. Familie Johannes Hacker) hervorzuheben. Brauerei und Gasthaus lassen sich bis in die 1780er Jahre zurückverfolgen. Unter Bezeichnungen wie Original Altstadt-Bier, Kräußenpils, Dunkel und Bock oder auch Kerwabier, Winterfestbier, Volksfestbier und Spezial braut man wohlschmeckende und bekömmliche Biere, die ihresgleichen suchen. Im zugehörigen Gasthaus wird der Gast mit typisch fränkischer Küche mit vielen, der Jahreszeit angepassten Schmankerln verwöhnt. Mit typischen Brauchtumsveranstaltungen wie Bockbieranstich, Stärk' Antrinken oder kultigen Theaterveranstaltungen im Saal, lässt der Becher-Bräu immer wieder gerne die gute alte Zeit der Brau- und Wirtshauskultur in Bayreuth aufleben. (Porträt auf Seite 62)
1823 wurde auch im Mann's Bräu in der Friedrichstraße die Brautradition begründet. Im Ursprung ging das Brauereigasthaus aus der typischen Verbindung von Bäcker- und Brauerhandwerk hervor. Legendär wurde der „Mann'sche Doppelbock" mit einer Stammwürze von 21 %. Seit 1990 wird das Mann's Bräu von Hans Hacker, dem Senior der Becher-Bräu geführt. Gemeinsam mit seinem Sohn braut er wieder das „Original Mann's Bräu", ein dunkles Spezialbier, das viele Biertrinker ins Schwärmen kommen lässt. Dazu gibt's im Gasthaus mit gemütlicher Atmosphäre typische fränkische Wirtshausspezialitäten.

Der Biergarten „Auf der Theta" – Wer von der Stadt aus zu Fuß hingeht (zum Beispiel über den Markgrafenweg, der im Wald hinter dem Grünen Hügel beginnt), wird später unter anderem mit einem Bier belohnt.

Voll saftig

Oberfrankens Genusslandschaft besticht durch Vielfalt. Ginge es um einen Betrieb, der diese Eigenschaft im Kleinen repräsentiert, wäre die Privatkelterei Lehen sicher ein guter Anwärter für die Rolle eines kulinarischen Botschafters. Angesichts 60 unterschiedlicher Säfte-Sorten und zig Gebindegrößen dürften kaum Wünsche hinsichtlich der Auswahl offen bleiben.

Lehen Privatkelterei
Lehen 11 an der B 22
95466 Lehen / Weidenberg

Tel. 09209 / 271

Lehen Event & Gastronomie
Tel. 0175 / 4042105
www.lehen.net
info@lehen.net

Öffnungszeiten:
Montag bis Freitag
7 – 18 Uhr
Samstag 7 – 16 Uhr

Ein kleiner Ausschnitt aus dem breiten Sortiment der Privatkelterei Lehen.
Speziell für Firmen und Behörden gibt es eine große Auswahl an Tagungs- und Schulungsgetränken.

Verschiedene Marmeladen, Edelbrände und Liköre, Beerenweine und Glühwein ergänzen das Angebot. Bemerkenswert ist aber nicht allein die Quantität, sondern vielmehr auch die Qualität. Die Privatkelterei erzeugt das Sortiment mit traditionell handwerklichen Verfahren – in dieser Breite und Spezialisierung einzigartig in der Region.

Handwerklich hergestellte Säfte können dem Naturgeschmack so nahe wie nur möglich kommen. Während industriell erzeugte Drinks oft auf der Basis von Konzentraten, nach einem einheitlichen Geschmacksbild, zum Beispiel dem Typ „Grüner Apfel“, produziert werden, entsteht der Saft der Privatkelterei ohne Umwege aus dem angelieferten Obst, bei südländischen Früchten aus Püree oder hochwertigem Konzentrat. Der Handel funktioniert in Lehen nach dem Lohnmost-Prinzip: Privatpersonen können ihr Obst bei der Kelterei abliefern und erhalten im Gegenzug ein Guthaben, das sie im Getränkemarkt der Kelterei einlösen können. Dabei ist die Menge im Grunde egal. Viele Lieferanten haben nur ein bis zwei Bäume, selten einen großen Garten voller Obst. Worauf es ankommt, ist die Quali-

Aus einem Umkreis von 60 Kilometern stammt die ausgewählte Rohware für die Säfte (im Bild: Kirschbäume in der Fränkischen Schweiz).

tät. Die Privatkelterei nimmt nur saubere, handverlesene Rohware. Beim Saft verhält es sich nämlich ähnlich wie beim Wein: Wer von Anfang an sauber arbeitet, braucht später keine Zusatzstoffe und Geschmacksverstärker.
Schonendste Verarbeitung leistet ein Übriges. „Wir verarbeiten die Rohware zügig und frisch und setzen dabei gerade so viel Temperatur wie nötig, aber so wenig wie möglich ein, damit die wertvollen Vitamine und der volle Geschmack erhalten bleiben", erklärt Junior-Chef Thorsten Eisenhuth. Dass der Saft von Jahr zu Jahr nicht identisch schmeckt, sondern leichte Schwankungen offenbart, sei gewollt, zum einen vom Betrieb, zum anderen von den Kunden, zu denen neben Endverbrauchern viele namhafte Betriebe aus der Gastronomie und Hotellerie gehören.
Sowohl aus geschmacklichen als auch ökologischen Gründen würde die 9-Personen-Kelterei niemals auf die Abfüllung in der Glasflasche verzichten wollen. „Viele wissen, dass eine Kunststoffverpackung den Inhalt geschmacklich beeinträchtigt." Das gelte auch für Mineralwasser, so Eisenhuth, das in Lehen ebenfalls noch in der Glasflasche erhältlich ist, zusätzlich zu anderen Handelsprodukten.

Streuobstwiesen vor Ort als Grundlage

Einzig für die Brände verwendet die Privatkelterei Rohware aus ihrer eigenen Streuobstwiese vor Ort sowie der näheren Umgebung. Das Sortiment ist wie bei den Marmeladen auch mit einem guten Dutzend verschiedener Sorten eher klein, aber nicht zu unterschätzen. Breit aufgestellt ist die Privatkelterei ohnehin. Jüngstes Kind ist der Event-Service, der von den Strohhalmen und Gläsern über die Garnitur einschließlich der Bar bis zum Kühlanhänger bzw. dem Kessel für Winterdrinks alles bietet, was für eine Veranstaltung gebraucht wird.

„Wir verarbeiten die Rohware zügig und frisch und setzen dabei gerade so viel Temperatur wie nötig, aber so wenig wie möglich ein, damit die wertvollen Vitamine und der volle Geschmack erhalten bleiben."
– Thorsten Eisenhuth

Zwiebel-Speckblootz mit Ziegenfrischkäse

von Robert Knöbel

Aus Mehl, Öl, Wasser und Salz einen Knetteig herstellen (wenn er zu klebrig ist, einfach ein bisschen mehr Mehl nehmen). Danach den Teig sehr dünn ausrollen, mit Ziegenfrischkäse bestreichen, die Zwiebeln und den Speck darauf verteilen.

Im vorgeheizten Backofen auf höchster Stufe ca. 10 Min. backen. Am Besten man bleibt beim ersten Mal dran stehen und schaut, wann der Boden schön knusprig ist.

Zutaten
200 g Mehl
2 EL Öl
1/8 l Wasser
Salz
200 g Würnsreuther Ziegenfrischkäse
200 g Zwiebeln
100 g Speck

Geschmeidige Stärken

Spezialitäten (1): Frischkäse aus Ziegenmilch

von Georg Lang

Die Behauptung, Franken sei nun einmal kein Käseland, ist nur dann bis zu einem gewissen Grad richtig, wenn man Quark und Frischkäse nicht zu den Käsen rechnen will. Sie verkennt auch die Möglichkeiten, die traditionelle Frischkäsekultur weiterzuentwickeln, ohne sich in die Welt der Weich- und Hartkäse vorzuwagen, in der es in der Tat schwierig wird, den großen Namen aus anderen Regionen etwas Vergleichbares an die Seite zu stellen.

Der im östlichen Franken und auch im Bayreuther Land seit langem fest verwurzelte „Ziebalaskees" und der vergleichsweise junge Ziegenfrischkäse aus der Würnsreuther Käsemanufaktur zeigen auf unterschiedliche Weise, wo die „Käsestärken" hierzulande liegen.

Robert Knöbel in Würnsreuth macht Frischkäse aus der Ziege, der „Kuh des kleinen Mannes", die früher viel häufiger gehalten wurde als das Rind. Sie brauchte keinen großen Stall, war in den ärmlichsten Verhältnissen mit einem Verschlag unter der Treppe zufrieden und lieferte mit wenig Futter eine hervorragende Milch. Daraus wurden im Haushalt auch Butter und Quark hergestellt, möglicherweise sogar die aus dem gereiften Quark entstehenden Bauernkäse, die „Quärgla" oder „Keeszwergla", und der aus dem erhitzten Quark hervorgehende „Ziebalaskees". Die Würnsreuther Manufaktur versucht sich nicht am klassischen Ziegenquark und seinen Folgeprodukten, sondern fügt in den Herstellungsprozess Elemente der Frischkäsezubereitung ein. Das Ergebnis ist ein fester und doch cremiger, zartsäuerlicher Frischkäse von erlesenem Geschmack. Die von Kennern hoch geschätzten Qualitäten der Ziegenmilch kommen darin in

Der Ziebalaskees ist auf der Karte vieler oberfränkischer Keller zu finden, fast immer mit Gewürzen, Zwiebeln und Kräutern gemischt.

unnachahmlicher Weise zum Ausdruck. Vielleicht schätzt man diesen hochfeinen Käse noch mehr, wenn man sich klar macht, dass er bei aller Modernität doch an zwei Traditionssträngen hängt, nämlich an der Ziegenhaltung in Franken und an der fränkischen Eigenart, stets nach dem Besseren zu suchen, die nicht einmal den Quark hinnehmen will, wie er ist, sondern etwas Feineres aus ihm macht.

Pfiffige Sonderform vom Quark

Die einfachste Form der Quarkveredelung ist der „Ziebalaskees", freilich nicht die mit Gewürzen, Zwiebeln und Kräutern durchgemischte Quarkzubereitung, die vielfach auf der Brotzeitkarte nach angeblich altüberliefertem Hausrezept angepriesen wird, sondern eine pfiffige Sonderform der Quarkherstellung, bei der Quark vor dem Abtrennen der Molke vorsichtig erhitzt wird. Dabei bilden sich die kleinen, zarten, weich schmelzenden Klümpchen, die das untrügliche Kennzeichen des echten „Ziebalaskees" sind und ihm die Bezeichnung „körniger Quark" eingetragen haben. Mit den viel festeren „Körnern" des Hüttenkäses sind sie nur entfernt verwandt. Trotzdem fällt es dem Ungeübten nicht leicht, die manchmal als „Ziebalaskees" aufgetischte Mischung aus Quark und Hüttenkäse treffsicher zu entlarven, vor allem dann nicht, wenn sie kräftig gewürzt ist. Darunter leiden nämlich die unvergleichlich milch-mollige Sanftheit und der zurückhaltend feine, eher süßliche als säuerliche Geschmack. Kein anderer Frischkäse kommt dem Wesen der Milch so nahe. Es sollte sich daher von selbst verstehen, dass er nur vorsichtig gewürzt werden darf. Eine fein gehackte, milde und geschmackvolle Zwiebel reicht vollkommen aus, und als Beilage empfiehlt sich eine Pellkartoffel genau so wie eine Scheibe vom echten fränkischen Landbrot. Nebenbei bemerkt servierte in alter Zeit die Bäuerin den „Ziebalaskees" den frisch geschlüpften Küken, den im Dialekt so genannten „Ziebala", von denen er seinen Namen hat, gänzlich ungewürzt mit Ei und gehackten Brennesseln oder mit Haferflocken.
Weit mehr den Gewürzen und vielfältigen Beilagen zugeneigt als der Ziebalaskees zeigt sich der Ziegenfrischkäse. Schon ab Manufaktur gibt es ihn nicht nur blank, sondern mit fein ausgewählten und zubereiteten würzenden Auflagen aus Kräutern oder Knoblauch oder Senfsaat, und auf dem Teller ist er ein feinfühliger Begleiter vieler Gemüse und Salate, fühlt sich aber auch wohl unter Obst, Nüssen und Honig und setzt einen Glanzpunkt auf manche einfallsreiche kulinarische Kreation. Zur Ehrenrettung des wesentlich einseitiger begabten „Ziebalaskees" sei angemerkt, dass der fränkische Käsekuchen doppelt so gut schmeckt, wenn er mit ihm statt mit Quark zubereitet wird. Ein leichter Schatten fällt zum Schluss noch auf die fränkische Käselandschaft: Für den Ziebalaskees ist im Bayreuther Land keine einzige Manufaktur auszumachen. Hoffentlich findet dieser ungute Zustand bald ein Ende.

Alte Tradition, junge Ansätze: Robert Knöbels Ziegenkäse.

Vorderseite: Der Macher auf seinem Hof in Würnsreuth.

Bayreuther Verkaufsstellen des Ziegenkäses von Robert Knöbel: Feinkost Schmauß (s. S. 31), Metzgerei Parzen, Bio Bio (Filialen in der Telemannstr., Berneckerstr. und Friedrich-von-Schiller-Str.)

Qualität setzt sich doch durch

Schon erstaunlich: Die Lage des Feinkostladens von Christian Schmauß ist für ein florierendes Geschäft nicht 1a, nicht einmal 2a, sondern eher 3b. In einer abgelegenen Wohnsiedlung öffnet der Feinkost-Kenner zudem nur einmal in der Woche seine Tür, und doch warten viele Kunden nur auf den Tag, wo sie wieder bei ihm einkaufen können.

Feinkost Schmauß
Heinrich-von-Kleist-Str. 36
95447 Bayreuth-Birken

Tel. 0921 / 67081

Öffnungszeiten:
Freitags 9 – 18 Uhr,
Samstags auf dem Bayreuther Wochenmarkt (Rotmainhalle) 7 – 13 Uhr
sowie nach Vereinbarung

„Individuelle Geschichten begeistern mich."

– Christian Schmauß

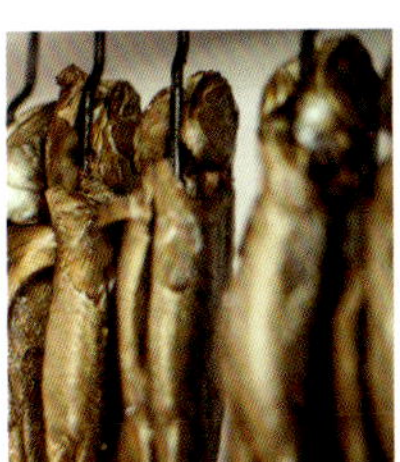

Die Großeltern betrieben an gleicher Stelle einst einen Tante-Emma-Laden, gefolgt von den Eltern, die ab 1974 ein gut laufendes Spezialgeschäft für Süßwasserfische aufbauten; die Mutter arbeitet heute noch mit. Dass der Sohn den Betrieb fortführen sollte, war jedoch nicht geplant. Zu mühsam erschien den Eltern die Arbeit von morgens bis nachts. Aber selbst die Aussicht auf eine gesicherte Existenz als Gymnasiallehrer konnte Christian Schmauß nicht von seinem Weg abhalten. Der Inhaber spricht selbst von einer „verrückten Geschichte" – verrückt im positiven Sinn.

Sich die Zeit nehmen hinzuschauen

Wertschätzung ist der Dreh- und Angelpunkt seiner Philosophie. Sie erfordere, genauer hinzuschauen, als es die Meisten tun, handwerklich sauber zu arbeiten, sich die notwendige Zeit zu nehmen für eine sorgfältige Verarbeitung. „Tiere sind wie Pflanzen lebende Wesen. Daher bedarf es einer gewissen Achtsamkeit gegenüber Lebensmitteln. Genau das versuche ich in allem zu erreichen", verrät der Leiter des 1-Mann-Betriebs. Die Fischzucht hat er aus Zeitgründen nicht weitergeführt, lebend-frischen Fisch gibt es aber nach wie vor. Frisches Wildbret, Salami und Leberwürste aus der eigenen Verarbeitung kommen hinzu. Viele weitere Feinkost-Produkte von vorzüglicher Qualität wie Schinken, Rohwürste, Käse, Brot, Olivenöl und Wein bezieht er direkt von den Herstellern, größtenteils aus der Region (z.B. Patersberghof Veitlahm, Ziegenkäse aus Würnsreuth), aber auch aus Italien und Frankreich.

„Individuelle Geschichten begeistern mich", erklärt Christian Schmauß, der seinen Namen in gewisser Weise zu seiner Leidenschaft gemacht hat. Daher widmet er sich selbst Nebensachen mit Hingabe und kann schon an scheinbaren Kleinigkeiten mehr Interesse zeigen als mancher Verkäufer gegenüber seinem Vollsortiment. Die Begeisterung für das Individuelle schlägt auch auf die Kunden über.

Feine Lebensmittel und andere Entdeckungen

Der gut gepflegte Dorf- und Bauernladen – er ist auch heute noch zeitgemäß und erlebbar. Nicht nur eine ferne Erinnerung. Der Patersberghof in Veitlahm übertrifft dabei die Vorstellungen, die man sich von solch einem Betrieb für gewöhnlich macht. Zu Besuch bei einer Perle unter den Dorfschönheiten.

Naturkost Unger
Patersbergweg 5-7
95336 Mainleus-Veitlahm

Tel. 09229 / 7670
unger-naturkost
@t-online.de

Öffnungszeiten:
Montag – Freitag
8 – 18 Uhr
Samstag 8 – 12.30 Uhr

Patersberg Café
Freitag bis Sonntag
14 – 17 Uhr
Samstag zusätzlich vormittags

Patersberghof
Patersbergweg 7
95336 Mainleus-Veitlahm

Tel. 09229 / 1301
alwin.schneider
@t-online.de

Bei der Anfahrt von Kulmbach aus grüßt das Schloss Wernstein, welches nach 1945 als Demeter Gut bewirtschaftet wurde. Doch erst nach ein paar Kurven taucht man vollends ein in die ländliche Idylle. An einem stillen Platz, abseits der Durchfahrtsstraße ist das Genuss-Ensemble zu finden: der Naturkostladen Unger mit Bio-Café, der Demeter-Patersberghof mit Bäckerei und Käserei. Ein organisches Gefüge. Die Nähe zur Natur ist ein wesentlicher Teil der Philosophie.

Gemeinsame Freude an guten Dingen (v.l.): Wolfgang Wänke, Alwin Schneider, Elisabeth Lindner, Gisela und Siegbert Unger.

Gisela Unger gründete den Naturkostladen 1982 aus Überzeugung. Sie glaubte schon damals an die Zukunft der biologischen Bewirtschaftung. Da Schloss Wernstein nach dem Krieg ein stattliches biologisch-dynamisches Gut aufgebaut hatte, waren erste Berührungspunkte vorhanden, die Menschen bereits sensibilisiert. Mit der anthroposophischen Initiative, zu der eine Waldorfschule gehörte, war zudem der Keim für die Landwirtschaft vor Ort gelegt. Darauf baute Alwin Schneider, Gisela

Genüsse in erstaunlicher Vielfalt, überwiegend in Bio-Qualität, füllen den Laden in Veitlahm. Käse, Brot und Gemüse stammen aus eigener Erzeugung.

Ungers Nachbar, ab 1985 seinen Demeter-Hof auf. Ein Verein wurde gegründet, um freigewordenes Land zu pachten, Ställe gebaut, eine Kuhhaltegemeinschaft gegründet. Alles nach den Prinzipien der alternativen Landwirtschaft – vielfältige Fruchtfolge statt Monokultur, Freilauf der Tiere statt Stallhaltung, Saisonfutter statt konserviertes Futter.

Sich und anderen Gutes tun

Mit Sorgfalt werden die Produkte langsam zur Reife gebracht. Vom Feldgemüse über das Kleegras und die Erbsen bis zum Getreide. Eine Steinmühle mahlt Dinkel und Roggen für den Teig, den der Bäcker in wohlschmeckende Brote verwandelt.
Die Bäckerei ist klein, die Vielfalt enorm. Ein Vergnügen, sich da durchzuprobieren! Verkauft werden die Produkte vom Hof bei verschiedenen Naturkosthändlern in Bayreuth und Kulmbach sowie im Veitlahmer Naturkostladen. Der ist trotz des begrenzten Platzes außergewöhnlich gut sortiert. Bei der Nahrungssuche schlendert man durch schmale Gänge und findet Schritt für Schritt Anregungen, um sich und anderen etwas Gutes zu tun: Gemüse, Weine, Tees, Säfte, Käse und Milchprodukte aus der hauseigenen Herstellung, vielerlei Natur-Kosmetik, hochwertige Gruß-Karten und Holzspielzeug.
„Die Kunden kommen wegen des Geschmacks, nicht wegen der Zugehörigkeit zum Bio-Verband zu uns", weiß Gisela Unger. Damit auch ältere Menschen aus dem Dorf sich das Angebot leisten können, seien die Preise dem kleinen Laden angepasst. Mit der Nachfrage nach Bioprodukten wuchs über die Jahre auch der Hof.

Aus dem Café, anfangs vor allem ein Zwischenstopp für Wanderer, wurde nach und nach ein Ausflugsziel, für das sich allein die Anfahrt lohnt. Tochter Elisabeth und Siegbert Unger backen die herrlichen Torten und Kuchen; ein Tipp: die Erdmandeltorte und der Käsekuchen.
Als Extra gibt es den weit und breit einzigen laktose-freien Capuccino. Der individuelle Charme ist gratis.

Innen wie außen ein Ort für Mußegenuss: das Patersberg Café mit Kuchen und Torten wie zu Omas Zeiten, in größerer Auswahl und in Bio-Qualität.

Zum Ausflug auf'm Ranga

In der traditionellen Landwirtschaft ist Weitblick keine ungewöhnliche Tugend. Aber je mehr auch der Bauer auf den Profit schielt, desto stärker verengt sich der Blick – Nebenwirkungen und langfristige Effekte ignorierend. Große Teile der Landwirtschaft liefern in der zweiten Hälfte des 20. Jahrhunderts ein Lehrbeispiel für die verheerenden Auswirkungen der Gewinnmaximierung. Der Acker wurde vielerorts zum chemischen Kriegsschauplatz. Aber im Gegenzug blühte die alternative Nische auf.

Wirtshof zum Rangabauer
Tennach 3
95361 Ködnitz

Tel. 09221 / 5245
www.rangabauer.de
info@rangabauer.de

Öffnungszeiten Wirtshaus:
Montag bis Freitag ab 16 Uhr
Samstag ab 14 Uhr
Sonntag ab 11.30
und nach tel. Vereinbarung

Öffnungszeiten Hofladen:
Montag bis Freitag 16 – 19 Uhr
Samstag 10 – 18 Uhr
und nach tel. Vereinbarung

Dieter Eschenbacher und sein Sohn Frank leiten den Hof nach biologisch-dynamischen Prinzipien.

Dieter Eschenbacher hat sich bereits 1990 gegen den Einsatz synthetischer Düngemittel entschieden und konsequent auf biologisch-dynamische Bewirtschaftung umgestellt. Sein Hof in Tennach, drei Kilometer von Kulmbach aus in Richtung Trebgast gelegen, steht in traditionsreicher Verbindung mit einem alten burggräflichen Zinslehen von 1398. Die 600 Jahre alte Scheune befindet sich heute noch an Ort und Stelle. Bio, so weiß er auch, ist kein Heilmittel, aber die ökologischen Bewegungen haben die Sensibilität für saubere Lebensmittel zu Recht geschärft.

Ranga steht für Hang

Den Beinamen „Rangabauer" erhielt der Unternehmer mit dem 140 Hektar großen Hof nach dem Höhenweg entlang seiner Felder. „Ranga" steht gut fränkisch für „Hang", und „auf'm Ranga" ist, wie jeder Kulmbacher weiß, die Ortsbezeichnung für die entsprechende Lage oberhalb Kulmbachs. Und die darf man – nicht nur einmal – gesehen haben. Bestens ausgebaute Wanderwege führen von der Plassenburg hinauf zum Hof und von dort weiter zu vielen schönen Touren, so etwa zum Naturlehrpfad am Rehberg (Strecken s. Internetseite).

Der „Ranga" als Ort für Geselligkeit – im Bild: bei der Kirchweih im August.

Nicht nur Kulmbacher Familien, sondern Wandergruppen aus allen Teilen Deutschlands zieht es zum Rangabauer. Der Ausflug stärkt den Gemeinschaftssinn und das Seelenspiel, ob die Menschen nun gemeinsamen essen, singen, Feste feiern, sich Geschichten erzählen, mit dem Wirt philosophieren oder einen Rundgang durch den Hof machen. Eschenbachers Rinder und Schweine erhalten ausschließlich hofeigenes Futter. Erhältlich sind die Produkte aus der eigenen Herstellung und der eigenen Aufzucht bzw. Schlachtung nicht nur im Wirtshaus, sondern auch im Hofladen – nebst Eiern, Honig, Ölen (Lein und Raps), Bio-Speisekartoffeln und Getreide (Dinkel, Roggen, Weizen Leinsamen). Sie haben die Bezeichnung „Gourmetprodukte" verdient, obwohl dafür nicht einmal Liebhaberpreise gezahlt werden müssen. Die nach Kulmbacher Handwerksregeln hergestellten Bratwürste sind die wahrscheinlich besten ihrer Art.

Eine Delikatesse – frischer Fisch

Zum Hof gehört ein idyllisch gelegener Weiher mit rund 100 Karpfen. Dieter Eschenbachers Schwager, der in Kulmbach das Hotel Christel betreibt, erweitert das Angebot um Forellen. In Weißenstadt im Fichtelgebirge betreibt er nebenbei eine kleine Zucht, überwiegend mit Regenbogenforellen. Das Wasser der Teiche stammt vom Schneeberg und hat Trinkwasser-Qualität. Nach dem Abfischen, in der Regel Anfang Oktober, wird am Karpfenteich in Tennach ein rustikales Fest mit Lagerfeuer und Glühwein gefeiert. In einer mobilen Räucherkammer werden die Forellen in den Wochen danach direkt am Hof zubereitet. Warm und geräuchert sind sie eine besondere Delikatesse. Die Sauberkeit der Lebensmittel ist hier wie dort die Basis für guten, unverfälschten Geschmack.

Empfehlenswerte Veranstaltungen:

Mai, Himmelfahrt, Juli: Lenkdrachen- und Einleinerfest mit Nachtflügen und Lagerfeuer.

Anfang Sept.: Hoffest mit Kartoffelgerichten.

Ab Sept.: Kindergartenkartoffellesen; jeden Samstag bis Anfang Oktober: Familienkartoffellesen mit Kartoffelfeuer, gelesene Kartoffeln zum halben Preis.

31.12.: bäuerliche Silvesterfeier (Termine im Internet).

Seelenspiel zwischen Stammgästen.

Die Feinen machen den Unterschied

Spezialitäten (3): Die Bratwurst in Bayreuth und Kulmbach

von Georg Lang

Wer über die fränkische Bratwurst schreiben will, zweifelt erst einmal, ob er nicht lieber ein Thema wählen sollte, zu dem nicht alle Worte längst schon verloren sind. Fasst er schließlich Mut und macht sich auf, um das eine oder andere vielleicht doch noch zu finden, führt ihn ein weiter Weg von den Niederungen der Grillbuden, Gaststätten und Volksfeste bis zu den Höhen des Bratwurstgipfels in Pegnitz. Bratwürste gibt es überall die Menge, aber Worte darüber fließen nur spärlich, wäre da nicht der legendäre Bratwurststand in der Bayreuther Richard-Wagner-Straße am Rande der Fußgängerzone.

Kaum zu glauben, dass er seine Berühmtheit wirklich nur der (Bayreuther) Bratwurst verdankt und nicht mindestens genauso den launigen Versen, mit denen er ihr inneres Wesen offen legt. Sie geben dem in der niemals abreißenden Schlange sich langsam vorwärts Bewegenden sozusagen beiläufig Auskunft über die Bedeutungstiefe der Spezialität, die ihn erwartet. Echt fränkischer Wortgewandtheit gelingt es mühelos, das traditionsreiche Fast- und Fingerfood der Franken als Nothelfer in allen Lebenslagen glaubhaft zu machen. In sinnigen Reimen richtet die Bratwurst die von den Fährnissen des Alltags gebeutelten Menschen ganz allein durch ihr Vorhandensein zuverlässig wieder auf. Schneller als erwartet muss sie ihr Können gleich unter Beweis stellen, denn wie gelähmt vom Zauber der Wurst und der Dichtung findet der hoffnungsfrohe Genießer einfach nicht die Kraft, die Frage „mit Senf?“

energisch zu verneinen – und schon ist er schuldig geworden im Sinne der alten fränkischen Metzgerwahrheit, die da lautet: „Für eine gute Wurst ist Senf eine Beleidigung". Selbst die beleidigte Bratwurst tröstet ihn noch mit der Gewissheit, dass es Verwerflicheres gibt als Senf zur Bratwurst im Brötchen, nämlich Senf zur Bratwurst mit Sauerkraut.

Die für die Bayreuther Bratwurst so überzeugend dargelegten Wohlfahrtswirkungen gehen natürlich von allen fränkischen Bratwürsten gleichermaßen aus, so sehr sie sich auch sonst in Länge und Dicke, im Anteil von gewolftem und gekuttertem Fleisch und in der Würzung unterscheiden. Im Kulmbacher und Bayreuther Land hat die Bratwurst in etwa die Größe der Wiener Würstchen und zählt im Kategoriensystem der groben, mittelgroben und feinen Bratwürste zu den ganz feinen. Mehr oder weniger herzhaft, immer aber mit ausge-

Unter Bayreuthern so bekannt wie die Stadtkirche: das Bratwursthäuschen in der Richard-Wagner-Straße.

suchter Feinheit ist sie gewürzt. Ihre hauchdünne zarte Haut verträgt kein scharfes Grillfeuer, selbst vorsichtig gebraten springt sie leicht auf und kräuselt sich hübsch hellbraun um das zartrosa Fleisch. Eine solche Bratwurst verlangt nach einem Brötchen, das ihre feinen Wesenszüge mitträgt und unterstreicht. Das haben die Kulmbacher schon lange erkannt und ihrer Bratwurst ein mit Anis gewürztes Brötchen gewidmet. Dieser wundervollen Geschmackskombination wäre eine weitere Verbreitung in den Regionen der feinen Bratwurst zu wünschen, zu denen das Fichtelgebirge, die Hofer Gegend und auch Bamberg gehören. Die Bayreuther gehen als die nächsten Nachbarn vorerst zögernd darauf ein und halten gelegentlich Anisbrötchen bereit für den Fall, dass jemand danach fragt oder dazu überredet werden kann.

Neue „Kreativbratwürste"

Eine plausible Erklärung für die unterschiedlichen traditionellen Bratwurstvorlieben einzelner fränkischer Teilregionen hat bisher niemand gefunden. Wahrscheinlich hätte sie auch nur noch musealen Wert in einer Bratwurstlandschaft , in der ehemals fest stehende Binnengrenzen zunehmend aufgeweicht werden. Die traditionsreichen „Klassikerbratwürste", die eindeutig regional zuzuordnen sind, verlassen immer häufiger ihre Ursprungsgebiete und reihen sich ein in ein gesamtfränkisches Sortiment. Die junge Spezies der „Kreativbratwürste" kennt von vorne herein weder regionale noch sonstige Grenzen. Ohne den fränkischen Bratwurstgipfel, auf dem sie sich seit 2011 jährlich treffen, hätten wir die Übersicht längst verloren. Neben Curry-, Bratapfel-, Red-Hot-Chili-, Kürbis-, Gänse- und Fränkisches-Weiderind-mit-Fichtelgebirgskräutern-Bratwurst nehmen sich die mit Wein oder Bier, mit Kräutern, Kümmel, Knoblauch, ja selbst mit Süßholz gewürzten Bratwürste erbarmenswert bieder aus, schmecken aber vorzüglich, wenn auch nicht jedem, und genießen selbstverständlich Heimatrecht. Die Bratwurst ist eine Fränkin.

„Dolce vita" nach fränkischer Art

Spezialitäten (3): „Kniekiechla" und anderes Schmalzgebäck

von Georg Lang

Allein schon im herrlichen Duft, der bei der Herstellung süßen Schmalzgebäcks aus Küche oder Backstube dringt, weht die Vorahnung des fränkischen „dolce vita" so kräftig, dass man meinen könnte, Butterschmalz und Zucker hätten sich eigens zu dem Zweck zusammengefunden, das mit Milch und Honig lockende gelobte Land der Bibel zu übertrumpfen.

Passend zu Kaffee oder Bier

Das „Kniekiechla" und seine Freunde wären in Franken nicht wirklich zu Hause, wenn man sie nur zum Kaffee oder Tee genießen könnte. Mineral- und Tafelwasser sind freilich nicht zu empfehlen, denn sie können in Verbindung mit dem stark erhitzten Schmalz bei empfindlichen Mägen unfreundliche Reaktionen auslösen. Abgekocht müsste das Wasser schon sein, und was liegt dann näher als das geliebte Bier? Vielleicht könnte damit eine der Ursachen gefunden sein für die rätselhafte, früher in Bayreuth so häufige Verbindung von Bäcker- und Brauerhandwerk in der Institution der „Beck'n Bräu".

Spritzkuchen, eine der Urformen aller Schmalzgebäcke, sind ausgesprochen zart und knusprig. Es ist anzunehmen, dass sie als kirchliches Kultgebäck mit den Krapfen auf einen gemeinsamen Ursprung in den klösterlichen Backstuben zurückgehen. Für ihre Herstellung benötigt man im Unterschied zum Krapfen keine Triebmittel.

Das Bayreuther Land ist wohl eine in dieser Hinsicht besonders begnadete Region, denn hier fließen verlässlichen Quellen zufolge Butterschmalz und Zucker noch üppiger als anderswo in Franken. Einen Beleg dafür liefert das Bayreuther Kochbuch von Traudl Wolfrum, das in seinem Backteil die „Kniekiechla an die erste Stelle rückt und ihnen „Dörra Kiechla", „Spritzkung" und „Feuerspatzen" auf dem Fuß folgen lässt. Erst danach kommt die stattliche Anzahl von Kuchen, Torten und Plätzchen.

Nur zu großen Festen

Das ist bemerkenswert in einem Kochbuch für den privaten Haushalt, denn schwimmend in siedendem Fett ausgebackene Teigstücke erfordern einen nicht unerheblichen Aufwand, den die Hausfrau nicht allzu oft treiben kann. Speziell die „Kniekiechla" verlangen darüber hinaus eine stattliche Mindestmenge (Teig von mindestens 10 Pfund Mehl) und viel Erfahrung beim Formen und Ausbacken. Sie wurden deshalb früher nur zur Kirchweih und den großen Familienfesten – Hochzeit und Konfirmation oder Kommunion – in der eigenen Küche hergestellt, selten ohne die Hilfe einer erfahrenen Krapfenbäckerin. Heute sind sie jederzeit aus der Bäckerei zu holen, haben ihren festlichen Charakter verloren und geben kaum Anlass zu fragen, was denn Besonderes an ihnen sei.

Der Hefeteig und seine Würzung bleiben noch im Rahmen des Üblichen. Weit darüber hinaus gehen aber das Fingerspitzengefühl, das man beim Formen des Küchleins aus dem Teigling braucht, und die Sorgfalt, die beim Ausbacken aufgeboten werden muss. Das Teigstück wird so auseinandergezogen, dass ein wulstartiger dicker Teigring eine Teigscheibe dünn wie Pergament umschließt. Nicht zu groß dürfen diese Gebilde sein – nicht umsonst heißen sie „Kiechla" oder auch „Klaana Kung" – und die Dicke des Randwulstes muss in einem bestimmten Verhältnis zur Stärke der Innenscheibe stehen, damit sie in der gleichen Ausbackzeit die erwünschte unterschiedliche Ausprägung erhalten. Der Rand soll gut gebräunt sein, dabei aber flauschig weich und zart bleiben, die innere

Geschnittene Hasen werden gerne zur Kirchweih, im Fasching und zu anderen festlichen Anlässen gebacken. Zum einen geben sie eine gute Grundlage für feuchtfröhliche Tage ab, zum anderen schmecken sie aufgrund der ungewöhnlich reichhaltigen Zutaten einfach auch verführerisch.

Scheibe soll kaum Farbe annehmen und beim Essen leicht knusprig splittern, ohne trocken zu wirken. Diesem „Doppelwesen", das fast an zwei Gebäcke in einem denken lässt, verdankt das „Kiechla" seinen besonderen Geschmack, für den es zu Recht berühmt ist. Kenner verabscheuen Exemplare mit zu großem Durchmesser und mit halbkugelig oder schlimmer noch spitzkegelig hochstrebendem Innenteil, in das man hineinbeißt wie in einen Pappdeckel. Wenn früher einer bissig bemerkte, das „Kniekiechla" hätte wohl eine sehr dürre Großmutter über ihr spitzes Knie gezogen, war das ein vernichtendes Urteil über das misslungene Mittelteil des Gebäcks.

Andere Arten des Schmalzgebäcks stellen weit weniger Ansprüche und erreichen das charakteristische differenzierte Geschmacksbild des „Kniekiechla" nicht, gleichen das aber mit eigenen feinen, von unterschiedlichen Teigarten bestimmten Qualitäten aus. „Dörra Kiechla", die auch unter den Namen „Schneeballn" oder „geschnittene Hasen" bekannt sind, werden aus ineinander verschlungenen dünnen Teigstreifen eines relativ butterarmen Mürbeteiges hergestellt; sie kommen an allen Stellen gleichmäßig hell gebräunt aus dem Fett. Der „Spritzkung" wird als schmale Teigplatte aus Brandteig mit einer speziellen Kuchenspritze ins heiße Fett gedrückt und von allen Seiten goldgelb ausgebacken. Im Quarkteig der kompakten, kleinen Klößen ähnelnden „Feuerspatzen" schließlich verbarg sich in früheren Zeiten der delikate fränkische „Ziebalaskees", den unser heutiger Quark nicht so recht ersetzen kann.

Gutes Brot braucht Zeit

Der Duft macht Genussmenschen fast verrückt.
Frisches Brot scheint voller Glücksbotenstoffe zu stecken. Das Wasser läuft einem im Mund zusammen, wenn man einen noch warmen Laib Brot in die Hand nimmt, an ihm intensiv schnuppert.
Dort, wo es gemacht wird, ist es sogar noch ein bisschen besser.

Trebgaster Holzofenbrot
Familie Sesselmann
Bergstraße 15
95367 Trebgast

Tel. 09227 / 6548
www.trebgasterholzofenbrot.de
info@trebgasterholzofenbrot.de
Auch online bestellbar

Marktzeiten:
Wochenmarkt in Bayreuth (Rotmainhalle), Hof und Kulmbach
Samstag
7 – 13 Uhr

Viktualienmarkt Bayreuth (Fußgängerzone
Dienstag und Donnerstag
9 – 18 Uhr

Wochenmarkt Naila
Donnerstag
7 – 13 Uhr

Denn zum Duft warmen Brotes kommt noch der Geruch von Holz dazu. Wärme, die einen das Wetter draußen vor der Tür vergessen lässt. Und natürlich Sauerteig. In Manfred Sesselmanns winziger Backstube darf sich Brot noch Zeit nehmen, Brot zu werden. Sesselmann, der aus einer alten Trebgaster Bäckerfamilie stammt, und der erst seinen Meister, dann einen intensiven Ausflug in die Bio-Landwirtschaft mit dem damals größten Hof im Kulmbacher Landkreis gemacht hat, bäckt sein Brot – und ausschließlich Brot – wie vor 1000 Jahren. „So arg viele gibt es in Oberfranken nicht mehr, die das so machen wie wir", sagt seine Frau Rosa. Sie verkauft das, was Sesselmann und sein Mitarbeiter Peter produzieren, auf den Märkten in Bayreuth, Hof und Kulmbach. Einige ausgewählte, gute Restaurants und der eine oder andere Biergarten bekommen auch Brot geliefert. „An Geschäfte liefern wir jedoch nicht", sagt Rosa Sesselmann. Der Kreis der Kunden, die das Brot der Sesselmanns schätzen, wächst. Vielleicht, weil die Menschen wieder dahinter kommen, wie wichtig es ist, sich gesund zu ernähren. Ganz sicher jedoch, weil das Brot anders schmeckt. Nach Tradition, nach Liebe zum Backen. Nicht nach Triebmitteln und Konservierungsstoffen.

Der Teig gibt den Takt vor

Manfred Sesselmann hat 1989 zu seinen familiären und beruflichen Wurzeln zurück gefunden und macht seitdem in dem über 250 Jahre alten Backhäuschen seines barocken Hofs hoch droben in Trebgast „aus Überzeugung", wie er sagt, das Trebgaster Holzofenbrot. Der Sauerteig gibt dem Bäcker den Takt vor. 24 Stunden braucht er, bis er bereit ist, Brot zu werden. Sauerteig, Wasser, Salz, Mehl und im Winter ein bisschen Hefe, mehr ist nicht im Brot der Sesselmanns drin.

Heute selten: Ein Bäcker wie Manfred Sesselmann, der seinen Teig noch Zeit gibt.

Wenige Zutaten, dafür viel Erfahrung. Denn das Brot ist eine Diva: Es will gut behandelt werden. Es braucht Zeit, es

braucht eine kundige Hand. Es will die richtige Temperatur. Ein halber Ster Holz sorgt dafür, dass der Ofen auf Temperatur kommt. Bei 300 Grad wird das Brot eingeschossen. Zwei Stunden bäckt es. In dieser Zeit fällt die Temperatur auf rund 200 Grad. Dadurch bekommt das Brot seine besondere Kruste. Und Sesselmanns Brot ist in der Regel schön flach, „weil flaches Brot doch so viel besser schmeckt als hoch gebackenes", wie er sagt. Für die, denen die Kruste eines normalen Holzofenbrotes zu wenig ist, backen die Sesselmanns auch Brot-Baguettes. Nach dem gleichen Prinzip, mit der gleichen Haltbarkeit.

Das Brot schmeckt nach Tradition und nach Liebe zum Backen

Denn Sesselmanns Brot kann man nach einer Woche auch noch essen. Mit Genuss wie am ersten Tag. Würde es nach Manfred Sesselmann gehen, dann müssten die Kunden das Brot vor dem ersten Bissen ohnehin noch einen Tag ruhen lassen. Aber wer kann das schon? Bei dem Geruch, der die ganze Wohnung füllt. Der fast ein bisschen irre macht. Und hungrig.

Tausend Handgriffe machen den Unterschied

Wer einmal den frischen Geruch aus einer Backstube eingesogen hat, kann sich kaum einen schöneren Beruf vorstellen als das Bäckerhandwerk. Wie viel Handarbeit und Wissen nötig ist, um aus Mehl, Wasser und natürlichen Gewürzen saubere, gute Gebäcke zu erzeugen, steht auf einem anderen Blatt.

Während in der Industrie stets ein- und derselbe, oft mit Pülverchen aufgepeppte Standardteig vom Fließband in den Ofen gefahren wird, kommt es in Furhmanns Backparadies vor allem auf das Handling und Fingerspitzgefühl des Bäckermeisters und seiner Mitarbeiter an. Sie sorgen nicht nur buchstäblich für einen ausgezeichneten Unterschied. Denn immerhin erhielt das Haus 2013 neben der Bäckerei Lang als einzige Bayreuther Bäckerei den Bayerischen Staatsehrenpreis des Landwirtschaftsministeriums, für kontinuierlich hohe Qualität.

Rührend erscheinen die Anfänge im Jahr 1931. Der Firmengründer Georg Fuhrmann fuhr die Brote anfangs noch mit dem Fahrrad von Haus zu Haus, von der Ortschaft Rodersberg bis in die Stadt. Das

Mit abwechslungsreichen Inhalten wird Brot, das vielleicht älteste Lebensmittel der Welt, nicht langweilig. Die Bäckerei Fuhrmann mischt dem Teig des Jean-Paul-Brotes Bier bei.

Auto ließ jedoch nicht lange auf sich warten, und der Bäcker durfte sich in der ganzen Umgebung sogar als erster stolzer Besitzer eines Transportwagens nennen. Bäckermeister Dieter Rindfleisch, der die Tochter des Hauses heiratete und 1976 das Geschäft in zweiter Generation übernahm, führte die Bäckerei bis 1996, um sie dann an seinen Sohn Michael Rindfleisch zu übergeben. Dieser hat nun auch die jüngste technische Hürde erfolgreich genommen und die Backstube maschinell und vom Know-how auf den neuesten Stand gebracht, damit der Betrieb auch in der nächsten Generation die Herausforderungen meistern kann.

Beste Rohstoffe

Vor allem bei Broten muss der Bäcker akkurat auf Teigtemperatur, Knetzeit, Festigkeit und Abstehzeit achten – Kriterien, die Maschinen nur bedingt regeln können, da Einflüsse von außen, etwa aufgrund der Jahreszeit, zu berücksichtigen sind. Das Wirtschaftliche ist ein wichtiger Faktor. Aber nicht alles, was betriebswirtschaftlich sinnvoll ist, ist deswegen automatisch gut. „Billige Rohstoffe ergeben keine Super-Produkte“, so drückt es Michael Rindfleisch aus. Mit besten Rohstoffen aus der Region kann sich der Bäcker dagegen vom Durchschnittsangebot absetzen. Das Sortiment in Fuhrmanns Backparadies erstreckt sich von Brot über Brötchen, Gebäck, Kuchen, Torten bis zu Dauerbackwaren. Für die Brote kommt ausschließlich hauseigener Natursauerteig zum Einsatz – seit jeher eine Königsdisziplin des Bäckers. Es hält optimalerweise bis zu einer Woche.
Zu den Favoriten zählt das mit Bier angesetzte Jean-Paul-Brot, ein Roggenmischbrot mit Sesam und Sonnenblumenkernen, aber auch das Rodersberger Bauernbrot, Krustenbrot sowie das Fränkische Landbrot sind Klassiker. Eine ungemein leckere Spezialität sind zu dem die Küchle, nach einem unverändertem Rezept von Oma Luise Fuhrmann (frisch jeden Donnerstag und Samstag).
Die Füllungen und Cremes für die Torten liegen komplett in der Hand von Michael Rindfleisch, der nebenbei noch Konditormeister ist. Sohn Alexander Rindfleisch, seit 2012 ebenfalls Meister seines Fachs und bereits weit gereist, arbeitet im elterlichen Betrieb mit und bereichert das Angebot speziell um Südtiroler „Importe“ wie Schüttelbrot und würzige Vinschgauer oder Walnußbrot.
Wie er sind alle Mitarbeiter, auch die Verkäuferinnen, gelernte Fachkräfte, sodass der Kunde nicht nur Gutes erhält, sondern auch umfassend beraten werden kann. Nicht wenige, die irgendwann angefangen haben, Brot und Gebäck beim Discounter zu kaufen, kommen inzwischen zurück zum Fachbetrieb. Zu jedem Trend gibt es – zum Glück – einen Gegentrend.

Fuhrmanns Backparadies
Rodersberg 4
95448 Bayreuth
Tel. 0921 / 970677

Brüxer Weg 2
95448 Bayreuth
Tel. 0921 /970677

Eremitagestr. 32
95448 Bayreuth
Tel. 0921 / 1627760

www.fuhrmanns-backparadies.de
info@fuhrmanns-backparadies.de

Öffnungszeiten:
Dienstag bis Freitag
5.30 – 12.30 Uhr
und 14.30 – 18 Uhr
Samstag
5.30 – 12.30 Uhr

Bäckermeister Michael Rindfleisch gibt seine Erfahrung an Sohn Alexander weiter. Die Backstube befindet sich am Rodersberg, eine zweite Verkaufsstelle am Brüxer Weg und eine dritte Verkaufsstelle in der Eremitagestraße, wo auch ein kleines Café Platz gefunden hat (Bild unten).

Ein Stück vom Glück

Ein Pralinenhersteller ist in der Regel ein sehr sympathischer Zeitgenosse. Er ist darauf spezialisiert, sich und andere glücklich zu machen. Da Johannes Storath mit der raffinierten Veredelung von Schokolade regelrechte Hochgefühle erzeugen kann, hat er sich mit seinem Laden in Bayreuth viele Freunde gemacht.

Confiserie Storath
Maximilianstr. 75
95444 Bayreuth

Tel. 0921 / 1507917
www.
confiserie-storath.de
info@
confiserie-storath.de

Öffnungszeiten:
Montag bis Freitag
9.30 – 18 Uhr
Samstag 9.30 – 15 Uhr

Pralinenmanufaktur Stübig
St.-Martin-Str. 18a
96110 Scheßlitz-Stübig
Tel. 09542 / 773961

Öffnungszeiten:
Montag bis
Donnerstag 8 – 16 Uhr
Freitag 8 – 12 Uhr

Harmonie ist ein aufschlussreiches Wort, um die Welt von Johannes Storath zu verstehen. Angefangen bei den eigenen Zielvorstellungen über die Entwicklung der Produkte bis hin zum Verkauf und zum Umgang mit den Kunden sollte eine unverwechselbare Handschrift des Unternehmens erkennbar sein. Nichts anderes ist gemeint, wenn Johannes Storath davon spricht, etwas Stimmiges hervorzubringen: „Wenn die Harmonie gegeben ist, dann findet das Produkt auch seinen Kunden."

„Neun von zehn Leuten mögen Schokolade. Der Zehnte lügt."
– John Tullius (geb. 1953), amerikanischer Künstler und Karikaturist

1989 wurde die Pralinenmanufaktur aus einer Biertischidee geboren. „Ich wollte immer ein bisschen schokoladiger sein, nicht so süß, nicht so beißend... wohlschmeckend", sagt der gelernte Koch und Hotelkaufmann, dem sich schon an seiner Wortwahl anmerken lässt, wie sehr er gedanklich eins geworden ist mit dem Produkt. Von Anfang an produziert die Pralinenmanufaktur mit Sitz in Stübig die Schokolade selbst, ohne eine Fertigmasse zu verwenden – ein zentraler Bestandteil von Storaths Qualitätsphilosophie. Der

hohe Kakaoanteil ist wesentlich für den Geschmack. Johannes Storath erhöhte diesen Anteil beim Überzug von den handelsüblichen 60 Prozent auf 75 und bei der Vollmilchmischung von 32 auf 40 Prozent.

Kaum weniger ungewöhnlich war die Idee, einen Laden für den Verkauf der Pralinen zu eröffnen. 1997 machte Storath damit in Bamberg den Anfang – ein reines Schokoladengeschäft existierte damals nicht. 2009 folgte der Laden in der Bayreuther Innenstadt. Ähnlich wie der Bamberger Laden wartet das Bayreuther Domizil mit elegantem Interieur und einer verlockenden Auswahl auf, darunter auch Regionalia wie die Wilhelmine-Praline.

Beim Betreten des Hauses lässt der Besucher den Alltag hinter sich. Hier wirkt auch in der turbulenten Weihnachtszeit das Gesetz der Entschleunigung. Während die Kunden die Stücke einzeln auswählen und die Verkäuferinnen diese sorgfältig verpacken, läuft der Betrieb im Hintergrund auf Hochtouren. Um absolut frische, geschmeidige Ware anbieten zu können, produziert Storath keine großen Stückzahlen auf Lager. Eine Praline muss spätestens innerhalb von sechs Wochen verkauft sein. Zwei bis drei Wochen danach sollte sie verzehrt sein. „Ich mag gerne am Ursprung der Schokolade dran bleiben. Das ist meine Kernphilosophie."

Schokoladige Köstlichkeiten: Der Genuss wird auch durch Form und Füllung zum sinnlichen Erlebnis.

Dank der ausgeprägten Kombinationsfähigkeit des Herstellers entstehen daraus stets aufs Neue aufregende Verbindungen von natürlichen Aromen und Schokolade. Johannes Storath arbeitet mit Winzern und Weinhandlungen zusammen sowie mit der Bierakademie, Bamberg, um zu zeigen, was mit Schokolade alles geht. Auch für Whiskey mit Schokolade und ein Schokoladendinner sind bereits Netzwerke entstanden. Auf Veranstaltungen weist die Internetseite hin.

„Ich mag gerne am Ursprung der Schokolade dran bleiben.
Das ist meine Kernphilosophie."

– Johannes Storath

Auf den Geschmack gekommen

Bei der Entstehung von Geschmack sind Lernprozesse von grundlegender Bedeutung. Einzig die Vorliebe für Süßes ist offenbar angeboren.

von Simon Roitmoior

Ob uns etwas schmeckt oder nicht, erscheint meist schlichtweg als Ausdruck individueller Vorlieben, die eben so sind, wie sie sind. Warum aber gibt es dann regionaltypische Küchen wie die Fränkische? Es kann ja kein Zufall sein, dass in bestimmten Regionen geschmackliche Vorlieben zu finden sind, die anderen fremd bleiben. Während in Franken Schäuferle, Bratwurst und Kloß Wertschätzung finden, sind es in anderen Teilen der Welt Insekten, die als Nahrungsmittel goutiert werden. Dabei kommt der Mensch beinahe ohne Vorlieben auf die Welt, von der genetischen Präferenz für Süßgeschmack einmal abgesehen. Diese ist angeboren und wird meist als evolutionärer Vorteil interpretiert, zum einen, da süße Nahrungsmittel eine schnelle Energiequelle darstellen, zum anderen, da die meisten in der Natur vorkommenden Giftstoffe selten süß, sondern eher bitter schmecken.

Was unsere Vorlieben beeinflußt

Die Auswahl erfolgt also zum allergrößten Teil auf der Basis erlernter kultureller Motive, und zwar nicht durch Zwang und Anpassung, sondern durch Gewöhnung, Nachahmung und Übernahme. Mit Blick auf die Ernährung bedeutet dies, dass sich Kinder zunächst an den Vorlieben, Gewohnheiten, Haltungen und Einstellungen ihrer Eltern zu Nahrungsmitteln, Kochen und Genuss orientieren und diese nach und nach übernehmen. Nach dem momentanen Stand der Forschung beginnt diese Übernahme der elterlichen Präferenzen bereits vor der Geburt. Die amerikanische Biologin Julie Menella konnte in verschiedenen Versuchen nachweisen, dass schon die Geschmackserfahrungen im Mutterleib und beim Stillen das Baby und dessen Geschmacksvorlieben beeinflussen. Über Fruchtwasser und Muttermilch aufgenommene Geschmacksstoffe aus dem Essen der Mutter können zu spezifischen Präferenzen beim Fötus bzw. Säugling führen. Was das

Kind zu diesem Zeitpunkt an Geschmacksstoffen aufnimmt, nimmt es später bei der Umstellung auf feste Nahrung als vertraut und bevorzugt wahr.
Dieses Prinzip des „Kontaktlernens" setzt sich weiter fort: Die Nahrungsmittel, die das Kleinkind mit Eltern und Geschwistern teilt, werden akzeptiert – sie schmecken. Diese Lernprozesse, die sich tagtäglich wiederholen, prägen sich ein und verfestigen sich somit ganz unmerklich zu Ernährungsgewohnheiten. Dies erklärt auch, warum Essgewohnheiten selbst Generationen überdauern – die Vorlieben des Nachwuchses passen sich denen der Eltern an. Darin liegt auch der Grund für die außerordentliche Stabilität von Ernährungsgewohnheiten. Letztendlich ist dies die wichtigste Voraussetzung dafür, dass regionale Vorlieben und Verhaltensweisen nicht verloren gehen, sondern sich, ganz im Gegenteil, immer wieder reproduzieren. Während in Schwaben der typische Kinderteller „Spätzle mit Soße" ist, wird

Im Rahmen der Kulmbacher Kinderuni konnten die jungen Studierenden ihre Sinne auf die Probe stellen (diese und folgende Seite).

dem fränkischen Kind der „Kloß mit Soß" serviert und als typisch fränkische Präferenz verankert. Dabei werden über Regionen hinweg leider auch Gewohnheiten verinnerlicht, die dauerhaft nicht nur von Vorteil sind. So zeigte eine deutsche Studie unter Kleinkindern, dass schon diese, genauso wie die Erwachsenen, zu viel Fleisch, Wurst und Zucker zu sich nehmen.
Der Geschmack ist dabei nicht nur über Generationen stabil, sondern reproduziert sich auch schichtspezifisch. Nach dem Stillen und der Breikost eignet sich das Kleinkind durch die Teilnahme an den Familienmahlzeiten bestimmte Ernährungsgewohnheiten an, die meist zeitlebens stabil bleiben.

Die Emotion spielt eine Rolle

Ein weiterer Faktor, der oftmals kaum beachtet wird, aber für die grundlegende Haltung zu Lebensmitteln von großer Bedeutung ist, ist meines Erachtens die emotionale Verbundenheit mit der Ernährungsthematik in all ihren Facetten. Das erste Bedürfnis eines Neugeborenen ist die Befriedigung des Hungers an der Mutterbrust. Nahrungsaufnahme, Lust und Bindung sind dabei seine ersten Erfahrungen, und es liegt nahe, dass diese für das spätere Verhältnis zur Nahrungsaufnahme von Bedeutung sind. Auch die generelle Wertschätzung gegenüber dem Essen und der damit verbundene Genuss dürften sich schon früh ausprägen.

Es ist also davon auszugehen, dass auch für die Lust oder Unlust am Zubereiten und Kochen basale Lernprozesse verantwortlich sind und dass die Distanz bzw. Anziehung zu den verschiedenen Bereichen der Ernährung von den Eltern vermittelt wird. Diejenigen Personen, die ich im Rahmen meiner Forschungsarbeit interviewt habe, welche eine enge und genussvolle Bindung zur Essthematik hatten, berichteten alle davon, schon früh von wichtigen Bezugspersonen in Küchen- und Kochprozesse mit einbezogen worden zu sein, wie die folgende Aussage eines Mannes belegt:
„Als Kind habe ich dann immer die Gerste aussuchen dürfen, weil früher in der Gerste immer noch kleine Steinchen und ähnliches drin waren, das war halt nicht ganz sauber. Diese Aufgabe habe ich gehabt, oder Bohnen schnippeln und solche Sachen mit der Maschine. Das habe ich auch gerne getan. Ich habe mich also schon mit Essen beschäftigt, nicht bewusst, aber einfach beschäftigt, weil ich zu so etwas angehalten worden bin und weil mir das eigentlich auch gefallen hat."
Ein gutes Beispiel dafür, wie sich das Bewusstsein und der positive Bezug zu Nahrung und Zubereitung quasi nebenbei entwickeln. Zusammenfassend lässt sich festhalten, dass das grundlegende emotionale Verhältnis zum Essen von den Eltern geprägt wird, gleichzeitig gesellschaftliche Prägekräfte wie Schicht und Geschlecht, aber beispielsweise auch die geographische Region unsere Vorlieben und Abneigungen beeinflussen.

Selbst ein Vorbild sein

Wer sein Kind dabei unterstützen möchte, gesunde Ernährungsgewohnheiten zu entwickeln, tut gut daran, ein entsprechendes Vorbild zu sein. Wer selbst auf eine ausgewogene, genussvolle Ernährung achtet, sich auch Zeit dafür nimmt und dies dem Kind vorlebt, hat sein Möglichstes getan. Und kann dann gelassen bleiben, wenn das Kind mal wieder alle Mühen diesbezüglich ignoriert und den Spinat nicht essen will.

Aktuelles Wissen für die Praxis

Bei den Bayerischen Ernährungstagen in Kulmbach können die Besucher ihren Geschmack auf die Probe stellen.

Kompetenzzentrum für Ernährung – KErn
Hofer Str. 20
95326 Kulmbach

Tel. 09221 / 40782-0

poststelle@
KErn.bayern.de
www.KErn.bayern.de

2011 wurde in unmittelbarer Nachbarschaft zum Kulmbacher Mönchshof das Kompetenzzentrum für Ernährung (KErn) geschaffen. Die Einrichtung im Ressort des Bayerischen Staatsministeriums für Ernährung, Landwirtschaft und Forsten (StMELF) hat die Aufgabe, den Austausch zwischen Forschung, Ernährungswirtschaft/Produktion sowie Multiplikatoren und Dienstleistern im Bereich Ernährung zu forcieren. KErn ist an den Standorten Kulmbach und Freising angesiedelt. Am KErn in Kulmbach haben auch der Cluster Ernährung Bayern und die Vernetzungsstelle Schulverpflegung Bayern ihren Sitz.

Die Zielgruppe im Blick

Eingeteilt in die drei Säulen Wissenschaft, Wirtschaft und Wissenstransfer richtet sich KErn mit seinen Dienstleistungen an Multiplikatoren. Dazu gehören staatliche Einrichtungen wie die 47 bayerischen Ämter für Ernährung, Landwirtschaft und Forsten mit den acht Fachzentren Ernährung/Gemeinschaftsverpflegung, ebenso wie Bildungs-, Gesundheits- und Sozialeinrichtungen, Ernährungsfachkräfte, Wissenschaft, Wirtschaft sowie Medien. Gesellschaftlich relevante Themen bereitet KErn für die jeweilige Zielgruppe auf. Ziel ist es, den Informationsfluss zwischen allen beteiligten Gruppen zu erleichtern und das aktuelle Wissen rasch in die Praxis zu überführen.

Das KErn-Team, aufgenommen im Nachbarhaus MUPÄZ.

Backleidenschaft Tag für Tag

Über die Geschichte der Bäckerei Lang ließe sich alleine schon ein interessantes Buch schreiben. 13 Generationen von Bäckerfamilien haben das Haus in der Jean-Paul-Straße zu dem gemacht, was es heute ist. 2014 feiert diese Bayreuther Institution 250. Geburtstag.

Drei Generationen packen an (v.l.): Heidi Lang, Thomas Zimmer, Alexandra Zimmer, Jacqueline Zimmer.

Auf der Historie kann und will sie sich allerdings nicht ausruhen. Denn auch heute noch muss sich die Bäckerei ihre Brötchen Tag für Tag erarbeiten.
„Wir sind im Lauf der Geschichte nur ein Zacken, aber entscheidend, ob es weitergeht." So beschreibt Bäckermeister Thomas Zimmer die Historie. Der Name Bäckerei Lang geht auf die Urgroßeltern seiner Frau Alexandra zurück, die sich 1906 hier niederließen. Jede Generation hat ihre eigenen Herausforderungen. Heute setzen Bäckereien, die für Qualität und Regionalität einstehen, nicht Kriege, sondern Preiskämpfe der Discounter zu. „Um gegen sie zu punkten, müssen wir kompetent und anders sein und unsere Kunden beraten können", lautet entsprechend das Credo von Chefin Alexandra Zimmer, die sich als Bäckermeisterin besonders um die Konditorei sowie die Allergikergebäcke kümmert. Die Kunden schätzen die Spezialitäten des Hauses und nehmen dafür auch gerne längere Anfahrtswege in Kauf.

Das Backstubenteam mit dem 7 kg schweren Fränkischen Bauernlaib (v.l.): Thomas Zimmer, Max Bachan, Norbert Hirschmann, Lisa Seebe.

Ein Traum von einem Brot

Von der Elterngeneration haben die Zimmers zusätzlich zum Haus einen ehrwürdigen Steinofen mit Schamottplatten, Baujahr 1956, übernommen. Bestens geeignet für die bis zu 7 Kilo schweren, fränkischen Sauerteigbrote – ein Traum von einem Brot. Fertigmischungen lehnt Zimmer ab. Sowohl inhaltlich als auch geschmacklich ist man auf der sicheren Seite, auch bei den anderen Spezialitäten. Das schließt neue, spannende Entwicklungen ein. Zum Beispiel das „Thermalbrot" mit Gerste, Dinkel und mineralreichem Quellwasser der Lohengrin-Therme, bei den Kunden ein Spitzenreiter unter den Broten. Das Krätzaweckla, ein dreiteiliges Hefegebäck, das an die christliche Dreiteilung erinnert und traditionell als Stärkung bei der Geburt und beim Leichenschmaus gegessen wird, war wie das Thermalbrot Preisträger beim Spezialitätenwettbewerb der Metropolregion („Unsere Originale"). Nicht zu vergessen: die Jean-Paul-Pfeffernüssla – die Bäckerei verwendet hierfür einen Abguss des Original-Holz-Modells aus der Rollwenzelei. An Samstagen sind

Mit viel Phantasie, ausgezeichneter Qualität und über 60 verschiedenen Brot- und Brötchensorten hat sich die Bäckerei-Konditorei Lang einen weithin bekannten Namen gemacht.

Bäckerei-Konditorei Lang

Jean-Paul-Str. 7
95444 Bayreuth

Tel. 0921 64408
www.
baeckerei-lang.de
info@
baeckerei-lang.de

Öffnungszeiten:
Dienstag bis Freitag
6.45 – 18 Uhr
Samstag 6.30 – 13 Uhr

über 60 (!) verschiedene Brötchensorten im Angebot, mit dabei: „Designer-Brötchen" mit speziellen Teigen und Zutaten wie Rote Beete, Chili, Radieschen ... Für Allergiker gibt es glutenfreies Brot aus Mais- und Reismehl, per Versand bundesweit.

Die hochwertigen Backspezialitäten sind gleichwohl nur eine Besonderheit. Als einzige Bäckerei der Stadt hält man hier zudem die typische Bayreuther Tradition der „Beck'n Bräu", die Verbindung von Back- und Brauhandwerk, in Ehren. Vier Mal im Jahr öffnet die Familie jeweils für eine Woche ihre Buschenschänke im fränkischen Innenhof des Hauses (Termine: Mai, Juni, September, Oktober). Das unfiltrierte, spritzige Beck'n Bier und den kräftigen „Jean Paul Beck'n Trunk" gibt es in markanten Ein-Liter-Bügelflaschen auch im Geschäft zu kaufen, solange der Vorrat reicht.
Der hervorragende Ruf des Betriebs hat sich weithin herumgesprochen. Hohe Auszeichnungen unterstreichen die Kompetenz. 2013 erhielt die Bäckerei den Bayerischen Staatsehrenpreis des Landwirtschaftsministeriums, als eine der 20 besten Bäckereien in Bayern. Zimmers Netzwerk leistet einen weiteren wichtigen Beitrag. Der Bäckermeister ist Gründer des Vereins Genussregion Oberfranken und als oberfränkischer Handwerkskammerpräsident verbandspolitisch aktiv. Tochter Jacqueline arbeitet als Bäckermeisterin im elterlichen Betrieb mit und kümmert sich sowohl um den Verkauf als auch um die Lehrlingsausbildung. Somit ist das Haus auch für die Zukunft sehr gut aufgestellt.

1860 zählte man in Bayreuth laut einer Gewerbestatistik noch 54 Beckenbräuer – die Betriebe waren Bäckerei und Brauerei in einem. Einzig die Bäckerei Lang setzt heute diese Tradition fort.

Die Buschenschänke im Innenhof der Bäckerei Lang: Für die Stammgäste ist die seit 1995 regelmäßig wiederkehrende Veranstaltung Kult.

Spezialitäten (4): Bier

Kraftvolle Originale

von Georg Lang

An einem Bier wie zu Jean Pauls Zeiten versuchten sich im Jubiläumsjahr 2013 des genialen Dichters und prominentesten Bierliebhabers der Epoche um 1800 einige wenige Brauereien im Raum der alten Markgrafschaft Bayreuth. Sie begaben sich auf die Fährte zurück zum Ursprung der größten Spezialität der Region, dem ganz alltäglichen Bier.

„Oh du braun´s Bierla" soll Jean Paul es seinerzeit liebevoll angeredet haben, ließ es sich nach Berlin, Meiningen und Weimar per Postfracht schicken und wählte schließlich Bayreuth als Wohnort, um ihm nahe zu sein. Er wird gewusst haben, dass es dem Bier nicht gut tut, wenn es zuviel bewegt wird. Die konzentrierte kraftvolle Ruhe, die es ausstrahlt und mitteilt, benötigt und beansprucht es auch für sich selbst. Dieses grundlegende Wesensmerkmal findet sich vollendet ausgeprägt im dunklen Landbier des Bayreuther Landes, das dem „Jean-Paul-Bier" Pate gestanden hat und wohl tatsächlich dem Geschmacksbild der alten Zeit sehr nahe kommt. Die Art, wie eine leichte Bitternote des Hopfens die durch kleine Mengen spezieller Röstmalze angereicherte süße Fülle der gemälzten Gerste ausgleicht, überzeugt auch heute noch.

Als spezielle Kunst, die nicht auf Massengeschmack und Lifestyle abzielt, spielt das Brauen eine immer größere Rolle – sowohl in Häusern, die in diesem Buch ausführlich vorgestellt und empfohlen werden, als auch abseits dieser herausragenden Adressen. Das „Dunkle" gibt vor allem in den kleineren Brauereien den Ton an. Im Alltagsgewand zeigt es sich als ganz normales „Vollbier", zu festlichen Anlässen wie Kirchweih, Weihnachten und Jean Pauls 250. Geburtstag aber putzt es sich heraus zum gehalt- und geschmackvolleren „Märzen", an Weihnachten auch zum kraftvollen, den Starkbieren nahen „Bock". Nur wenige Brauereien beschränken sich auf das traditionelle dunkle Landbier und stellen keine andere Sorte her, wie zum Beispiel die Brauerei Gradl in Leups, die es in aller Selbstverständlichkeit einfach „Leupser Bier" nennt und in der Weihnachtszeit vom „Leupser Dunkel zum „Leupser Bock" steigert. Von den Landbrauereien, die dem Zeitgeschmack folgend dem Traditionsbier ein breiteres Sortiment angegliedert haben, seien genannt die Schroll Bräu in Nankendorf, die Brauerei Stöckel im Ahorntaler Ortsteil Hintergereuth und die Held-Bräu in Oberailsfeld. Meist gleichrangig neben dem Dunklen steht hier das Helle – mit genau der gleichen Steigerungsmöglichkeit vom Vollbier über das Märzen zum Bock. Mehr im Hintergrund hält sich das Pilsner, das schon kurz nach seiner Erfindung 1848 in Franken groß in Mode kam, aber nicht flächendeckend durchdrang. Es blieb eine Domäne der Großbrauereien in den Städten und ist heute noch die Hauptsorte des „Kulmbacher Bieres". Rund 100 Jahre nach dem Pilsner bestimmte schließlich das Weißbier den neuen großen bis heute wirksamen Trend in der fränkischen Bierlandschaft. Sein Vorreiter war und ist die Maisel-Bräu in Bayreuth. Doch setzen auch die kleinen Brauereien aus ihrer Brautradition heraus Akzente wie beispielsweise die Held-Bräu mit einem Staunen erregenden hellen Weißbierbock – natürlich nur zu Weihnachten.

Bierkultur ist nicht denkbar ohne Gaststättenkultur, und gerade die Kleinbrauereien sind so eng verbunden mit ihrer Brauereigaststätte, dass man erwarten müsste, sie

Nachbildung eines Creußener Apostelkrugs in Maisel´s Brauereimuseum.

würden sie mit Bedacht pflegen wie ihre Biere. Leider ist das nicht immer der Fall. Mit der freundlichen, nie nur geschäftsmäßigen Gastlichkeit der Wirtsleute kann die bescheidene Anmutungsqualität der Räumlichkeiten oft nicht überspielt werden. Mit den Worten „nüchtern" und „funktional" ist sie eher schönfärberisch umschrieben. Die meisten Gäste scheint das nicht zu stören, vielleicht weil sie nicht wissen, was sie Schöneres haben könnten. Würden sie es suchen, könnten sie es exemplarisch in der Heckel-Bräu in Waischenfeld finden. Die Schankstube strahlt den Flair der alten Bierwirtschaft in großer Intensität aus; noch in der offenen Tür verhält der fremde Gast unwillkürlich den Schritt, weil er sich wie ein Eindringling in die gesellige Runde der Einheimischen vorkommt, bis er merkt, wie schnell er selbst da heimisch werden kann bei einem Bier, das seinesgleichen sucht und nirgendwo anders zu haben ist. Die „Pöhlmann´sche Gaststätte" in Limmersdorf – um ein weiteres Beispiel anzuführen – macht es ihm nur wenig leichter mit der dichten Atmosphäre der kleinen Dorfwirtschaft, die den Eindruck erweckt, als sei sie eine Art Wohnzimmer des ganzen Ortes. Hier kann er nur leichter ausweichen und sein Bier im überdachten Hof und der offenen Scheune trinken oder unter dem Lindendach des unmittelbar am Haus gelegenen kleinen Biergartens an

der Stelle der aufgelassenen Kegelbahn. Die Pöhlmann' sche Brauerei ist schon lange stillgelegt, so dass man beim Bier seiner Wahl aus ausgesuchten benachbarten Brauereien darüber nachsinnen kann, wie wohl das Bier geschmeckt haben muss, das zu diesem schönen Platz gehörte.

Ein Prunkstück in Maisel's Brauereimuseum in Bayreuth ist die Bierstube „Alte Abfüllerei". Bis in die 1970er Jahre füllte man in diesen Räumen tatsächlich Bierflaschen ab. Die historischen Abfüllmaschinen von damals wurden in die Einrichtung integriert. Zentrum des Raumes ist die 14 Meter lange Theke.

Tradition der Beck'n Bräu

Brauereigaststätten stellen naturgemäß das Bier ihrer Brauerei in den Mittelpunkt. Warme Küche gibt es meist nur zum sonntäglichen Mittagstisch, wenn die Städter auf's Land fahren. Im übrigen beschränkt sich das Angebot an Essen auf das absolut Notwendige zum Bier, nämlich die Brotzeit. Die ist aber keineswegs karg und enthält auch immer etwas Warmes, in der Regel die Bratwürste. In bester Hausmacherqualität kommen sie und mit ihnen vieles andere aus der Hausschlachtung, und manchmal lockt sogar der seltene, echt hausgemachte Ziebalaskees. Brot, Brötchen und Brezen aus der Hausbäckerei bietet nur noch die Beck'n Bräu Herold in Büchenbach als einziger Betrieb, der die in Bayreuth und seinem Umland früher übliche Verbindung von Bäcker- und Brauerhandwerk aufrecht erhält. Ganz ohne Bruch lebt diese Tradition nicht weiter, denn bei Herolds ist das Backen dem Brauen untergeordnet, während

Die Macher hinter „Brunos Schwarze Acht": Brauer Georg Kugler und Konditor Erwin Wirth präsentieren ihre Gemeinschaftskiste: ein ebenholzfarbenes Bier in Kombination mit tiefdunkler Pralinen-Schokolade.

ursprünglich das Brauen nur Zuverdienst des Bäckers war. Die zweite noch aktive Beck'n Bräu Lang in Bayreuth kommt dieser Form näher, braut aber nicht mehr selbst, sondern lässt nach ihrem Hausrezept das Bier herstellen, das sie nach Art der Buschenschänken viermal im Jahr rund eine Woche lang in der Hausdurchfahrt und dem überdachten Innenhof des Bäckereianwesens ausschenkt. Diese Ereignisse haben den Charakter eines Volksfestes auf sehr gedrängtem Raum, dessen Trubel den stillen Bierliebhaber schon etwas ängstigen kann. Besiegt er aber diesen Impuls, wird er durch ein außergewöhnliches Bier belohnt. Ein Dunkles ist es natürlich, wie übrigens auch beim Herold, aber welch ein Dunkles! „Himmel, welch ein Bier!“ – kein anderes als dieses kann es gewesen sein, dessentwegen Jean Paul nach Bayreuth umzog.

Die Genügsamkeit des großen Dichters, der in einer einzigen Bierspezialität alles fand, was er zum Schreiben und zum Leben brauchte, ist uns Heutigen fremd geworden. Nicht dass wir der Mode hinterherlaufen, in diesem Fall richtiger gesagt der Biermode hinterhertrinken wollten, es reizt uns einfach die Frage, welche Geschmacksnuancen wir dem Gerstensaft noch abgewinnen können. Der jüngeren Brauergeneration verdanken wir das unmittelbar aus dem Nachgärtank ohne weitere Lagerung abgefüllte spritzig frische, hefemuntere „Zwickelbier“. Namensgebend ist die

Schaum und Krone

Ein alter Kachelofen, viel Gebälk, historische Bauernmöbel, dazu ein Radiogerät aus Omas Zeiten...

Wer die kleine Gaststube der Held-Bräu in Oberailsfeld betritt, kann einiges entdecken. Eine Kaputtsanierung, die den Charme vieler alter Wirtshäuser unwiederbringlich zerstörte, scheint an dem Haus vorüber gegangen zu sein. Dabei ist die Einrichtung das Ergebnis eines behutsamen Rückbaus, der auf 1990er Jahre datiert. Zuvor saß der Gast hier noch an Resopaltischen und unter einer Rigips-Decke – die Modernisierungswelle der Nachkriegszeit hatte auch die Held-Bräu nicht verschont. Viel wesentlicher aber ist die Qualität des Bieres: Seit 1680 ist die von traumhafter Landschaft umgebene Brauerei in Familienbesitz. Das kalkhaltige Wasser der Region ist für dunkle Biere seit jeher gut geeignet, und das dunkle Bauernbier der Held-Bräu gehört nach Meinung vieler zu einem der besten Biere Frankens. Im Zusammenhang mit der erfrischenden Kraft des Bieres erinnert man sich hier gerne an eine ehrenvolle Anekdote: Am 6. Juli 1851 machte die bayeri-

sche Königin Marie bei einer Durchreise in Oberailsfeld Rast. Erschöpft von einem unerwartet langen Spaziergang, ruhte sie sich in der guten Stube des Hauses aus und ließ sich nebst Butter und Hausbrot „einen guten Trunk Bier gut schmecken“, berichtet der Historiker August Sieghardt. Als besonderes Dankeschön schenkte der hohe Gast dem Wirt eine Lithographie mit dem Bild der Königin und des Kronprinzen Ludwig, der später als Ludwig II. den Thron besteigen sollte. Noch heute befindet sich der Druck in dem Raum, in dem die Königin damals rastete.
Heute stärken sich Besucher unter der Woche auch mit einer warmen Brotzeit, am Wochenende vor allem mit fränkischen Bratenklassikern.

Zwickklammer, mit der die Braumeister den Schlauch verschlossen, aus dem sie die Probierschlucke aus dem Tank entnehmen konnten. Das mutet noch sehr traditionsgebunden an im Vergleich zu den Experimenten, die andere Jungbrauer mit fruchtig aromatischen Hopfensorten, ausgetüftelten Malzmischungen und der Verwendung spezieller Hefen bis hin zu Weinhefen durchführen. Sie heben das Alltagsgetränk Bier in überraschenden Geschmacksnoten und im Alkoholgehalt auf die höhere Ebene eines edlen Genussmittels und ziehen den zunächst widerstrebenden biederen Bierfreund mühelos mit hinauf. „Maisel & Friends" kreierten „Jeffs Bavarian Ale", „Stefans Indian Ale" und „Marc´s Chocolate Bock" mit der reichen Fülle der Starkbiere und überraschend nuancenreichem Geschmacksbild. Der dunkle Bock mit seiner mächtigen Süße passt tatsächlich gut zur Schokolade. Diese freundschaftliche Nähe tiefdunkler Geschmackstöne nutzt Georg Kugler von der Thuisbrunner Elchbräu in „Brunos Schwarzer Acht", einer gelungenen Kombination seines fast schwarzen Edelbieres mit einer fein darauf abgestimmten Praline aus der Egloffsteiner Bäckerei und Konditorei Wirth.

Die neuen Starkbierkreationen präsentieren sich gewichtig in schweren Flaschen von 0,75 l Inhalt, die eher an Sherry denken lassen als an Bier, und sie werden in edlen, den Cognac-Schwenkern ähnlichen Gläsern kredenzt. Die vorsichtigen Schlucke, die daraus zu nehmen sind, müssen nicht ganz so zierlich sein wie beim Cognac, ein wirklich tiefer Zug ist aber weder empfehlenswert noch durchführbar. Ganz zwanglos wird jener wahre Genuss befördert, der sich an Qualität, nicht an Quantität orientiert, und mühelos wird der einsame Trinker von seinem traurigen Schicksal erlöst, denn ohne den kleinen Kreis hilfreicher Freunde kann die Flasche nicht leer werden. In den Gourmettropfen sind alle Tugenden des Bieres, seine gleichermaßen entspannende wie anregende, besänftigende und ausgleichende, seine gemeinschaftsstiftende Wirkung konzentriert und in Reinkultur aufgehoben.

Zwischen All- und Festtag

Inmitten des Wandels, den die fränkische Dorfwirtschaft erlebt hat, wirkt die urige „Pöhlmann'sche Gastwirtschaft – Zur Realen Schenkgerechtigkeit" in Limmersdorf bei Thurnau, zu der auch eine einmalige Bierlaube gehört, wie ein Reservat. 2002 eröffnete Veit Pöhlmann erstmals wieder das Haus seiner Vorfahren, das 23 Jahre lang geschlossen war, aber seine „Schenkgerechtigkeit" nicht verloren hat. Dem Inhaber ging es vor allem darum, einen dörflichen Treffpunkt zu bewahren, an dem die Gäste – mit Ausnahme der beiden Ruhetage Dienstag und Donnerstag – trinken, Karten spielen, plaudern und streiten können. Immer gibt es typisch fränkische Brotzeiten zu vielen Bieren, ausschließlich aus dem Bierland Oberfranken. Warmes macht der Wirt nur auf Vorbestellung, an Festtagen und zur Kirchweih, die in der Zeit um Bartholomä (24. August) stattfindet, nicht zu irgendeiner Kirchweih wohlgemerkt, sondern zu der (oberfränkischen) Lindenkirchweih, die sogar für die nationale Liste des Weltkulturerbes vorgeschlagen ist. Der Tanz auf der prächtigen Linde hat eine Jahrhunderte alte Tradition und ist in dieser authentischen Form nur noch in Limmersdorf zu erleben, weshalb dort auch das Deutsche Tanzlindenmuseum entsteht.

Kulturgut – neu gedacht

Vier Braumeisterinnen drehen den Spieß um: Bier von Frauen für Frauen, das auch Männer mögen.

von Eric Waha

Die Oberfranken wissen schon, was sie an ihrem Bier haben. Bier ist Kulturgut, ist Seelenkitt. Gemütlichkeit, Gemeinschaft, Genuss. Nicht umsonst gibt es so viele kleine Brauereien wie nirgends sonst auf der Welt, über 200 sind es. Es spricht sich langsam rum, dass Oberfranken so etwas wie das Weltbierkulturerbe ist. Und unter diesen Spezialitätenbrauern, die Bier mit Geschmack – mit einem jeweils eigenen, unverkennbaren Hausgeschmack – machen, gibt es eine sehr kleine Hand voll Frauen, die im Sudhaus das Sagen haben. Die quer denken. Die Bier neu denken, „weil Bier eigentlich voll auf die Zielgruppe Mann zugeschnitten ist", wie Yvonne Wernlein von der Trebgaster Brauerei Haberstumpf sagt. „Wir haben uns gesagt, dass wir den Spieß umdrehen wollen. Bier brauen wollen mit der Zielgruppe Frau. Und wenn es die Männer probieren wollen, dann ist es natürlich auch gut", sagt die junge Braumeisterin und lacht. „Holladiebierfee" heißt das Projekt, das Yvonne Wernlein, die Schwestern Monika und Gisela Meinel-Hansen (Meinel-Bräu, Hof) und Isabella Straub aus der Memmelsdorfer Drei Kronen-Brauerei gemeinsam aus dem Sudkessel gehoben haben.

„Jede bringt ihre Vorstellungen ein, schlägt Zutaten vor – und dann wird gebraut, verdammt."
– Yvonne Wernlein

Die vier Frauen mischen den Biermarkt auf: Isabella Straub, Monika Meinel-Hansen, Yvonne Wernlein und Gisela Meinel-Hansen (v.l.).

„Das Feedback, das wir bekommen, teilt sich etwa 50:50 auf Frauen und Männer auf. Und es sind erstaunlich viele Bierkenner dabei, die offen sind für Neues, die bereit sind, einen Blick über den Krugrand hinaus zu werfen." Zwei Holladiebierfeen gibt es seit Frühjahr 2012 pro Jahr, eine leichte, sommerliche. Und eine schwerere, kräftigere für die kalten Winterabende.

Vorbestellt – und weg!

Tief dunkel ist beispielsweise die Bierfee für den Winter 2013 geworden, „mit Geschmack nach Zartbitterschokolade und roten Beeren", beschreibt Yvonne Wernlein die schäumende Gaumenhorizont-Erweiterung. Und stark ist sie: 7,5 Prozent, „mit 20 Prozent Stammwürze, das ist schon Doppel-Doppel-Bock." Jede Holladiebierfee, abgefüllt von Hand in Champagnerflaschen, ist ein Sprung ins kalte Brauwasser. Ein Wagnis für die jungen Braumeisterinnen, die sich für ihr Projekt zusammengetan haben – die inzwischen Freundinnen geworden sind. Die jede für sich ihr eigenes Ding machen, die aber beispielhaft zusammenarbeiten. „Wir probieren die Bierfee nicht im kleinen Rahmen am Kochtopf aus und machen dann. Wir setzen uns zusammen, beraten, wie die nächste schmecken soll. Jede bringt ihre Vorstellungen ein, schlägt Zutaten vor – und dann wird gebraut, verdammt", sagt die Trebgasterin. Die erste Bierfee wurde den Brauerinnen aus den Händen gerissen, die vier Hektoliter waren ruck-zuck ausverkauft. Die acht Hekto der zweiten, zum Teil sogar vorbestellt, fanden ebenso innerhalb weniger Wochen ihre Liebhaberinnen.

Und selbst die 25 Hektoliter der Nummer drei, auf die die Schaumkronenjäger schon gierig gewartet – und wieder vorbestellt – haben: Schnell da, schnell weg!
Doch nicht nur bei ihren Bierfee-Fans kommt das, was die vier mutigen Maadla zaubern, an. „Von den Kollegen, die so in unserem Alter sind, kommt viel Lob. Und auch von den Brauern, die im Alter unserer Eltern sind – die haben natürlich erst mal gegrinst über das, was wir da machen – kommt entweder nix, oder Anerkennung in Form von: Kann sich schon sehen lassen,

Yvonne Wernlein in ihrer Brauerei. Kritischer Blick: Passt die Farbe? Passt das Bier!

was die treiben.“ Was natürlich im Land des „Bassd scho“ einem Adelstitel des Lobes gleichkommt.

Der eigene, besondere Geschmack

Yvonne Wernlein sagt, dass gerade die geschmacklichen Extratouren aus ihrer Sicht das Salz in der Suppe eines Bierlandes Oberfranken sind. „Das brauchen die Brauereien, weil Spezialbiere gefragt sind. Immer mehr Menschen erkennen, dass Bier auch Charakter haben darf. Wenn man zehn Biere aus Oberfranken hernimmt, dann hat jedes seinen eigenen, seinen besonderen Geschmack.“

Das schaffen und das wollen die Großbrauereien nicht, „weil sie einen Massengeschmack bedienen müssen.“ Und wer will schon in Oberfranken ein gesichtsloses, herbes, helles Bier trinken, gebraut von einem Braucomputer in einer Industriebrauerei? „Ich sage meinem Bier noch, was es zu tun hat“, sagt Yvonne Wernlein.
Ihre Eltern haben Yvonne Wernlein, die wie die Meinel-Schwestern und Isabella Straub in der Doemens-Akademie in Gräfelfing studiert und ihren Braumeister gemacht hat, nicht reingeredet. Es habe auch keinen Zwang gegeben, dass sie die Brauerei Haberstumpf, die 1531 erstmals urkundlich erwähnt worden ist, fortführen müsse. „Anders als bei den Meinels, die das Brauwesen schon mit der Muttermilch aufgesogen haben und genau wussten, für

„Ich sage meinem Bier noch, was es zu tun hat.“
– Yvonne Wernlein

sie wird es nichts anderes geben, war das für mich so normal, in der Brauerei aufzuwachsen. Ich habe das erst einmal nicht als Berufung gesehen. Ich wollte es ausprobieren, das schon.“

Zuhause, wo Bier Kultur ist

Deshalb machte Yvonne Wernlein nach der Realschule ihre Brauer- und Mälzer-Lehre in der Will-Bräu in Motten bei Fulda, arbeitete anschließend bei der Rothaus-Brauerei im Schwarzwald, um nach der Meisterschule – „wo wir Mädels uns so richtig schön verpasst haben, wir haben uns erst später kennengelernt“ – für sechs Jahre bei der Kronenbrauerei in Offenburg die Qualität sicherzustellen. „Dann habe ich gemerkt, dass ich wieder heim will“, sagt sie.
Heim, um dort weiterzumachen, wo ihr der Papa Hans freie Hand lässt.
Und wo Bier geliebt wird.
Weil es Kultur ist.

Brauen und bewahren

Becher Bräu
St. Nikolaus-Str. 25
95445 Bayreuth

Tel. 0921 / 68993
www.becherbraeu.de
info@becherbraeu.de

Öffnungszeiten:
Täglich ab 9 Uhr
Dienstag Ruhetag

Sie liegt ein bisschen versteckt, aber ein Geheimtipp ist sie schon lange nicht mehr. Eher eine Institution: die Becher-Bräu. Ihren Ruf hat sie von einem der letzten Originale der Bayreuther Wirtschaftsszene, Hans Hacker. 30 Jahre lang hat er mit seiner Frau Anna den Becher betrieben, bevor er 2009 seinen Sohn Johannes überzeugte, mit seiner Frau Cortney aus Amerika zurück zu kommen und den Becher zu übernehmen – so wie er die Wirtschaft von seinem Vater Hans übernommen hatte.

„Geködert hat er uns damit, dass wir zusammen das Sudhaus in die Realität umsetzen können", sagt Johannes Hacker und schmunzelt. Denn eigentlich hat er es sich nicht so recht vorstellen können, die Wirtschaft zu übernehmen, zu brauen, die Gäste zu bewirten. „Es ist ja nicht damit getan, drei Bier raus zu tragen", sagt der Brauer, Mälzer und Gastwirt. „Da hängt schon mehr dran."

230 Jahre Biergeschichte

Seit 2011 steht das Sudhaus als ganzer Stolz der Brauer-Familie vor dem Gasthaus, in dem seit 1781 Bier gebraut wird. Erstmals in der über 230-jährigen Geschichte wird der Sud nicht zugekauft oder – wie Jahrzehnte lang – in einem Kommunbrauhaus gemacht, sondern nimmt den kürzestmöglichen Weg nach hinten in die kleine Brauerei. Das eröffnet dem Bräu die Möglichkeit, mit seiner kleinen Mannschaft, neben ihm arbeiten seine beiden Schwager in der Brauerei mit, nicht nur die bewährten Biere – das Original, das Kräußen-Pils und den Bock – zu brauen, sondern auch zu experimentieren. „Mein Ziel ist es, jeden Monat ein Spezialbier anzubieten", sagt Hacker.

Seit es das Sudwerk gibt, das die Hackers zum Teil mit Unterstützung ihrer Stammgäste über den Verkauf von Genussscheinen finanziert haben, hat sich der Ausstoß mehr als verdoppelt: Von 950 auf rund 1950 Hektoliter im Jahr. „Wir haben schon ein bisschen Nachfrage", sagt Johannes Hacker. Wobei es sich als Glücksfall erwies, dass sein Vater Hans nach dem Auszug aus dem Becher die Mann's Bräu in kürzester Zeit wieder zu alter Blüte führte. Denn diese alte Brauwirtschaft in der Innenstadt, die er vor Jahrzehnten gekauft hatte, kurbelte natürlich auch den Bier-Umsatz in der Brauerei des Sohnes an. „Unser wichtigster Markt ist Bayreuth, klar", sagt Hacker junior. „Und das wichtigste Standbein ist, wie überall in der oberfränkischen Brauereilandschaft, die eigene Gastronomie."

Die Gastwirtschaft Becher-Bräu ist die älteste und inzwischen einzig verbliebene Brauerei-Gaststätte in Bayreuth. Johannes Hacker setzt mit seiner Frau Cortney die Familientradition der Brauer-Familie Hacker fort – inzwischen in dritter Generation. Er war es auch, der den Schritt gewagt und in ein neues Sudhaus investiert hat. Man beachte auch den Veranstaltungskalender (u.a. mit vielen lohnenden Jazzkonzerten).

In der Johannes und Cortney Hacker jetzt auch verstärkt ihren Wirtshaus-Saal einbinden – mit Theater, mit Musik, mit Festen, nicht nur mit der traditionellen Kerwa. In jüngster Vergangenheit, sagt Hacker, habe er festgestellt, dass die Leute wieder stärker auf Tradition, auf Regionalität, Wert legen. „Man geht wieder gern ins Wirtshaus. Weil es – anders als vielleicht im Restaurant – nicht so steril, sondern viel persönlicher ist. Weil ja die Familie dahinter steht." Behutsam, Stück für Stück, möchten er und seine Frau den Betrieb modernisieren, für die Zukunft stärken. „So, wie es mein Vater gemacht hat, den ich neben Conny Krug aus Breitenlesau als eins meiner Vorbilder sehe: Er hat es geschafft, den Becher zu erhalten und in der Substanz zu stärken." Hacker sagt, er wisse ja, für wen er es mache. Die nächste Generation hat schon mal Interesse angemeldet – und kann gerade über den Tresen schauen.

„Man geht wieder gern ins Wirtshaus.
Weil es – anders als vielleicht im Restaurant – nicht so steril, sondern viel persönlicher ist.
Weil ja die Familie dahinter steht."

– Johannes Hacker

Genussoptimierung

Was wäre eine Stadt, die sich als heimliche Biermetropole bezeichnet, ohne echte Handwerksbrauerei?
Ganz klar, ein Unding. Geht gar nicht? Kulmbach drohte das schon einmal, als die kleinen Handwerksbrauereien verschwanden und die Kulmbacher Brauerei die verbleibenden drei Großen der Stadt geschluckt hatte.

Zunächst war es nur eine Stammtischgruppe, die sich für ein handwerklich gebrautes Bier stark machte. Ein Aufruf in der Zeitung setzte einen neuen Impuls. Innerhalb von zwei Wochen meldeten sich 250 Kulmbacher Bürger als Unterstützer – eine wahre Sensation. Es wurde ein idealistisches Konzept entworfen – die Gründung einer Genossenschaft, die an die Tradition der Hausbrauereien anknüpft; Genuss- statt Gewinnoptimierung. „A gut's Ess'n, a gut's Bier und a weng mit die Leit waaf'n", wie es auf der Homepage steht, ist in der Kulmbacher Kommunbräu ein echtes Anliegen, um den Gästen ein ganz besonderes Erlebnis zu vermitteln.

Einst eine Mühle, heute Kulmbachs einzige handwerkliche Brauerei. Gastgeberfamilie Stübinger und das Team der Kommunbräu haben es geschafft, das Haus zu beleben.

Und das fängt spätestens beim Betreten an. Auf der einen Seite grüßen die kupfernen Sudkessel und die Theke, auf der anderen Seite sitzt es sich gemütlich bei einem süffigen Bier und fränkischem Essen. Zwei Jahre, von 1992 bis 1994, hat es gedauert, die stark heruntergekommene ehemalige Mühle in das zu verwandeln, was sie heute ist: ein Kleinod am Rand der Altstadt. Wobei das Haus für Kulmbacher Verhältnisse nicht wirklich „klein", sondern eher großzügig geschnitten ist. Umso erfreulicher, dass die Wirtsfamilie Stübinger es seit der Übernahme im Jahr 2000 schafft, es mit Leben zu füllen.

Die Mischung aus professionellem und ehrlichem Verhalten hat sich bewährt. „Über unsere Produkte stellen wir uns in gewisser Weise selbst dar", sagt Frank Stübinger. „Daher möchte ich den Gästen gute Qualität bieten." Der Gastronom hat Betriebswirtschaft studiert und fühlt sich in der Rolle des Gastgebers äußerst wohl. Die Qualitätsphilosophie der Familie wurzelt dabei ein Stück weit auch in ihrer Herkunft, sie stammt aus einem landwirtschaftlichen Betrieb im Rotmaingrund.

In der Küche kommen weitestgehend nur frische Produkte zum Einsatz. Frank Stübinger kennt die Lieferanten, ob Metzger oder Gemüsehändler, persönlich und legt Wert auf ausgesuchte Ware und regionale Spezialitäten.

Was Kenner bereits schätzen, sollten Novizen noch entdecken: die superleckeren Bierspezialitäten. Das ganze über Jahr erhältlich sind die süffigen Hausbiere, ein helles und bernsteinfarbenes. Zusätzlich setzt die Brauerei mit Monatsbieren meisterhafte Akzente. Das monatlich wechselnde Angebot reicht von obergärigen Bieren, Bockbier und Rauchbier über Weizenbock und einen „Hopfenstopfen" mit blumigen Noten zum Märzen (aktuelles Angebot auf der Homepage). Als Exot kommt ein saftiger Doppelbock namens „Kommunator" mit einer Stammwürze von über 19 Prozent hinzu, der regelmäßig im November eingebraut und im Februar ausgeschenkt wird. Vom dunklen Bock füllt die Brauerei im Februar 200 Liter in einen Edelstahltank und lagert diesen noch einmal bis Dezember. Das ein Jahr gelagerte Bier ist entstanden aus einer „Spielerei", um den Effekt der Lagerung zu demonstrieren. Unter Liebhabern gilt es inzwischen als Spitzenbier.

Kulmbacher Kommunbräu
Grünwehr 17
95326 Kulmbach

Tel. 09221 / 84490
www.
kommunbraeu.de
info@
kommunbraeu.de

Öffnungszeiten:
Täglich von 10 bis nach Mitternacht

Durst macht das Bier erst schön, ob frisch gezapft oder aus der Bügelflasche.

„Wir lieben unser Wirtshaus und leben unser Bier."

– Frank Stübinger

Fränkische Lebensart von der gemütlichsten Seite: Vom Steh-Seidla über die Biergarten-Einkehr bis zum entschleunigten Schlemmen findet hier jeder Gast, was sein Appetit begehrt.

Landlust zum Schwelgen

Drossenfelder Bräuwerck
Marktplatz 2a
95512 Neudrossenfeld

Tel. 09203 / 9736515
www.braeuwerck.de
info@braeuwerck.de

Öffnungszeiten:
Täglich 11 – 23 Uhr
Warme Küche
bis 21 Uhr

Die Kraft des geselligen Beisammenseins reicht weit. Biertrinken und über Gott und die Welt reden, das gehört von jeher – auch in Neudrossenfeld – zur fränkischen Lebensart. Das „Drossenfelder Bräuwerck" gibt es seit dem 17. Jahrhundert, wenngleich bis heute nicht ohne Unterbrechungen – auch hier setzte der Wandel dem Wirtshaus auf dem Land stark zu. Aber nach über einem Jahrzehnt des Verfalls, in dem die Brauerei und das Wirtshaus so gut wie brach lagen, lässt sich das wiederauferstandene Haus nun neu entdecken: mit mehr Genuss als je zuvor.

Die Größe des Anwesens und die zentrale Lage im Ortskern machen deutlich, wie wichtig das „Bräuwerck“ für Neudrossenfeld war und ist. Es ist nicht übertrieben, wenn Bürgermeister Dieter Schaar es in einem Zug mit der Markgrafenkirche und dem Schloss als „Seele des Ortes“ bezeichnet. 1649 als Wirtshaus urkundlich erstmals erwähnt, ist es sogar ein gutes Jahrhundert älter als seine Nachbarn. Die erste Brauerei befand sich vermutlich an der Stelle, wo heute noch eine alte Scheune steht und zog wohl erst im 18. Jahrhundert an ihren heutigen Platz, unterhalb des Hanges.

Ohne sinnvolle Nutzung wäre das „Bräuwerck“ im 21. Jahrhundert dem Verfall preisgegeben gewesen. Ein Areal in dieser Größe zu sanieren und als Wirtshaus kommerziell erfolgreich zu betreiben, galt als aussichtslos. In dieser Situation hatte die Kommune, die das Anwesen 2009 von einem Privatmann erwerben konnte, die rettende Idee. In Anlehnung an das Konzept der Kommunbräuhäuser regte sie die Gründung einer Aktiengesellschaft an, mit dem Ziel, das Areal gemeinschaftlich wiederzubeleben.

Eine Liebhaberei

Jedermann konnte sich beteiligen und durch den Erwerb von Aktien Mitbesitzer einer oberfränkischen Brauerei mit Gasthof und Biergarten werden. Und so ist die Drossenfelder Bräuwerck AG mit rund 800 Aktionären, die insgesamt 3400 Aktien halten, seit 2013 Nutzer des Gebäudes. Die Kommune ist als Eigentümerin der Liegenschaften selbst nicht beteiligt.
Ganz anders als in einer modernen Aktiengesellschaft ist keiner der Aktionäre am schnellen Geld interessiert. Es ist Liebhaberei, die die Menschen motiviert, sich am „Bräuwerck“ zu beteiligen. Für die Aktiengesellschaft ist dieses Engagement freilich auch Bestandteil der Kalkulation, denn 800 Aktionäre sind 800 potenzielle Gäste. Wenn jeder noch fünf Freunde mitbringt ... – Rechenspiele.

Unten links: In der Wirtsstube bestimmen umlaufende Holzvertäfelung (die sogenannte Lamperie), Holzdielenboden und eine mächtige Bohlenbalkendecke aus dem 17. Jahrhundert das urige Ambiente.

Unten rechts: Der Saal im Obergeschoss eignet sich hervorragend für Veranstaltungen aller Art. Das Kulturprogramm ist beachtlich (aktuelle Infos s. Webseite).

Das Bräuwerck in der Neudrossenfelder Ortsmitte. Der Name „Bräuwerck“ stammt aus Aufzeichnungen von Magister Pfarrer Johannes Will, der 1692 das „gute Bräuwerck“ in „Trosenfeld“ lobte. 2013 erlebte das Bräuwerck seine Wiederauferstehung.

Etwa bis Sommer 2014 stammt das Bier noch aus einer Brauerei außerhalb der Stadt. Die Neustädter „Kohlenmühle“ versorgt bis dahin die Gäste mit verschiedenen Bieren. Mindestens in derselben Qualität, wenn möglich sogar einen Tick besser soll in Zukunft unterhalb des Bräuwerck-Areals gebraut werden. Bei der Ausstattung wurde nichts dem Zufall überlassen. Es kam ausschließlich Technik des Bamberger Unternehmens Kaspar Schulz, dem ältesten Braumaschinenhersteller der Welt, zum Einsatz.

Einer der schönsten Biergärten

Der Biergarten hat angesichts der Lage, mit weitem Blick ins Maintal, gute Chancen, zu einem der schönsten Biergärten Oberfrankens zu gehören. Unter dem Blätterdach alter Linden lädt er Einheimische und Ausflügler zur Rast ein. Während sich im kleinen Lindengarten der Service um das Wohl der Gäste kümmert, können sich Einkehrende im großen Lindengarten auch selbst versorgen, so wie es einst in Biergärten selbstverständlich war. Für das Bier müssen die Gäste zwar ein paar Schritte bis zum Ausschank gehen. Aber das ist es sicher wert.

Einmal zumindest sollte man auch einen Abstecher in die Dauerausstellung mit Modellnachbauten geleiteter Linden, in das Eishaus sowie das neue Tourismus- und Informationszentrum gemacht haben. Das Eishaus, ein Backsteinbau mit meterdicken Mauern diente früher zur ganzjährigen Aufbewahrung für das zum Bierkühlen erforderliche Eis; heute ist darin ein Kunstprojekt geplant.

Das neue Tourismus- und Informationszentrum Neudrossenfelds thront als markanter Aufbau darüber und wartet als moderner, lichtdurchfluteter Raum mit einem sensationellem Ausblick auf.

Qualität aus der Region

Das „Bräuwerck“ lebt jedoch nicht von trockenen Zahlen, sondern von anderen Werten: schöne alte Gebäude, schmackhafte Küche, ein neu angelegter Biergarten und ein süffiges selbstgebrautes Bier. Das Angebot entwickelt sich noch.
„Wir konnten nicht erwarten, gleich nach der Eröffnung am Ziel unserer Wünsche anzukommen“, führt Vorstandsmitglied Rainer Schimpf aus. Aber die Ansprüche stehen: Man setzt auf Zutaten aus heimischer Produktion, Fleisch von freilaufenden Schweinen, Fisch aus heimischen Gewässern, Geflügel aus kleinbäuerlicher Haltung ohne Medikamentenbehandlung, Salat und Gemüse in hervorragender Qualität aus der Region. Frische Zubereitung und wetterangepasste Küche – im Winter deftiger, im Sommer leichter – sind weitere Faktoren der guten Küche.

Vom ehemaligen Eishaus eröffnet sich ein berauschend schöner Blick ins Maintal. Hier befindet sich das neue Tourismus- und Informationszentrum. Unten: Blick in die Dauerausstellung zu geleiteten Linden.

„Geleitete Linden" oder „Stufenlinden" sind vom Menschen bearbeitete, kunstvoll gestaltete Bäume, welchen nach uraltem, schon vorchristlichem Brauch die Äste zu Laubdächern geformt werden. Weltweit einzigartig sind die geleiteten Tanzlinden im Umfeld Neudrossenfelds – Bauten aus lebenden Bäumen.

– Prof. Dr. Rainer Graefe

„ ... wo wir uns finden, wohl unter Linden..."

Zum Areal des „Bräuwercks" gehört die rund 350 Jahre alte ehemalige Tanz- und Gerichtslinde. Ein Wahrzeichen, das es zu erhalten gilt – und eine Tradition, die das „Bräuwerck" gerne fortschreibt. Zudem ist im Nebengebäude des Dreiseithofes eine Dauerausstellung mit Modellnachbauten geleiteter Linden aus Deutschland und Europa untergebracht. Hier finden Interessierte erstmals zentral an einem Ort Informationen über Brauchtum, Festkultur und Verbreitung rund um die Lindentradition. Verantwortlich für das Konzept ist Prof. Dr. Rainer Graefe, der in Zusammenarbeit mit der Universität Innsbruck bereits mit einer Ausstellung zur Lindentradition von sich reden machte.

Was vom Tage übrig bleibt ...

Schmackhaftes aus der Resteküche

von Birgit Ringlein

Der gute Kühlschrank – wie schaut er nur wieder aus! Pellkartoffeln, Klöße vom Vortag, Wurst- und Bratenreste, die sich in Schalen und Plastikdosen türmen. Und was ist das im Brotkorb? Eine hart gewordene Semmel, ein altes Croissant und eine Kante Brot. Auch die Pflaumen, Trauben und Äpfel in der Obstschale haben schon bessere Zeiten gesehen. Was tun mit den Essensresten, die nicht mehr ganz knackig und frisch sind? Lässt sich damit überhaupt noch etwas Nützliches anstellen?

Solche Fragen kennt nicht nur der Mensch von heute. Sie waren auch unseren Vorfahren nicht fremd. Fest steht: Es wäre jammerschade, wenn all diese (teilweise kostspieligen) Lebensmittel tatsächlich in der Mülltonne landen würden, die pure Verschwendung. Fest steht laut Statistik aber auch, dass jedes achte Lebensmittel heute auf dem Müll landet, obwohl das meiste durchaus genießbar wäre – eine Menge von stattlichen 80 Kilo pro Person und Jahr. An erster Stelle stehen hier Obst und Gemüse, gefolgt von Teig- und Backwaren. Uns allen gehen so wertvolle Ressourcen verloren, die anderweitig sinnvoller eingesetzt werden könnten.

Manchmal hilft es ja, bereits im Supermarkt zu überlegen, welche Lebensmittel man tatsächlich braucht und welche nur Verlegenheits- oder Frustkäufe sind. Hat man aber doch zu viel und zu unbedacht eingekauft, kann man aus dem Überschuss bzw. den Übrigbleibseln noch schmackhafte Mahlzeiten zaubern. Hier sind Eigenkreativität und ein Schuss Phantasie gefragt, so können uns manche Irrwege erspart bleiben.

An dieser Stelle ist ein Blick in die Geschichte hilfreich, schließlich offenbart sich so auch die Herkunft mancher fränkischer Gerichte. Obwohl das Lagern von Esswaren dank Kühlschrank und Gefriertruhe heutzutage kein Problem darstellt, greifen immer mehr Köche und Köchinnen auf das altbewährte System des „Einweckens“ zurück. Unsere Großmütter kannten zahlreiche Varianten der Konservierung von frischem Obst

und Gemüse. So wurden beispielsweise Früchte in größeren Mengen, die nicht für den sofortigen Verzehr benötigt wurden, eingekocht und zu Marmeladen, Gelees, Mus und Kompott, gelegentlich auch zu Saft und Most verarbeitet. Pilze, Gurken und Paprika wurden eingeweckt, Tomaten eingekocht. In hohen Kellerregalen reihte sich Glas an Glas, jedes mit einem Aufkleber versehen, auf dem Inhalt und Datum vermerkt waren. So verlor man auch während langer Wintermonate nicht den Überblick über die eingelagerten Vorräte. Und damals wie heute konnte man sicher sein, dass der Inhalt der Weckgläser keinerlei schädliche Konservierung, sondern durch und durch natürliche Inhaltstoffe enthielt.

Findige Kartoffelrezepte

Da in früheren Zeiten meist für eine größere Personenzahl gekocht wurde – schließlich musste in der Landwirtschaft auch das Gesinde mitversorgt werden – blieb es nicht aus, dass vor allem Kartoffeln und Brot auf dem Tellern liegen blieben. Für diesen Fall hatte die findige Fränkin eine Vielzahl raffinierter Rezepte parat, damit diese Reste nicht auf dem Komposthaufen (oder noch wahrscheinlicher im Schweinetrog) landeten, sondern stattdessen zu preiswerten, aber dennoch leckeren Gerichten verarbeitet wurden.

Waren Kartoffeln übrig geblieben, konnte man daraus Bauchstecherle, Kartoffelsuppe, Franzkuchen (oder gebackene Klöße), Kartoffelsalat, Bratkartoffeln, Kartoffelauflauf, halbseidene Klöße, Kartoffelnudeln, Kartoffelbrei, Kartoffeldätscher oder Kartoffelbrot zubereiten. Selbst Kartoffeltorte oder Kartoffelkuchen, mit Zuckerguss und Marzipankartoffeln verziert, wurden aus den Resten gebacken.

Nie wären unsere Großmütter auf die Idee gekommen, altes Brot oder Semmeln vom Vortag wegzuwerfen. Noch heute gibt es zahllose Rezepte für die Verwendung von Brotresten, und sie sind genauso beliebt wie vor 50 Jahren. Wer als Kind in den Genuss von Kartäuser Klößchen mit Speck und Eiern oder mit Vanillesoße, Zuckerbrotspeise, Kirschenmichel oder Ofenschlupfer gekommen ist, der weiß, wie köstlich dieses „Restessen" schmecken kann. Auch Semmelessen, Servietten- oder Semmelklöße, Brotsuppe, Brotauflauf, Brotpudding und Mehlknöpfla sind als Beilagen zu verschiedenen Braten und Soßen nach wie vor beliebt. Eine weitere Möglichkeit, Weißbrot und alte Semmeln wieder zu verwenden: die Produkte würfeln, in einer Pfanne in heißer Butter anrösten. Daraus lassen sich die im Fränkischen so beliebten „Bröckala" herstellen, die für die Füllung von echten „Grünen Klößen" benötigt werden. Des Weiteren werden hart gewordene Semmeln eingesetzt bei der Zubereitung von Hackbraten, Krautsbraten oder Hackfleischküchle (Frikadellen), da sie, in Milch oder Wasser eingeweicht, dem Fleischteig erst die gewünschte lockere Konsistenz geben.

Hatte man, was in früheren Zeiten sicher selten vorkam, übrig gebliebene Bamberger Hörnchen zur Verfügung, konnte man daraus die wunderbar saftig-weichen Hörnlas-Lebkuchen backen, eine oberfränkische Spezialität. Ein Geheimrezept meiner Großmutter: trocken gewordenen Sandkuchen (auf Fränkisch: „G'sundheitskuchen"), in Würfel schneiden, diese für die Erwachsenen mit Eierlikör, für die Kinder mit Apfel- oder Holundersaft tränken, daraus Kugeln formen und diese in geriebener Schokolade oder Puderzucker wälzen. Zerbrochene Plätzchen oder Kekse sammelte sie in einer Dose, bis sie ausreichten, um daraus einen Boden für Obstkuchen oder Torten zu kneten.

Am einfachsten ist die Weiterverarbeitung von Obst. Nicht mehr ganz frische Äpfel eignen sich hervorragend zum Kochen von Apfelmus. Mit gebackenen Klößen genossen ist hausgemachter Apfelbrei eine wahre Delikatesse – und zudem ein preisgünstiges Essen. Größere Mengen Äpfel werden zu Saft gepresst. Zwetschen-, Aprikosen- und Kirschknödel schmecken nicht nur den Kleinen, sondern sind als Dessert oder Zwischenmahlzeit auch bei den „Großen" durchaus beliebt. Sind Erdbeeren im Überfluss vorhanden, bietet sich das Fertigen eines Erdbeerkuchens an, für den man wenig Übung und nicht einmal einen Backofen braucht, wenn man den Boden aus Keksbröseln herstellt.

Das „Restlasessen" erfreut sich hierzulande also großer Beliebtheit und geht auf eine lange Tradition zurück. Kein Franke wird die Nase rümpfen, wenn man ihm Bauchstecherla mit Kompott oder „Kaddaisla" mit Vanillesoße vor dieselbe setzt. Im Gegenteil: Man ist der Ansicht, dass es „aufg'wärmt" nochmal so gut schmeckt.

Bauchstächala (Kartoffelnudeln)

von Birgit Ringlein

Zutaten
750 g gekochte Kartoffeln
3 Eier
3 - 4 EL Mehl
Salz
Muskat
Butterschmalz

Die gekochten Kartoffeln schälen und durch die Kartoffelpresse drücken. Mit den Händen Mehl und Eier gut untermischen und mit Salz und Muskat abschmecken.
Kugeln formen, diese zu Fladen flach drücken – knapp handtellergroß – und in der Pfanne in Butterschmalz beidseitig goldgelb ausbacken.

Empfehlung: Bauchstächala schmecken hervorragend zu Braten oder als Billigmahlzeit zu Birnen-, Apfel- oder Zwetschgenkompott.

Und alles mit einer Prise Romantik

Viele Menschen kennen das nahe gelegene Gößweinstein und die dortige Basilika. Wer jedoch kulinarischen Genuss in der Fränkischen Schweiz sucht, macht lieber eine „Wallfahrt“ zum Forsthaus Schweigelberg.

Forsthaus Schweigelberg
Behringersmühle
91327 Gößweinstein
Tel. 0172 / 8120871
www.forsthaus-schweigelberg.de
m.linhard@t-online.de

Öffnungszeiten:
März bis Mitte November

Termine am Wochenende und nach Vereinbarung

„Feines Essen im Einklang mit den Jahreszeiten und dem natürlichen Bio-Rhythmus“ – Marga Linhard

Das Auto muss der Gast auf dem Weg dorthin allerdings irgendwann stehen lassen und der Mobilfunkempfang ist eher zufällig. Sicher ist aber der herzliche Empfang durch Marga Linhard, die mit guter Küche verwöhnt.

1971 pachteten die Eheleute Marga und Paul Linhard eine Jagd, auf der auch das Forsthaus stand. 1995 entschieden sie sich, ihr Hobby, das Kochen, zum Beruf und aus ihrem Forsthaus ein kleines feines Lokal zu machen. „Unsere Idee war, feines Essen zu bieten im Einklang mit den Jahreszeiten und dem natürlichen Bio-Rhythmus“, sagt Marga Linhard, die das Forsthaus auch nach dem Tod ihres Mannes mit vielen Freunden weiter betreibt. „Meine Küchenphilosophie ist die frische Küche unter Einbeziehung der ortsansässigen Metzger und Bäcker, Wild von der heimischen Jagd sowie unseres eigenen Kräutergartens.“ Die Qualität der Grundprodukte, die frische Zubereitung und die Inspiration aus der Natur führen zu klaren Gerichten ohne Schnörkel, aber alle fünf Sinne ansprechend.

Themenmenüs wie das Kräutermenü mit Kräuterhexe, ein Menü mit Weinen aus historischen Aroma- oder alten Rebsorten (zusammen mit dem Nürnberger Weinhändler Martin Kössler), sind einige Glanzlichter in der Umsetzung dieser Philosophie. Die Kombination Herbst und Forsthaus führt fast schon zwangsläufig zu einem Hubertusmenü, und beim gastronomischen Jahresabschluss im November sorgt ein Gänse- und Entenessen für kulinarische Glückseligkeit.

Das Forsthaus wird mittels eines Generators mit Strom versorgt. Dafür hat es einen alten Backofen am Rande der schönen Lichtung und genau dort findet einmal jährlich ein Backofenfest statt – mit allerlei Köstlichkeiten aus selbigem. Und wenn man dann ein letztes Glas Wein auf der Bank unter der 300 Jahre alten Linde vor dem Forsthaus trinkt und Marga Linhard sich nach einem langen Arbeitstag dazugesellt, erfahren wir das letzte Geheimnis ihrer Küche: „Am Ende der Zubereitung kommt hier oben noch mal an alles eine Prise Romantik“. Sie lächelt dabei und wir spüren die Magie dieses Ortes.

Das Forsthaus Schweigelberg ist noch ein Geheimtipp in der Fränkischen Schweiz. Anfahrt: auf der B 470 nach Behringersmühle, dann Richtung Bayreuth fahren, ca. 250 Meter nach dem Ortsende links Richtung Forsthaus. Das Auto muss stehen bleiben.

Aufstieg in die Königsklasse

Eine Fluchtburg für gestresste Zeitgenossen, eine Märchenburg für Paare und Hochzeitsgesellschaften, ein Burghotel für Augenmenschen und kulinarisches Theater für die Bürger – auf der Burg Rabenstein sind Visionen nachvollziehbar, heute noch. Anfang des 21. Jahrhunderts weckte ein Nürnberger Unternehmerpaar die Burg aus ihrem Dornröschenschlaf und brachte neues Leben in die alten Mauern.

Burg Rabenstein Event GmbH
Rabenstein 33
95491 Ahorntal
Tel. 09202 / 9700440
www.burg-rabenstein.de
info@burg-rabenstein.de

Öffnungszeiten Burgrestaurant:
Dienstag bis Sonntag
18 – 21 Uhr

Gutsschenke / Biergarten
Apr. – Okt.
Dienstag bis Sonntag
11 – 18 Uhr

Burgführungen
Apr. – Okt.
Dienstag bis Freitag
11/14/16.30 Uhr
Samstag und Sonntag
11 – 17 Uhr durchgehend
Nov. – März
Samstag, Sonntag, bayr. Schulferien
11/14/16 Uhr

Nah an Bayreuth, aber weit weg vom Alltag: Burg Rabenstein bietet beste Möglichkeiten für ereignisreiche wie erholsame Ausflüge. Mit einem Wald-Biergarten, einer Falknerei, der Sophienhöhle und einem attraktiven kulturellen Programm (gegenüberliegende Seite) lässt der Ort kaum Wünsche offen. Wer Ruhe sucht, findet sie im Hotel, hinter dicken Burgmauern.

Im 12. Jahrhundert ließ Eschwin de Rabenstein, urkundlich als Ahnherr belegt, die ersten Steine für die Anlage pflanzen. Die Burg, die so majestätisch auf dem Felssporn über dem Ahorntal ruht, hat eine wechselvolle Geschichte hinter sich. Mit Phasen des Aufstiegs und des Niedergangs, begleitet von Zerstörungen, Umbauten, Erweiterungen. Einflüsse aus Mittelalter, Renaissance, Barock, Biedermeier und Gegenwart spiegeln sich baulich innen wie außen wider. Vom Geschlecht der Rabensteiner, die den Raben als Symbol der Klugheit im Wappen trugen, ging die Burg im 18. Jahrhundert in den Besitz der Grafen von Schönborn über, die hier 1830 Ludwig I. als bis dahin prominentesten Gast empfingen.
Seit dem Jahr 2004 befindet sich die Burg in der Hand der Burg Rabenstein Event GmbH, die die seit 1970 begonnenen Renovierungs- und Sanierungsaktivitäten vollendet hat. Sehr behutsam haben die privaten Hausbesitzer hier ihre Vorstellung eines einzigartigen Refugiums inmitten schönster Natur umgesetzt.

Eine faszinierende Zeitreise beginnt

Abtauchen aus dem Alltag, Eintauchen in den Kosmos Rabenstein – Gleich nach dem Parkplatz beginnt die faszinierende Zeitreise – für Wanderer und Radfahrer schon früher, mit dem Aufweg. Sehr angenehm sitzt es sich im Sommer vor der Gutsschenke, umgeben von alten Baumriesen, wie in einem Wald-Biergarten. Der Besuch in der Gutsschenke lässt sich bequem mit einer Führung durch die Falknerei, die direkt gegenüber liegt, verbinden. In den Sommermonaten finden tägliche Flugschauen mit Greifvögeln in Aktion statt.

Falknerei
Apr. – Okt.
Dienstag bis Sonntag
11 – 17 Uhr
Flugvorführung 15 Uhr

Sophienhöhle
Apr. – Okt.
Dienstag bis Sonntag
10.30 – 17 Uhr
Nov. – März
Nur für Gruppen nach Anmeldung

Wenn die Natur zur Bühne wird

Es ist nicht die einzige Naturbühne hier oben. Ein zweiter, imposanter Schauort führt hinab in den Wald, zur Sophienhöhle. Ein Schlossgärtner hatte die Tropfsteinhöhle 1833 entdeckt, im selben Jahr,

als die Gräfin Sophie, eine Schwiegertochter des Grafen von Schönborn, zu Besuch war. Die Höhle, die Scharen von Naturkundlern und Romantikern begeisterte, ist in Führungen ganzjährig erlebbar.

Mehrfach in der Saison dient die stimmungsvoll ausgeleuchtete Vorhöhle zudem als Konzertraum für feine Töne. Dann erklingt die Gitarre, dann perlen die Töne von den Instrumenten. An einem Abend schwelgen die Zuhörer zu gregorianischen Gesängen, an einem anderen lassen sie sich von Folksängern entführen. Das Programm ist abwechslungsreich und anspruchsvoll.

Nach Jahrhunderten kriegerischer Auseinandersetzungen schweigen endlich die Waffen, und die Gäste können sich den Aufenthalt gemütlich einrichten.

Für anspruchsvolle Unterhaltung sorgen Krimi-Events mit kulinarischer Begleitung (im Bild unten: Szene aus dem „Murder Mystery Dinner").

Auch mit den Konzerten in der Burg hat sich der Veranstalter als empfehlenswerte Adresse etabliert. Klassik, Oper und Operette stehen im Mittelpunkt, Populäres lockert das Programm auf. Vor oder nach einem Konzertbesuch bleibt immer genug Zeit für ein Essen im Restaurant. Es steht nicht nur Hotelgästen, sondern jedermann offen. Dieses Angebot entspricht ganz der Philosophie der Inhaber, die Burg für die Region zu öffnen. Zuvor war sie ausschließlich geschlossenen Gesellschaften vorbehalten. Vor einem Besuch, ob im Restaurant oder bei einer Veranstaltung, sollte man jedoch reservieren, denn zum einen sind die Veranstaltungen gut besucht, zum anderen könnte es sein, dass das Hotel und das Restaurant von einer Hochzeitsgesellschaft eingenommen wurden – was an über 20 Wochenendtagen im Jahr der Fall ist.

Ein Dinner als Event

Ein „Event" im besten Sinn ist das Kulinartheater, so etwa das „Murder Mystery Dinner". Die Schauspieler gehen der Frage nach, wie es zu dem berühmt-berüchtigten „Dinner for One" kam, das Miss Sophie

und ihr Butler James jedes Jahr allein feiern. Das Publikum darf mitraten, wird spannend unterhalten und kann sich zwischendurch das Menü schmecken lassen.

Großereignis Mittelalter

Einen Höhepunkt im Veranstaltungsreigen, der alle Kapazitäten des Mitarbeiter-Teams fordert, ist der Mittelaltermarkt, der größte und beliebteste Markt dieser Art in ganz Nordbayern, das Rabensteiner Großereignis, jedes Jahr am Ende der bayerischen Pfingstferien und zu Beginn der Sommerferien.

Essen und Trinken hat in der Burg einen hohen Stellenwert. Ob im Restaurant, das auch für Gäste außerhalb des Hotels geöffnet hat. Bei Feierlichkeiten mit geschlossener Gesellschaft. Oder bei Themen-Abenden. Mit Veranstaltungen wird das Areal das ganze Jahr über bespielt.

Im Bild unten: der Mittelaltermarkt.

Es ist schwierig zu sagen, was den Besuch hier oben reizvoller macht: die Möglichkeit, die Burganlage zu erleben. Eine Veranstaltung in unvergesslichem Ambiente. Die kulinarischen Freuden... Schlemmen nach Ritters Art beim Wildschwein-Grillbuffet. Oder ein delikates Burgmenü. Frische und Naturbelassenheit aller Produkte sind für den guten Geschmack ausschlaggebend. Aus ihnen kreieren die Köche vielfältige Köstlichkeiten, sowohl aus der regionalen als auch aus der feinen internationalen Küche, vom frei wählbaren Essen für eine Person bis zum Mehr-Gang-Dinner für eine ganze Gesellschaft.

Wer einen Tag für den Besuch einplant, kann im Sommer wie im Winter von allem etwas mitnehmen. Und den Aufenthalt in einem der 22 geräumigen Hotelzimmer verlängern. Von jedem Zimmer aus eröffnet sich ein spektakulärer Blick über das Tal. Hinter den dicken Mauern ist der Handy-Empfang eher zufällig, Fernseher gibt es nicht. Aber genau das schätzen auch diejenigen, die anfangs nicht wissen, wie sie es ohne Fernseher aushalten sollen. Statt sich berieseln zu lassen, haben Gäste auch schon einen Abend lang einfach am Kamin gesessen und sich unterhalten.
Die Natur bindet den Menschen an die Erde, die Kultur führt ihn mit der Tradition zusammen. Burg Rabenstein ist ein Ort für Entschleunigung und Ruhe, aber auch ein Treffpunkt für Kultur und Geselligkeit. Beides im Wechsel. Und das eine wie das andere Mal für verblüffende Erlebnisse gut.

Fröhlich fränkische LebensART

Weiberwirtschaft und Herzerlwerkstatt
Kleinhül 2
96197 Wonsees

Tel. 09274 / 947043
Mobil:
0160 / 93837224

www.weiberwirtschaft-kleinhuel.de
www.artkontour.com
info@artkontour.com

Öffnungszeiten:
November bis April
Samstag ab 17 Uhr
Sonn- und Feiertage ab 10 Uhr

Mai bis Oktober
Samstag ab 12 Uhr
Sonn- und Feiertage ab 10 Uhr

Die drei Frauen der „Weiberwirtschaft" nennen es Leidenschaft – So häufig dieses Wort zu hören ist, wenn Menschen etwas gerne tun: Es ist genau dieses Herzblut, das es braucht, wenn jemand zusätzlich zum Hauptberuf „nebenbei" noch eine Gaststätte betreibt

Für Gesellschaften öffnet die Weiberwirtschaft nach Vereinbarung jeden Tag, auch außerhalb der offiziellen Öffnungszeiten. Von Januar bis Mitte März bleibt das Haus geschlossen!

Wahrscheinlich ist es sogar so, dass sich die Frauen ein Leben ohne ihre „Weiberwirtschaft" nicht mehr vorstellen können. Es ist ja auch ein Riesenspaß zu sehen, wie aus dem alten Gemäuer mitsamt Bauernmuseum ein echtes Kleinod geworden ist.

Die Weiber – das sind die Schwestern Angelika Deuber, Karin Witte und Petra Bernreuther, die im nur drei Kilometer entfernten Alladorf aufwuchsen. 2005 stießen sie bei einer privaten Geburtstagsfeier auf das blaue Haus in

„Wir haben das große Glück, uns hier entfalten zu können, wie wir wollen."

– Angelika Deuber

Seit März 2014 führen die kreativen Frauen zusätzlich das kulinarische Zepter in der Gastronomie des Golfclubs Oberfranken, Thurnau.

Kleinhül. Der Architekt und Besitzer Berthold Hofmann hatte alles in liebevollster Kleinarbeit restauriert. „Ich war sofort eingefangen von dem Zauber", erzählt Angelika Deuber. Ihren Schwestern ging es nicht anders. Als sie Anfang 2009 das Angebot erhielten, das Haus zu bewirtschaften, mussten sie nicht lange überlegen. Am Ostersonntag öffneten sie es für ihre Gäste.

Ein innovatives Konzept

Ein innovatives Konzept war geboren: „Fröhlich fränkische LebensART, Kunst, Genuss und Dolce Vita verwöhnen die Sinne, das Herzerl und den Gaumen", so lautet bis heute das Motto. Moderne Kontraste lockern die Atmosphäre der traditionellen Stube auf. Neue Vorhänge und Musikinstrumente ergänzen das Inventar. Die gastronomische Führung geht den Betreiberinnen gut von der Hand. Karin Witte und Angelika Deuber sind bereits seit über 30 Jahren in der Gastronomie tätig und haben unter anderem 15 Jahre im Landgasthof Deuber in Modschiedel Erfahrungen gesammelt. Ihre Firma artKontour hat sich auf Event-Management, Film-Catering und innovative Gastronomiekonzepte spezialisiert.
Angelika Deuber, Köchin mit Leib und Seele und Italienliebhaberin, entwickelt die Rezepte. Mit italienisch-fränkischen Gerichten, zum Beispiel Rouladen mit Serranoschinken oder Tortellini-Salat mit Bratwurst, setzt sie äußerst schmackhafte Akzente. Zusammen mit dem meist weiblichen Team servieren die Frauen Bier aus der Heimat und Wein aus Franken, Österreich und Italien, und verwenden für die kleine Speisetafel viele Produkte einheimischer Direktvermarkter. Zudem gibt's bei Gelegenheit Leckereien vom Grill, Brot und kulinarische Köstlichkeiten wie die legendären Rippla aus dem Steinofen. Herzhaftes und „Herzerl" – beides gehört für Angelika Deuber zusammen. Denn als „Herzerl" verkauft sie hier auch die beliebten Accessoires aus Filz, die fröhliche Botschaften zieren. Die „Herzerlwerkstatt" ist die Geschäftsidee ihrer kreativen Tochter Daniela Wright, die mit ihrer Familie in Siegertsbrunn bei München lebt.

Was genießen die drei Gastronominnen besonders an ihrer Arbeit, für die sie oft ihre Wochenenden „opfern"? „Eigentlich alles!", lautet die übereinstimmende Antwort. „Wir haben das große Glück, uns hier entfalten zu können, wie wir wollen. Das ist ein Stück Freiheit", sagt Angelika Deuber. Das Haus lebt denn auch von der Geselligkeit, sei es bei Veranstaltungen wie dem Sonntagsbrunch (einmal monatlich), Feiern (zur Hochzeit, zum Geburtstag, zum Firmenjubiläum...), bei Tanzabenden im umgebauten Stall (Oktober bis Mai) und bei Live-Musik, die sich bei schönem Wetter auch draußen im idyllischen Biergarten abspielt. Es gibt viele gute Gründe, nach Kleinhül zu fahren.

Antiquitäten gehören zur Sammelleidenschaft des Inhabers Berthold Hofmann. Das Bauernmuseum im ersten Stock ist voll davon, und das Haus ist auch so eine Antiquität. Mit etwas Glück führt der Besitzer die Gäste mit wunderbaren Geschichten persönlich durch das ganze Haus und zeigt auch die Schätze in der Scheune.

Neuer Schwung in einzigartiger Kulisse

Bereits mit der Anfahrt beginnt die Entspannung. Sobald man mit dem Auto abbiegt in die Zufahrt zum Golfclub Thurnau, hat man den Alltag hinter sich gelassen. Wer mit dem Rad kommt, gelangt über einen befestigten Weg, der am Gelände entlang führt, ebenfalls direkt zum Ziel. Der Golfclub Thurnau ist landschaftlich wundervoll gelegen und wartet mit einer der schönsten Terrassen weit und breit auf. Was viele (noch) nicht wissen: Die Adresse ist gerade auch gastronomisch ein sehr willkommenes Ausflugsziel.

Hier geht´s zur fränkisch-italienischen Küche – die „Kultwirtschaft" in Thurnau.

Das kulinarische Zepter befindet sich in der Hand von „artKontour Gastronomie Konzepte". Dahinter stehen zwei Frauen, die es gewohnt sind, mit Professionalität, Leidenschaft und Liebe zum Detail an die Aufgaben heranzugehen: Angelika Deuber und Karin Witte. Nach zwei Projekten in München, jahrelanger Zusammenarbeit mit dem Golfclub Gut Häusern in Markt Indersdorf und mittlerweile fünf Jahren Weiberwirtschaft im BauernMuseum Kleinhül haben sie ab der Saison 2014 eine neue, zusätzliche Herausforderung angenommen.

Die „Kultwirtschaft", so der Name des Domizils, ist für das leibliche Wohlbefinden in schöner Atmosphäre zuständig. Der Philosophie von Karin Witte und Angelika Deuber entspricht es, ihre Gäste zu verwöhnen. Die Küche vereint sehr gekonnt Fränkisches und Italienisches und sorgt somit für spannende Geschmackserlebnisse. Erlesene Biersorten und Weine, vorwiegend aus der Heimat, vervollständigen die Auswahl. Bereichert wird die Speisekarte, die optisch einer Zeitung nachempfunden ist, zudem von einem wechselnden Tagesgericht und verschiedene Mottos. Um die Gäste über aktuelle Gegebenheiten zu informieren und Anekdoten zu erzählen, gibt es das „Extra-Blatt", ein Wochen- und Monatsjournal des Hauses.

„Den Golfsport und das gemeinsame Leben mit den Clubmitgliedern kann man fast als eine große Familie bezeichnen", meint Angelika Deuber. Dabei würden neben den Golfspielern auch viele Gäste aus Nah und Fern die ungezwungene Atmosphäre schätzen. Die Räumlichkeiten des Clubhauses bieten sich auch an für Feierlichkeiten aller Art, wie Geburtstage, Hochzeiten oder Firmenveranstaltungen. Kurzum: Alle können hier fröhliche Stunden erleben.

Kultwirtschaft
Petershof 1
95349 Thurnau
Tel. 09228 / 9975171
oder 0151 / 23098328
www.kultwirtschaft.de
www.artkontour.de
kultwirtschaft@t-online.de
Öffnungszeiten:
Dienstag bis Freitag ab 11 Uhr
Samstag, Sonn- und Feiertage ab 9 Uhr

Dreierlei fränkische Bratwürste in Zwiebel-Karotten-Balsamico Sud

von Angelika Deuber, Kultwirtschaft, Thurnau, und Weiberwirtschaft, Wonsees

Für 4 Personen:
4 Bärlauch Bratwürste
4 Chili Bratwürste
4 fränkische Bratwürste „Natur"
4 - 6 Karotten, in Scheiben geschnitten
4 Metzgerzwiebeln, halbiert und in Scheiben geschnitten
1 l Wein
0,5 l Wasser
0,5 l Balsamico Essig
ein Hauch Ingwer
12 Wacholderbeeren
12 bunte Pfefferkörner
4 - 6 Lorbeerblätter
Salz, Zucker nach Geschmack

Wein, Wasser und Balsamicoessig mit ein wenig Ingwer, Karotten und Zwiebeln zum Kochen bringen. Lorbeerblätter, Wacholderbeeren und Pfefferkörner (gerne auch im Leinen-Koch-Säckchen) zugeben. Dann mit Salz und Zucker würzen. Den süß-sauren Geschmack kann jeder nach seinem eigenen Gusto kreieren.
Das Ganze dann 30 Minuten köcheln lassen.

Die Bratwürste in den Sud geben. Zuerst mit kleiner Flamme 5 Minuten ziehen lassen, dann Platte ausschalten und noch mal 5 Minuten ziehen lassen. Auf vier großen Suppentellern anrichten, mit Basilikumblättern, einem Hauch grobem Pfeffer und Bergbauernbrot servieren.

Von der Mühle inspiriert

Eine bodenständige und ambitionierte Landküche, reizvolle Natur, historisches Gemäuer – das sind Dinge, die das Bayreuther Umland für Ausflüge begehrt machen. Die Hallermühle im Ortsteil Lehen nahe Weidenberg ist reich daran. Reich an Emotionen, Geschmackserlebnissen und Kultur. Wo einst Mehl für das Brot der Markgräfin Wilhelmine gemahlen wurde, hat die Familie Haller Anfang der 1980er Jahre ein Genuss-Refugium aufgebaut.

Hallermühle
Lehen 6
95466 Weidenberg

Tel. 09209 / 1351

www.hallermuehle.de
info@hallermuehle.de

Öffnungszeiten:
Mittwoch bis Samstag ab 16.30 Uhr
Sonn- und Feiertags ganztägig

Vom Fluss auf den Teller: Fisch noch frischer als bei Fischers Fritz.

Von der Autobahn A9 und der B22 ist es nur ein Katzensprung zur schmalen Dorfstraße nach Lehen. Die Mühle ist ruhig in einer kleinen Senke gelegen, der eingewachsene Garten lauschig, sodass man das nahe Flüsschen, die Ölschnitz, plätschern hört. Der zur Straße gelegene Hof wird von den drei Seiten des alten Anwesens malerisch umrahmt. Kaum vorstellbar, dass das denkmalgeschützte Ensemble einst vor dem Verfall stand. Doch bevor die Gastgeberfamilie Haller mutig die Sanierung in die Hand nahm, gab es hier weder Strom noch Wasser.
Auf der einen Seite haben die Gastronomen einen holzbeheizten Rittersaal eingerichtet, so rustikal und heimelig, wie man es sich für einen Ausflug ins Mittelalter wünscht. Einlass gibt es nur auf Vorbestellung für Gesellschaften von 20 bis 80 Personen.

Herzhafte Gerichte, süffiges Bier und Animation sorgen regelmäßig für schöne Stimmung. Auf der anderen Seite des Hofes liegt das gemütliche Restaurant, das zu Müllers Zeiten als Kuhstall diente. Im Hauptraum und in den beiden Nebenräumen schlägt das kulinarische Herz der Hallermühle. Fränkische Köstlichkeiten bilden den Schwerpunkt und das Erfolgsrezept. Die fangfrischen Forellen sind eine unbedingt empfehlenswerte Spezialität. Die Forelle wird tatsächlich erst dann aus dem Fluss geholt, wenn der Gast sie bestellt.

Im Garten hinter der Mühle kommt der Gast zur Ruhe – die Sommerterasse für einen lauen Abend im Grünen mit guten Freunden.

„Wir halten die Karte abwechslungsreich, aber bewusst übersichtlich."

– Jörg Haller

Die Familie Haller hat extra dafür einen Auffangkäfig gebaut. Auch die Qualität der Wildspezialitäten, sei es Rehmedaillons oder Kalbsrücken, lässt hinsichtlich Frische und Geschmack nichts zu wünschen übrig. Das Wild liefert ein Jäger direkt aus heimischen Wäldern. Beim Rind bevorzugt der Inhaber Jörg Haller gut abgehangenes Fleisch argentinischer Herkunft.
„Wir halten die Karte abwechslungsreich, aber bewusst übersichtlich", erklärt Jörg Haller, der die Mühle 2011 von den Eltern übernahm. „Statt zig verschiedener Gerichte machen wir lieber eine kleine Auswahl an Speisen, die aber richtig gut." Man sollte sich deshalb ruhig Zeit für ein Schlemmer-Menü mit Vor- und Nachspeise nehmen. Niemand muss befürchten, dass dies den Geldbeutel unmäßig strapaziert. Das gilt auch bei der Weinauswahl. Mit fränkischen Klassikern sowie exzellenten Rieslingen aus dem Rheingau und Weltklasse-Rotweinen aus dem Piemont wird das Angebot jeder Vorliebe gerecht. Wer die klassischen fränkischen Bratengerichte sucht, ist am Sonntagmittag richtig (nach Möglichkeit vorbestellen).
Eine weitere Stärke der Hallermühle sind die Veranstaltungen, die mittendrin, in der ehemaligen Scheune stattfinden. Nicht nur Hochzeiten und Geburtstage, sogar Gottesdienste wurden hier schon gefeiert. Renommierte Künstler, die mit Musik und Kabarett hier gastierten, ebenso. Gleich hinter der Scheune öffnet sich das Tor zum Garten, in dem es sich bei schönem Wetter ganz wunderbar sitzt. Ein einmaliger Besuch ist für diesen Ort viel zu wenig.

Vom Gefängnis zum gastronomischen Refugium

Alte Fronveste
Hirtengasse 1
95349 Thurnau

Tel. 09228 / 996200
www.alte-fronveste.de
info@alte-fronveste.de

Öffnungszeiten:
Mittwoch bis Sonntag
ab 17 Uhr

Wer die Geschichte hinter der Alten Fronveste nicht kennt, kann zunächst mit einer Überraschung rechnen:
Wasser und Brot als Willkommensgruß – das kann nur ein Gag sein. Die vergitterten Fenster und die hohe Mauer um den Garten machen klar, warum die Gäste hier auch „Einsitzer" heißen.

Das markante, trutzige Sandsteingebäude in Thurnau, 1860 erbaut, diente bis 1932 als Gefängnis des Königlich Bayerischen Amtsgerichtes und begeistert die Besucher heute mit einem Weinlokal.

Eine Augenweide

Selbst beim Bau des Gefängnisses hat sich das Königreich nicht lumpen lassen. Die gesamte Anlage ist eine Augenweide. Heinz Spielbühler, dem im Ort die Schreinerei Spielbühler gehört, hat das freistehende Haus schon immer imponiert. Oft hat er es über die Mauer blickend von allen Seiten betrachtet. 2002 konnte der Thurnauer die vormals als Wohnhaus genutzte Fronveste von der Vorbesitzerin erwerben. In Eigenregie ließ er das Denkmal um- und teilweise zurückbauen, so dass der Gefängnischarakter erhalten blieb (siehe auch Seite 128). Im Untergeschoss erfüllte er sich mit

seiner Frau Sybilla den Traum von einem Weinlokal. „Wein kommt auch in einer traditionellen Bierregion an, solange das Angebot und die Preise stimmen", weiß der Hausherr. Bei den Weißweinen schwören die Besucher vor allem auf Franken – die Region spielt international inzwischen ganz vorne mit. Bei den Rotweinen dagegen überwiegen Italiener. Unabhängig von

der Herkunft, ob Franken oder Italien, Spanien oder Südafrika, Weine von der Pfalz oder der Nahe, gilt jedoch: Bei der Auswahl kann man angesichts der durchweg hohen Qualität nichts falsch machen. Und in der Alten Fronveste gibt es zudem auch original fränkisches Bier.
Mehrmals im Jahr sind bei Degustationen Gäste renommierter Weingüter zu Besuch, die ihr Wissen weitergeben. Bei „kleinen Weinbegleitern“ werden ausschließlich Speisen angeboten, die sehr gut mit Weinen verschiedener Herkunft harmonieren. Mediterran inspirierte Gerichte runden den Genuss ab. Köchin Sybilla Spielbühler lernte ihr Handwerk von einem Italiener, der sechs Jahre lang in der Alten Fronveste am Herd stand. Die kleine Auswahl verdankt sich zum einen dem begrenzten Platz in der Küche – hier war einst eine Zelle – zum anderen aber auch dem Anspruch auf frische Zubereitung, seien es Antipasti, Saiblinge aus der Fränkischen Schweiz (ein besonderer Tipp!), Saltimbocca, Steaks oder die Saucen für die Nudeln. Nicht zuletzt deswegen kann flexibel auf Sonderwünsche eingegangen werden. Die Zeiten von Wasser und Brot in der Alten Fronveste zu Thurnau sind heute auf jeden Fall vorbei.

Die Anlage hat eine südländische Ausstrahlung. Das Haus, der Garten und die Mauer bilden dabei eine geschlossene, in sich ruhende Einheit – eine Insel im Kleinod Thurnau (Um 22 Uhr müssen sich die Gäste mit Rücksicht auf die Nachbarn aus dem Garten zurückziehen). Innen ist es das altehrwürdige Gemäuer, das in Verbindung mit der stimmigen Ausstattung ein angenehmes Ambiente schafft und die Besucher fasziniert. Die Alte Fronveste überzeugt durch Konzentration auf das Wesentliche – kulinarisch und architektonisch.

Saibling aus der Fränkischen Schweiz: Laut einer alten Regel muss der Fisch dreimal schwimmen: im Wasser, im würzigen Sud und im Wein.

Einst kein Platz für Gourmets, heute eine lohnende Adresse für Genießer.

Eine Wohltat für die Sinne

Von Salvador Dalí stammt der schöne Satz: „Wer genießen kann..., kostet Geheimnisse." Genuss und Geheimnis haben einen Reiz gemeinsam: das sinnliche Erlebnis, das sich nie erschöpfend in Worte fassen lässt. Auch im Schloss Neudrossenfeld geht es um diesen Moment. Damit ist aber nicht nur etwas über das Essen im Restaurant gesagt. Bei genauerem Hinsehen fächert sich die Aussage zu einer Vielschichtigkeit auf, die man erlebt haben sollte – atmosphärisch, kulinarisch, architektonisch.

Schloss Neudrossenfeld
Schlossplatz 2
95512 Neudrossenfeld

Tel. 09203 / 68368

www.schloss-neudrossenfeld.de
info@schloss-neudrossenfeld.de

Öffnungszeiten:
Mittwoch bis Samstag
17 – 23 Uhr
Sonntag und Feiertag
11.30 – 14 Uhr und
17 – 23 Uhr

Das Schloss ist ein Gesamtkunstwerk. Seine gegenwärtige Gestalt entstand zwischen Renaissance und Barock. Die Renaissance, in der die gehobene italienische Küche aufkommt, und das Barock, das die Freude an der Pracht der Dinge zelebriert – im Schloss lebt beides im 21. Jahrhundert auf neue Art weiter. Die Tische in den herrschaftlichen Räumen sind stets liebevoll dekoriert. Im ganzen Haus trifft zeitgenössische Kunst auf Stuck und historische Schönheit, antikes Mobiliar kontrastiert wohltuend mit moderner Sachlichkeit. Vom herrlichen Terrassengarten aus kann der Blick weit über das völlig unverbaute Maintal schweifen – traumhaft bei Sonnenuntergang im Sommer, mit etwas Glück sieht man in der Ferne Rehe über die Wiese springen.

Wer wissen will, was Genießen im umfassenden Sinn bedeutet, kann es hier erfahren.

Küchenchef Heini Schöpf hat das Restaurant als erste Adresse für gehobene Landhausküche etabliert und als Italienfan mediterrane Geschmacksrichtungen eingebunden. Ihm steht nicht mehr der Sinn nach Sternegastronomie, obwohl er das Zeug dazu hat. Aber für Sterne ist der Oberfranke, der größte Teil seiner Gäste, einfach zu bodenständig. Heini Schöpf braucht diese Auszeichnung auch nicht. Das Geheimnis guten Geschmacks steckt im Lebensmittel selbst. Hierfür setzt das Restaurant zum einen auf feinste Produkte, die die Region hergibt, zum anderen auf den Luxus der großen weiten Welt. Die Handwerker in der Küche arbeiten die Geschmacksqualitäten vortrefflich heraus und verstehen sich sehr gut auf das subtile Aromenspiel. Kartoffelstampf mit einem Löffel schönen Kaviar und dazu ein Glas Champagner – das kann zum Start eine tolle Kombination sein, die wie so Vieles hier auf der Zunge zergeht. Auf der Karte finden sich große Klassiker wie gebratene Gänsestopfleber, Entrecote mit Ochsenschwanzragout, ein auf der Haut gebratener Zander, Créme brulee und Nougatknödel. Bei dem einen wie dem anderen setzt Schöpf stets überraschende Akzente. Vom Einzelgericht bis zum 4-Gänge-Menü gibt es genügend Möglichkeiten, die Lust an ausgezeichnetem Essen und guten Weinen auszuleben. Die Weine (bei Weißwein viele Deutsche, bei Roten vor allem Österreicher, Spanier und Italiener) kann man, ob mit oder ohne Restaurantbesuch, übrigens auch im Weinhandel nebenan kaufen.

Heini Schöpf formuliert seinen Anspruch im Grunde ganz einfach: „Ich biete nichts, was ich nicht selber essen oder trinken würde." Der Respekt vor dem Nahrungsmittel ist dabei ein wesentlicher Teil seiner Philosophie. Diese Wertschätzung teilt er mit seinen Gästen. Nach dem Essen und der entsprechenden Weinbegleitung darf man auch einfach mal „Respekt" sagen.

Ein Ort, der alle Moden gelassen übersteht: das Schloss in der Neudrossenfelder Ortsmitte. Der Saal (links im Bild) wird gerne für Feiern und Trauungen genutzt.

Orangentörtchen mit Soßenkuchenboden

von Heini Schöpf, Schloss Neudrossenfeld

Gelatine einweichen. Den Orangensaft mit Zimt aufkochen, die Gelatine zugeben, auskühlen. Die Zimtrinde entfernen. Kühl stellen. Den Soßenkuchen in der Moulinette zerkleinern und mit der Butter verkneten. In Dessertringe einen Boden füllen und andrücken. Eigelb mit Zucker schaumig rühren. Mit der etwas kühlen Geleemasse verrühren und ein wenig Orangenlikör zugeben. Die Sahne steif schlagen und unter die Masse ziehen. Das Eiweiß ebenso mit einer Prise Salz steif schlagen und unter die Masse heben. Die Masse auf die Böden füllen und am besten über Nacht kalt stellen. Die Törtchen mit einem Messer aus dem Dessertring lösen. Die Schale der Orange mit einem Orangenschäler abziehen. Die Orange filetieren und das Törtchen damit verzieren.

Zutaten
2 LEUPOLDT-Soßenkuchen
100 g Butter
250 ml frischer Organgensaft
1 Zimtrinde
6 Blatt Gelatine
2 Eigelb
2 Eiweiß
80 g Zucker
1 Prise Salz
200 ml Sahne
1 Orange
Orangenlikör

Ein Besuchermagnet seit 1839

Die „Bürgerreuth" ist ohne die Festspielgeschichte nicht zu denken. Für viele ist sie auch deshalb ein magischer Ort.

von Oliver van Essenberg

Sonntagmittag rückt näher. Die Glocken der Kirchen tönen durch die Stadt. Man könnte sich mal wieder zu Fuß auf den Weg zum Essen machen, hinaus ins Offene und Freie. Es muss nicht gleich bis in die Fränkische oder in das Fichtelgebirge sein, schon hinter dem Grünen Hügel weist die Natur den Weg. Hier in Bayreuths Norden markiert ein Ausflugsziel die Grenze zwischen Stadt und Land. Die „Bürgerreuth" war und ist bei den Bürgern auch deshalb so beliebt, weil der Weg hierher kurz ist und der kleine Anstieg sofort mit einem herrlichen Ausblick belohnt wird. Die Vorgeschichte des Hauses reicht bis zum Beginn des vorletzten Jahrhunderts zurück. Das hügelige Gelände unterhalb der heutigen Hohen Warte hieß damals noch „Brandhut".

Vor der Einmündung des heutigen Steilweges in den Platz vor der Bürgerreuth betrieb ein gewisser Andreas Wippenbeck aus St. Georgen ab 1815 eine kleine Schenke, in der er Erfrischungen an die Bürger in der „Reuth" ausschenkte. In dieser Zeit tauchte vermutlich erstmals der Name „Bürgerreuth" auf.

Die alte Bürgerreuth nach dem ersten Umbau, bei dem die Holzgalerie durch Eisenkonstruktion ersetzt wurde. Bis heute empfiehlt sich das Haus für Festspielgäste und Festlichkeiten aller Art.

Jean Paul soll auch da gewesen sein. So berichtet es der Heimatforscher Karl Kronberger. Der nicht minder ortskundige Journalist und Kommunalpolitiker Dr. Bernd Mayer erforschte wie kein anderer die „Bürgerreuth" und hatte hier eine seiner Lieblingsecken gefunden.

Beliebter Treff für Künstler

Die Entstehung des historischen „Bürgerreuth-Gebäudes" ist dokumentiert: „Es war am 3. Oktober des Jahres 1839, als der damalige Oberbürgermeister Erhard Christian von Hagen weit vor den Toren der Stadt die „Bürgerreuth" mit einer Weiherede eröffnete", schreibt Dr. Bernd Mayer im „Heimatboten" (Oktober 1989). „Mit der Errichtung des ‚neuen Land- und Gesellschaftshauses in Schweizer Form mit einer Galerie und zwei Etagen' hatte die Stadt voll den Geschmack ihrer Bürger getroffen.

Große vaterländische Stunden wurden hier mit Hurrah und Bier bewältigt, und nach dem Bau von Richard Wagners Festspielhaus gewann das Haus noch zusätzliche Bedeutung als beliebter Treff für Künstler und Festspielgäste." Richard Wagner war hier mit seiner Frau Cosima schon in den Vorjahren häufig zu Gast. Von der Anhöhe aus konnte er die Baustelle seines Festspielhauses beobachten und nebenbei Brotzeit machen.

In den frühen 1870er Jahren erfuhr die Bürgerreuth eine deutlich Veränderung. Die Holzgalerie machte einer eisernen Aus-

Volksfest auf der Bürgerreuth anlässlich der 50-jährigen Zugehörigkeit Bayreuths zur bayerischen Krone (1. Juli 1860). Das Bild ist einem Artikel von Dr. Bernd Mayer entnommen, der im Oktober 1989 im „Heimatboten" erschienen ist

führung Platz. Nach Auskunft der Chronik wurde dieser Umbau von den Zeitgenossen jedoch nicht als schwerwiegend empfunden. Viel gravierender erschien den Einheimischen die Tatsache, dass die Biervorräte ihrem Durst nicht mehr gewachsenen waren.

Aufwertung nach dem Verlust

Seit dieser Zeit wurde die „Bürgerreuth" bis heute innen wie außen zigfach umgebaut. Der Verlust an historischem Ambiente wiegt schwer, schmerzt aber nicht, wenn man das Haus nicht anders als in modernisierter Form kennt. Der Gastronom Rinaldo Minuzzi, der es 1984 übernahm, hat es Schritt für Schritt aufgewertet. Mit hervorragender italienischer Küche und exzellenten Weinen trägt er heute zur Ausstrahlung der „Bürgerreuth" bei. Der Inhaber kümmert sich mit beinahe wissenschaftlicher Sorgfalt um bestmögliches Fleisch, damit die Steaks einen festen Biss und einen tollen Geschmack bekommen. Mit einer computergesteuerte Kühlanlage und Reifezellen wird die Lagerung perfektioniert. Am High-Tech-Grill vollendet der Steakmeister die Zubereitung.
Gut zu wissen, dass die Küche von morgens bis abends durchgehend geöffnet hat und in so gut wie jeder anderen Hinsicht mehr als durchschnittliche Qualität bietet. Die Tatsache, dass das Restaurant während der Wagner-Festspiele jeden Abend überlaufen ist, hat bislang noch nicht zu einem Rückgang der Nachfrage in der heißesten Zeit geführt. Im Gegenteil: Die Magie wächst mit der Masse. Die Zeit der patriotischen Feste und der rauschenden Tanzabende ist zwar vorbei. Aber die große Anziehungskraft des Ortes ist geblieben.

Restaurant Bürgerreuth
An der Bürgerreuth 20
95445 Bayreuth

Tel. 0921 / 78400
www.minuzzi.com
info@buergerreuth.de

Öffnungszeiten:
Täglich
11 – 23 Uhr
Warme bis Küche bis 23 Uhr

Gründe um vor oder nach dem Besuch im Restaurant Bürgerreuth noch ein paar Schritte zu gehen, finden sich schnell. Ein paar hundert Meter weiter, vom Siegesturm aus, ist Bayreuth aus der Vogelperspektive zu erleben (Bild unten). Man genießt den Blick und die frische Luft und bekommt langsam Hunger.

Ein Stückchen Italien

Einen Szene-Laden zu definieren ist nicht ganz einfach. Weil Szene-Kneipen die Eigenschaft haben, nicht für die Ewigkeit bestimmt zu sein.

Caffè Rossi
Maximilianstr. 48
95444 Bayreuth

Tel. 0921 / 6080600
www.
rossi-bayreuth.de
info@
rossi-bayreuth.de

Öffnungszeiten:
Montag – Samstag
8 – 20 Uhr
Sonntag und
Feiertage 9 – 20 Uhr

Irgendwann stirbt die Szene, die die Kneipe einmal entdeckt hat, aus. Sie orientiert sich anders. Kehrt der Szene-Kneipe den Rücken. Rennt dem nächsten Trend hinterher. Und zurück bleibt ein gastronomisches Objekt, das der Zeit voraus war. Das von der Zeit überholt wurde. Das reichlich alt aussieht. Wie ein modisches Kleidungsstück, das nach einer Saison in der Ecke liegt. Unanziehbar.
Das Caffè Rossi mitten am Bayreuther Marktplatz setzt auf etwas, was heute so modern ist wie seit Jahren nicht mehr: Nachhaltigkeit, Tradition, Klassisches. Der Gastronom Thomas Wenk hat mit dem Caffè Rossi die Schnelllebigkeit der 2000er Jahre kurzerhand ausgebremst. Das Rossi ist authentisch.
Das Rossi ist: analog, nicht digital. Wenk hat eine italienische Caffè-Bar mitten in die Innenstadt gezaubert, die in ihrer Art diesseits der Alpen wohl einzigartig ist. Das Rossi fühlt sich an, als gebe es diese Bar schon seit 100 oder mehr Jahren in dem restaurierten Barock-Palais. Was wie Messing aussieht, ist Messing. Marmor ist Marmor. Patina erzählt Geschichte.

Zuerst war die Liebe zum Original

Thomas Wenk hatte sich in die Einrichtung einer ehemaligen Pasticceria aus Saronno verliebt, die er bei einem Münchner Spezi-

alisten für Ladeneinrichtungen in der Ecke stehen sah. Um 1900 herum haben die Schreiner von Stefano Turri in Mailand die Einrichtung für die Pasticceria Mantegazza in Saronno, Via Padre Monti 7, gebaut. Gianna Mantegazza schließt die Pasticceria 2000 und verkauft die Einrichtung.
Wenk kauft die Möbel nach langen Verhandlungen, lagert sie ein und – wartet. Mehrere Jahre gehen ins Land, bis das Barock-Palais mit herrlichen Stuckdecken aus dem jahrzehntelangen Dornröschenschlaf geweckt wird, das wie geschaffen ist für die Bar. Handwerksmeister ergänzen in liebevoller Handarbeit die Fehlstellen der Bareinrichtung, bauen Lamperien im gleichen Stil nach und schaffen so die Einrichtung des Caffè Rossi, das seit 2008 die Bayreuther und die Gäste der Stadt in seinen Bann zieht.

Vom Geheimtipp zum Treffpunkt

Die Bar mit ihrem Herzstück, der fauchenden Kaffeemaschine von Dalla Corte und dem verglasten Kühlschrank für die hausgemachten Dolci, Tramezzini und Antipasti hat sich vom Geheimtipp zum Treffpunkt entwickelt. Silberne Tabletts und von Wenk selbst entworfene Porzellantassen klappern auf dem Marmor der Anrichte, italienische Radiomoderatoren plappern aus den Boxen. Meist wird aus dem schnellen Espresso, für den viele Menschen hierher

Italienisches Flair mitten in Oberfranken: eine Möglichkeit, ein paar Minuten lang Urlaub vom Alltag zu machen, einen Espresso zu genießen, dazu vielleicht noch die kleine Sünde eines frischen Cornetto. Oder doch noch ein Gläschen Aperol-Spritz?

kommen, noch ein Cappuccino und noch ein Stückchen Limonentarte. Oder eben doch eine lange Pause in der Sonne vor dem Rossi. Weil man von hier so schön das bunte Treiben auf den Marktplatz schauen kann.
Der Marmor der Tischplatten scheint Kaffeehausgeschichten der vergangenen 100 Jahre zu erzählen, der Boden die Fußabdrücke von Generationen gespürt zu haben. Die Bar, wie sie italienischer nicht sein kann, ist für die Gäste der Treffpunkt für den schnellen Urlaub vom Alltag, ein Besuch in Italien, ohne eine mehrstündige Autofahrt über den Brenner in den Knochen stecken zu haben.

Einkehr bei einem Klassiker

Fantastisch, zu welcher Vielfalt es die Pizza, anfänglich ein Arme-Leute-Essen, gebracht hat. Angesichts fast schon beliebiger Interpretationen lohnt sich eine Rückbesinnung auf die Ursprünge. Das schlicht „Pizza Ria“ benannte Restaurant in der ehemaligen Bayreuther Spinnerei hat sich die traditionelle neapolitanische Machart zum Vorbild genommen. Viele kleine Dinge entscheiden über das gute Ganze.

Pizza Ria – Feuer & Flamme
Spinnereistraße 7
95445 Bayreuth

Tel. 0921 /1510055

www.pizza-ria.de
info@pizza-ria.de

Öffnungszeiten:
Täglich 11 – 23 Uhr

Was macht eine gute Pizza aus? Das richtige Mehl? Der Umgang mit dem Teig? Die Zutaten?
Der italienbegeisterte Bayreuther Gastronom Thomas Wenk wollte es genau wissen. Vor der Eröffnung der „Pizza Ria“ schaute er sich in Neapel bei den besten Pizzabäckern der Stadt um.
Fazit: „Der Teig der typisch neapolitanischen Pizza ist nicht dünn und knusprig, sondern relativ fluffig.“

Zum Gelingen gehört das richtige Timing

Die Pizzabäcker brauchen ein gutes Timing, wie lange der Teig gehen muss. Zu lange und er fließt davon, zu kurz und er wird zu fest. Damit die Pizza immer gelingt, überzeugte Wenk zwei Pizzabäcker aus Neapel, mit nach Bayreuth zu kommen, damit sie hier nach den Regeln ihrer Kunst walten können. Sie experimentierten mit

In der „Pizza Ria“ steht der italienische Teigfladen im Mittelpunkt.
Für die Zubereitung der Grundlage gibt es bewährte Regeln. Beim Belag zählen Phantasie und Geschmack.

verschiedenen Mehlsorten, Hefen, Olivenöl und fanden eine Kombination, die bis heute als die perfekte Hausmischung dient. Zweite Voraussetzung für eine gute Pizza: der Belag. Im Klartext bedeutet das: Tomaten aus dem Süden Italiens, kalt gepresstes Olivenöl, reiner Mozzarella und frische Kräuter… Alles in allem: hochwertige Produkte, auch mal ausgefallene Kreationen auf der Pizza wie Vitello Tonnato oder roher Thunfisch, mit Sicherheit aber keine „Convenience-Produkte".
Beim Backen geht es am wenigsten darum, die Pizza nur irgendwie warm zu machen. Eine konstante, hohe Temperatur im

gesamten Backraum ist entscheidend für den letzten Arbeitsschritt. Der gasbefeuerte Steinofen des Hauses, Marke „Woodstone", erfüllt diese Anforderungen laut Wenks Ansicht optimal, „besser als ein steingemauerter Holzofen", da die Schamottplatten auch von unten für gleichmäßige Wärme sorgen.

Tradition modern interpretiert

Nicht nur durch den Steinofen wird die Tradition der Pizzabäckerei modern interpretiert, sondern auch im Hinblick auf die Einrichtung und das Ambiente.
Die aus dem ausgehenden 19. Jahrhundert stammende Gründerzeitarchitektur des historischen Gebäudes verbindet sich mit moderner Innenarchitektur. Ein Restaurantbereich, eine gemütliche Lounge und Hochtische – drei Bereiche auf verschiedenen Ebenen – runden das Raumkonzept ab.
Ergänzend zu den Pizzaspezialitäten gibt es wöchentlich wechselnde Fisch-, Fleisch- und Pastagerichte, Antipasti und dolci – eben wie in einem typisch italienischen Ristorante. Mittelpunkt ist und bleibt der belegte Teigfladen. Einfach gute Pizzen mit der größten und kreativsten Auswahl Bayreuths (60 Variationen). Dank der offenen Küche können die Gäste den Pizzabäckern beim Ausrollen und Teigwirbeln zusehen. Vor allem die Kinder sind fasziniert von der Show hinter Glas …

Mediterrane Leichtigkeit

Dötzer's Restauration
Sophienstr. 22
95444 Bayreuth

Tel. 0921 / 7867250
www.doetzers.de
info@doetzers.de

Öffnungszeiten:
Dienstag bis Sonntag
11.30 Uhr bis 14 Uhr
und ab 17.30 Uhr

Januar bis Anfang Juni Montag Ruhetag
Anfang Juni bis Ende Dezember Montag ab 17.30 Uhr

Toni's
Sophienstr. 22
95444 Bayreuth

Tel. 0921 / 73040103
www.toni-s.de

Öffnungszeiten:
Donnerstag und Freitag 10 – 18 Uhr
Samstag ab 10 Uhr

Vini Tomasi
www.vini-tomasi.de
info@vini-tomasi.de

Tel. 0171/2312076

Die mediterrane Küche wird für viele Qualitäten gelobt. Doch der Abwechslungsreichtum ist ihr wahrscheinlich größter Vorzug – sowohl in geschmacklicher als auch gesundheitlicher Hinsicht. Die Gäste meisterlich mit neuen mediterranen Geschmackserlebnissen zu überraschen, ist das erklärte Ziel von Thomas Dötzer. Der leidenschaftliche Koch hat in der Bayreuther Innenstadt ein erstklassiges Genießer-Domizil geschaffen, das ein Restaurant und eine Vinothek unter einem Dach vereint.

Kulinarischer Mittelpunkt des Hauses, das auch optisch Tradition und Moderne verbindet, ist das 2007 eröffnete Restaurant „Dötzer's". Es hat sich durch Thomas Dötzers Beharren auf Qualität als *die* Bayreuther Adresse für feine mediterrane Küche etabliert. Hervorragende Grundprodukte spielen hierbei die erste Rolle. Das Restaurant bezieht sie überwiegend aus der Region, Wild und Fisch liefert der Bayreuther Feinkost-Spezialist Christian Schmauß. Darüber hinaus kommen, dem Feinschmecker-Gedanken folgend, Lebensmittel aus aller Welt hinzu. Die Produkte bilden die Basis für sorgfältig zubereitete Traditionsgerichte, die mit regionalen Spezialitäten, zum Beispiel den vorzüglichen Bamberger Knusperhörnla (einer Kartoffelsorte) auf den Tisch kommen, und lassen zudem Ausflüge in die internationale Küche zu. Eine gute und günstige Möglichkeit, die Spielarten auszukosten, bietet das

Thomas Dötzer begeistert die Gäste mit mediterraner Küche, Wein und Südtiroler Spezialitäten (Foto und Produkte auf dieser Seite: www.zieher.com)

dreigängige Mittags-Menü, bei dem je nach Saison mal Pfifferlings-Lasagne oder auch mal Ente mit Kloß den Hauptgang bilden.

Auf den Punkt

Ein Steckenpferd des Gastronomen ist Italien, und das aus einem einfachen Grund: In keinem anderen Land wird seit jeher mit so viel schlichter Raffinesse gekocht. Inzwischen haben moderne Gar-Methoden und Küchentechniken den Umgang mit den Produkten sogar noch verbessert. Thomas Dötzer bringt diese Kunst bei den beliebten Menü- und Weinabenden auf den Punkt. Wobei auch Spanien, Portugal und Deutschland auf dem Programm stehen. Jeden Monat können die Gäste in jeweils fünf bis sechs Gängen eine andere Region sinnlich entdecken. Begleitet von passenden Weinen und einem Weinexperten erwartet sie ein kulinarisches Highlight.

Komplett mit dem Weinangebot

Schön, dass man die Weine dazu noch vor Ort kaufen bzw. beim hauseigenen Weinhandel „Vini Tomasi" bequem bestellen kann. Neben anerkannten Spitzenerzeugnissen findet sich Unbekanntes, deswegen aber nicht weniger Interessantes im Sortiment, und manchen „Geheimtipp" gibt es in Bayreuth und Umgebung nur hier. Die Auswahl hat sich 2013 durch das nebenan gelegene Fachgeschäft „Toni's" um italienische und Südtiroler Spezialitäten erweitert. An der Theke genießt man frisch gemahlenen Kaffee, herzhafte Brotzeiten und mediterrane Köstlichkeiten zu einem Glas Wein, und erhält zum Mitnehmen ausgesuchte Spezialitäten – Käse aus den Südtiroler Bergen, Speck, italienische Anti-Pasti sowie Wein und Brände.

Gutes Essen und Trinken gehören bei Thomas Dötzer zusammen. Was in fränkischen Wirtshäusern mit Bier schon lange funktioniert, gelingt hierzulande inzwischen immer öfter auch mit Wein und mediterraner Küche. Vielleicht werden wir alle ein bisschen italienischer.

Schokoladen-Fondant mit Vanillecreme

von Dimitri Raulin, Miamiam Glouglou

Zutaten für 4 Personen
4 Eier
100 g Puderzucker
60 g Mehl
200 g Butter
200 g dunkle Schokolade
4 kleine Backformen

Die Schokolade mit der Butter schmelzen und cremig rühren. Die Formen mit Butter einfetten. Puderzucker, Mehl und Eier zusammenrühren. Die Masse aus Schokolade und Butter dazugeben, anschließend gleichmäßig verrühren.

Den Teig in die vier Formen gießen und für 10 Minuten in den Backofen, bei 180° Umluft, schieben. Die Formen auf einem Teller umdrehen und die Fondants vorsichtig mit einem Messer herauslösen.

Empfehlung: Servieren mit einer Vanillesauce und Waldbeeren

Bon Appétit!

Oh là là

Die französische Sprache ist für das Schwelgen bei Tisch wie geschaffen. Man denke nur an die frankophone Umschreibung für kulinarisches Wohlbefinden. Ein entzücktes „Miamiam Glouglou“ ist einem neuhochdeutschen „Hamham, gluckgluck“ auf jeden Fall vorzuziehen. Was für Ortsunkundige bloße Lautmalerei ist, ist für Kenner der Bayreuther Szene jedoch mehr: eine magische Formel für ein feines Restaurant.

Stéphanie Blandin und Cédric Ray vermitteln als Botschafter des Restaurants „Miamiam Glouglou“ die urfranzösische Liebe zum Essen und Trinken. Als sie 1992 das im Bayreuther Kneipenviertel gelegene Haus eröffneten, war das Anliegen im Grunde dasselbe wie heute. Das Angebot war zunächst jedoch bescheidener, wie bei einem Bistro auf den guten und schnellen Verzehr ausgerichtet. Der aus der Weinregion Bandol stammende Betreiber, der seine Lebensgefährtin eben dort kennengelernt hatte, wollte nur ein Jahr bleiben. Doch da der Zuspruch der Gäste unaufhaltsam anstieg, wurde Bayreuth zur Wahlheimat der Gastgeber.

Miamiam Glouglou
Von-Römer-Str. 28
(Zugang auch über Dammalle 10 ½)
95444 Bayreuth

Tel. 0921 / 65666
www.
miamiam-glouglou.de
info@
miamiam-glouglou.de

Öffnungszeiten:
Montag 17 – 1 Uhr
Dienstag bis Sonntag 10 – 1 Uhr

Superb die Vielfalt

Die Köche kommen seit Jahr und Tag ebenfalls direkt aus Frankreich. Was sie zubereiten, ist eine Gourmetküche für jedermann. Die Vielfalt der klassischen französischen Küche schmeckt der Gast selbst bei den alltäglichen Gerichten, zum Beispiel den Crêpes- und Galettes-Variationen, und die Qualität der Produkte ist auch im Kleinen superb. Froschschenkel zählen zu den spezielleren Genüssen. Köstlich sind jedoch auch sie. Und wer es konventioneller mag, ist mit einem Filet und Entrecôte vom Charolais ebenfalls exzellent bedient. Käseteller und schlicht raffinierte Nachspeisen – Tipp: Mousse au chocolat maison – runden das Angebot ab. Zu guter Letzt machen die Weine die Tafellust komplett. Die Fülle der angebotenen, zum Großteil offenen Erzeugnisse aus Frankreich, zu denen sich ein paar Italiener und Franken gesellen, ist beachtlich – mehr als ausreichend für einen reinen Wein-Käse-Abend.
Größter Beliebtheit erfreut sich der regelmäßige Sonntagsbrunch. Hierfür sollten Besucher am besten schon zwei bis drei Wochen vorher Plätze reservieren. Gerade im Sommer, wenn die Terrasse an der alten Stadtmauer die Gäste hinaus lockt.

Die kulinarischen Botschafter des Hauses: Stéphanie Blandin und Cédric Ray.

Noch sind die Tische leer. Aber eine Reservierung empfiehlt sich.

Ein Inbegriff Bayreuther Gastlichkeit

Goldener Anker
Opernstr. 6
95444 Bayreuth

Tel. 0921 / 7877740
www.
anker-bayreuth.de
info@
anker-bayreuth.de

Öffnungszeiten
Gastronomie:
Montag bis Sonntag
11 – 22 Uhr
Durchgehend warme
Küche

„Wie stets, fand ich freundliche Aufnahme im Goldenen Anker" – Thomas Mann schrieb dies 1930 bei einem Bayreuth-Besuch an seine Frau Katja. Wer die Formulierung genau liest, hört mehr heraus als nur ein flüchtiges Lob. Das Hotel ist für den Gast der Ort, wo er sich wie zu Hause fühlt. Wie bei einem Freund. Wer erst einmal hier ist, so klingt es in dem Satz an, ist in Bayreuth angekommen, kann die Hast des Alltags abstreifen, sich öffnen – „wie stets".

Wie Thomas Mann ging es vielen Gästen, die im Hotel Goldener Anker einen Ankerplatz fanden. Der Anker ist mit seinen 35 Zimmern und Suiten ein authentisches Hotel mit reicher Vergangenheit. Wohnlich, sehr individuell und mondän. Bereits 1753 erhielt das Haus den respektablen Status der „Hotelgerechtigkeit". Markgräfin Wilhelmine hatte ein Konzept für die Opernstraße vorgelegt. Vom Opernhaus bis zum Neuen Schloss sollte eine Prachtstraße mit einheitlichen Sandsteinquadern entstehen, der „Goldene Anker" diente als der Durchgangsort für Gäste aus nah und fern. Heute können Besucher noch etwas von dieser Lebensart spüren. Professionell und doch leger wird der Gast bedient, wie auf einem englischen

„Wie schön, dass es noch Häuser gibt wie dieses!"
– Vicco von Bülow alias Loriot

Landsitz, sehr privat, unkompliziert und mit Herz. Im Sommer bietet das Haus auch Außenplätze in der historischen Opernstraße.
Wenn die Hotelinhaber auf das Geburtsjahr 1753 verweisen, ist das sogar noch tiefgestapelt. Denn das Haus wurde schon im 16. Jahrhundert erstmals als Fleischhauerei im Besitz der Familie erwähnt. Im Lauf der Zeit entwickelte es sich zur Posthalterei mit Gasthaus und Braurecht. Bis heute ist das Hotel im Besitz der Gründerfamilie – Inhaberin in der 13. Generation ist Eva Graf – und somit ist das Haus eines der ältesten familiengeführten Hotels der Welt.

Der Goldene Anker ist ein Haus mit reicher Geschichte. An der Stelle der Rezeption (links unten) befand sich einst eine Poststation. Die jüngste bauliche Erweiterung, ein großzügiger Eventbereich mit Tagungsräumen und Küche (diese Seite unten), wurde 2010 vorgenommen. Man sollte das Haus nicht zuletzt auch wegen seiner hervorragenden Küche besucht haben.

Wie geschaffen zum Loslassen

Nach einem anheimelnden Eingangsbereich öffnet sich der Goldene Anker nach hinten zu einem faszinierenden Ensemble, das mittlerweile fünf Häuser umfasst. Hinter jeder Ecke hat sich ein Gefühl von Individualität und Besonderheit niedergeschlagen. So auch in den Zimmern selbst, die mal anglophil, mal frankophil, mal klassisch mit Lüstern, mal euro-asiatisch, aber nie von der Stange ausgestattet sind. So auch in den 2010 neu gebauten Tagungsräumen, mit 650 Quadratmetern ein Haus im Haus, große Wohnküche für Frontcooking und Kochabende, Terrasse, offener Kamin inklusive. Wie geschaffen zum Loslassen.

Das Restaurant und das Bistro fügen sich authentisch in das Gesamtkunstwerk ein. Küchenchef Sebastian Meinel, seit 2005 im Haus, setzt den Stil fort, den er bei seinem Lehrmeister Matthias Handel gelernt hat. Das junge Team versteht sich auf eine elegante und handwerklich kreative Küche, sauber und klar auf die Aromen des saisonalen, frischen Produktes konzentriert. Im Bistro nimmt der Gast eher kleine Essen ein, regionale Gerichte, dazu guten Schoppenwein oder köstliches fränkisches Fassbier. Das französische Restaurant verwöhnt im denkmalgeschützten Art-Deco Ambiente mit mehrgängigen Gourmetmenüs. Beachtlich ist zudem die sehr gut sortierte Wein- und Digestif-Auswahl.

Die selbstverständliche Gastfreundschaft des Ankers und seiner Familie kommt an. Beliebt bei Einheimischen ist die Reihe der prominenten Besucher des gepflegten Hauses. Die Eintragungen ins Gästebuch sind legendär. Vicco von Bülow alias Loriot schrieb: „Wie schön, dass es noch Häuser gibt wie dieses!"
Dem lässt sich nicht widersprechen.

Bayreuths literarische Küche

Kulinarischer Spaziergang à la Jean Paul

von Karla Fohrbeck

„Keine Liebe ist aufrichtiger als die … zum Essen“ – steht am Eingang der Schinner-Braustuben in der Richard-Wagner-Straße in Bayreuth, die für urige fränkische Küche bei Studenten und Professoren, Stammtischen und Wagner-Touristen gleichermaßen beliebt ist. Täglich wird hier der passende Sinn- und Lebensspruch auf der Schiefertafel am Sandsteingebäude ausgewechselt. „Denn Essen hält Leib und Seele zusammen“, heißt es ein anderes Mal. Der Dichter Jean Paul soll das gesagt haben, ist der Klammer zu entnehmen.

Jean Paul mit seinem Pudel Ponto: Scherenschnitt von Luise Duttenhofer, 1819.

Schinner-Braustuben in der Richard-Wagner-Straße, fränkisches Essen und dunkles, süffiges Bier.

Er, der vor einem Viertel Jahrtausend in Joditz und Schwarzenbach a.d. Saale unter ärmlichen ländlichen Verhältnissen aufwuchs und später seine Hofer und die Bettelstudenten-Jahre in Leipzig als „Hungerjahre" bezeichnete, war im allgemeinen mit recht einfachen Genüssen zufrieden. Obst vom Schüttelbaum und Haselnüsse vom Busch, Kartoffelspeisen bei der Rollwenzelin, Schlachtschüsseln oder „der Schinken von meiner Frau Schwägerin" aus Sparneck waren ihm so lieb wie das braune Bier. Und obwohl er als bekannter Dichter in Gesellschaft auch mit der höfischen und gut bürgerlichen Tafel Bekanntschaft machte und dies ohne Zweifel genoss, mithin seiner genießerischen Phantasie freien dichterischen Lauf ließ, so vermeldet er im „Quintus Fixlein" doch als Resümee: „Inzwischen ist mir eine kochende Mutter so lieb wie ein ganzer mich mehr fressender als fütternder Küchen-Hofstaat."

Über das Essen zu reden und zu schreiben wurde damals salonfähig. Kaum ein Schriftsteller nahm sich der Küchengeheimnisse so humorvoll und ausgiebig an wie Jean Paul. Seine „literarische Küche" durchzieht nahezu alle Werke, ob es dabei um Kartoffelfreuden oder Kartoffelkriege geht (die segenbringende Knolle setzte sich im preußischen Markgrafentum früh durch), um Bernecker Pfefferkuchen oder satirisch abgetriebene Wespennester, ob um Himmels-, Gnaden-, Dinkel- oder Quittenbrot, dünnen Käsekuchen, um geräucherte Blut- oder Leberwürste, um Schauessen oder magnetische Gastmahle, um „Siebenkäs" (so der Titelheld seines berühmten Eheromans und inzwischen eine verbreitete Käsekomposition) oder Sardellensuppe. Kein Wunder, dass auch diese Entdeckungen ihn inzwischen zum Regionalhelden stempeln.

Kulinarisches Leitthema für Oberfranken

Angefangen hat es 2007 mit der Dissertation bzw. dem Buch von Cosima Lutz aus Wunsiedel: „Aufess-Systeme. Jean Pauls Poetik des Verzehrs". Inzwischen hat die Genussregion Oberfranken „Jean Paul als kulinarisches Leitthema für Oberfranken" entdeckt, ihn zeitweise sogar zum „Alleinstellungsmerkmal für oberfränkische Spezialitäten" erklärt und bietet – vom Leaderprogramm der EU gefördert – für regionale Gastronomen Jean-Paul-Kulinarik-Schulungen und Seminare an. Das erfolgreiche Programm „Essbares Fichtelgebirge", das bis zum Brauereigasthof Schnupp in Altdrossenfeld im Landkreis Kulmbach seine Anhänger hat, wird dadurch wirkungsvoll ergänzt.
Am offiziellen Frankentag in Bayreuth wie auf Messen in Berlin oder München hat sich sogar „Jean Paul häppchenweise" mit Brotaufstrich à la Schnepfendreck

Jean Paul geht durch den Magen – in der Schlossgaststätte Eremitage.

(süffisante Ekelspeise in „Dr. Katzenbergers Badereise") und Rumdessert à la Hoppelpoppel (höfischer Nachtisch in den „Flegeljahren") als Tourismusmagnet durchgesetzt. Insbesondere die Food-Designerin Beate Roth hat sich hier große Verdienste um die Popularisierung des bislang völlig unbekannten kulinarischen Jean Paul erworben.

In der Region Bayreuth sorgen außerdem die Arkadien- und Jean-Paul-Geburtstagsfeste an Teilstrecken des Wanderweges seit 2010 für dichterische Nachhaltigkeit. Wir finden die dafür eigens geschaffenen Gerichte seitdem auf den fränkischen Speisekarten zum Beispiel der Schlossgaststätte Eremitage, des auf dem Weg zur Rollwenzelei gelegenen Eremitenhofes, in den

Jean Paul liebte den Park Fantaisie und Wagner wohnte bis zur Grundsteinlegung des Festspielhauses im Hotel beim Park.

Wirtshäusern Wolffenzacher am Sternplatz ebenso wie bei Mann's Bräu, Vogel's Biergarten, auch bei Herpichs in der Friedrichstraße, dem Feinschmeckerrestaurant im einstigen Wohndomizil des Dichters (mit denkmalgeschützten Originalräumen im 1. Stock für kleinere Gesellschaften) oder bei der Wirtsfamilie Herath im roten Hotel Fantaisie in Eckersdorf, dessen Park Jean Paul als „ersten Himmel über Bayreuth" verewigte.

Während die beliebte, bis 2015 renovierte Waldhütte (Gemeindegebiet Eckersdorf), ein einstiges königlich-bayerisches Forsthaus, einen zeitgemäßen und hoffentlich nicht allzu postmodernen Umbau erhält und Wonsees am Endzipfel des Jean-Paul-Weges mit dem verwunschenen barocken Felsengarten Sanspareil eher in der Sommersaison attraktiv wird, haben die Wirte in und um Bad Berneck am anderen Zipfel des Bayreuther Ausflugsradius die Gelegenheit beim Schopfe gepackt: „Sonntagsbraten und auf Jean Pauls Spuren wandern" – ein eigener hübscher Flyer lädt zu einem „perfekten Sonntag" mit Insidertipps der dortigen Traditionswirte zu fränkischem Mittagstisch und anschließendem Verdauungsspaziergang à la Jean Paul ein.

Jubiläumsjahr und kein Ende

Aber schließlich strahlt (noch) das Jubiläumsjahr 2013 über der Region. Der 250. Geburtstag dieser (nicht nur) Bayreuther Geistesgröße wurde groß und vielfältig gefeiert und die Wiederentdeckung des lange Verschollenen freut besonders, weil es sich jetzt überall herumgesprochen hat, dass dieser sich 1804 wegen der 3 großen B's (= Berge, Bücher und bitteres braunes Bier) für den Rest seines Lebens samt junger Familie in dieser Stadt niedergelassen hat. „Himmel! Welch ein Bier!" soll er angesichts des Bayreuther dunklen Ambernektars ausgerufen haben, das ihm als Genuss-, Heil- und Nahrungsmittel diente und das – neben dem ebenfalls nicht verachteten Wein – seinem Geiste Flügel verlieh.

Volksnah also, einer wie wir – wenn man den hohen Geist und die Bücherliebe mal etwas beiseite lässt. Und das obwohl er „a weng hochgestochen“ geschrieben haben soll. Die vielen Wortschöpfungen wie Ehehälfte, Gänsefüßchen, Hasenöhrchen oder Weltschmerz versöhnen allerdings – nachzulesen sind sie an der Endstation des Jean-Paul-Wegs in Oberfranken, in Sanspareil (Titel: „Was bleibt“), oder auf der Großstation 121, vor der Stadthalle am Jean-Paul-Platz in Bayreuth (Titel: „Bayreuth bei guter oder schlechter Laune“).

„Die Probe eines Genusses ist seine Erinnerung."

Und wer sich da alles zusammen tut unter der versöhnenden Patronage des Dichters! Eine ganze Region wacht – vom Geist berührt – aus ihren Minderwertigkeitskomplexen auf und besinnt sich ihrer durchaus schmackhaften Werte, denn, so der Werbeslogan: „Die Probe eines Genusses ist seine Erinnerung.“ Dies schöne Zitat stammt natürlich auch von Jean Paul, der als ehemaliger Hungerkünstler diese spezielle Erinnerungskunst literarisch weiter zu pflegen wusste und sich gut noch seine Jugendjahre als Schwarzenbacher Winkelschullehrer ins Gedächtnis rufen konnte, wo „vor mir der Mond herauf (steigt), unter mir die Maus (kratzt) und in mir das Abendessen (sitzt)“. Die Erinnerung stärkt heute nicht zuletzt eine Initiative der Bäcker Innung Bayreuth Stadt & Land, die mit einer gelungenen Kampagne ein neu kreiertes fränkisches Jean Paul-(Sauerteig) Brot ins öffentliche Bewusstsein hebt, angeführt von Handwerksmeister Thomas Zimmer von der Bäckerei Lang, der einer der ersten war, der mit Jean Paul-Bieren, Spritzkuchen und Pfeffernüssen in hübschen nostalgischen Blechdosen den Dichter aus dem Grabe holte.

In seiner einst berühmten Erziehungslehre „Levana“ empfiehlt dieser 1807 Bier (und Wein) sogar für Kinder – zur Stärkung übrigens, keineswegs (nur) zum Einschlafen … alles wunderbar nachzulesen auf der Großstation 130 des Jean-Paul-Weges in der Bayreuther Altstadt nahe der Familien-Gaststätte Becher-Bräu, die – wie sollte es anders sein – auch übers Jubeljahr hinaus ihr eigenes dunkles Jean-Paul-Bier anbietet und die Bayreuther Braukunst und Biergeschichte bereichert. Die Bierfülle ist heute zudem in Maisel's Brauerei-Museum und auf Bierwanderungen durch eine Vielzahl empfehlenswerter Stammlokale, Bierkeller- und Biergärten-Touren zu bewundern – auch ohne Bezug zum Dichter.

Die Kunst als lukullische Sondersparte veredelte der sinnenfreudige Jean Paul allerdings lieber mit süßen Trauben. Denn „die Kunst ist zwar nicht das Brot, aber der Wein des Lebens.“

Herpichs Restaurant im ehemaligen Jean-Paul-Domizil Friedrichstraße 10.

Erfolgsautor, Sonderling, Klassiker

Über eine schillernde Persönlichkeit

von Karla Fohrbeck

Jean Paul (eigentlich Jean Paul Friedrich Richter) war zu seiner Zeit einer der fantasievollsten und beliebtesten Schriftsteller deutscher Sprache. Noch heute ist er Oberfrankens, ja Bayerns berühmtester Dichter und hat einen festen Platz in der Weltliteratur.

Als Dichter steht er literarisch zwischen Klassik und Romantik und nimmt in der deutschen Literatur eine Sonderstellung ein: „Er sang nicht in den Palästen der Großen, er scherzte nicht mit seiner Leier an den Tischen der Reichen. Er war der Dichter der Niedergeborenen, er war der Sänger der Armen, und wo Betrübte weinten, da vernahm man die süßen Töne seiner Harfe …“ (so Ludwig Börne in seiner Gedenkrede 1825).

„Bayreuth hat den Fehler, dass zu viele Bayreuther darin wohnen.“ – Jean Paul

Jean Paul ist nach wie vor nicht einfach zu lesen, aber wer sich ihm öffnet, dem erschließen sich der große Sprachschatz und die reiche Seelenlandschaft seiner Figuren mit Humor und Ironie. Seine Literatur ist metaphorisch und realistisch, umfasst Idyllen und Abgründe, spießbürgerliche Enge und kosmische Weite, bürgerlichen Gefühlsüberschwang und adelige Kälte, immer in der Hoffnung, dass der Mensch sich letztlich zum „Guten, Wahren und Schönen“ entwickeln könne und hinter allem eine göttliche Macht waltet.

1780 betrat der 17-jährige Jean Paul zum ersten Mal Bayreuth. Er verliebte sich in die Stadt und die Umgebung. Immer wieder besuchte er die Verwandten seiner Hofer Freundin Renate Wirth und traf hier 1793 seinen besten Freund: Emanuel Osmund.

Schon in Jean Pauls frühen Werken, etwa den Romanen „Hesperus“ und „Siebenkäs“, besonders aber in seinen Briefen, wird die Stadt stark idealisiert. Nachdem Jean Paul mit seiner Familie 1804 hier zugezogen war, kühlte sich sein Bayreuth-Bild ab. Er zog sieben- oder achtmal um, bis er im Schwabacher Haus, Friedrichstraße 5, Frieden fand und dort 1825 auch starb.

Hoppelpoppel

von Beate Roth, Food-Designerin

Hoppelpoppel ist der Name für die Streckverse von Jean Pauls Helden Vult in den „Flegeljahren". Es war zu Jean Pauls Zeiten ein beliebtes Getränk/Dessert in adeligen Kreisen, das vor allem den Damen aufgrund des hohen Alkohol- und Zuckergehalts und der vielen Eigelbe schnell ins Blut ging. Stimmung und auch eine ziemliche Enthemmtheit waren garantiert!

Zutaten
375 ml Milch
70 g Zucker
2 Vanilleschoten
2 Eigelb
50 ml Rum
5-6 Blatt Gelatine
600 ml Sahne
20 Schokoladenbiskuit-Boden, rund ausgestochen
125 ml Rum
30 g Puderzucker
250 ml frischer Orangensaft
3 Blatt Gelatine
Schokoladenherzen, Kakao

Eigelb und Zucker schaumig schlagen. Milch mit den Vanilleschoten aufkochen, Vanille auskratzen. Die Milch zur Eigelbmischung geben und über dem heißem Wasserbad abrühren, bis die Creme bindet. Eingeweichte Gelatine in die noch warme Eiermasse einrühren. Abkühlen lassen, dabei manchmal umrühren. Mit dem Rum kräftig abschmecken.
Die geschlagene Sahne unterheben.
Den Rum mit 2 EL Wasser und dem Puderzucker zum Kochen bringen. Die Biskuitböden in Gläschen legen und damit tränken. Creme darauf geben und völlig auskühlen lassen.
Die Gelatine im Orangensaft auflösen. Ca. 2-3 mm dick auf die erkaltete Creme füllen.
Wem es zu alkoholreich ist, der kann mit Rumaroma „nachhelfen".
Schokoherzen mit dem Kakao bestäuben und in den Hoppelpoppel stecken. Nach Geschmack mit frischen Orangenfilets servieren.

Aus dem Roman „Flegeljahre"

Vult schlug Flegeljahre vor; der Notar sagte offen heraus, wie ihm ein Titel widerstehe, der teils so auffallend sei, teils so wild. »Gut, so mag denn die Duplizität der Arbeit schon auf dem ersten Blatte bezeichnet werden, wie es auch ein neuerer beliebter Autor tut, etwan: Hoppelpoppel oder das Herz.« Bei diesem Titel mußte es bleiben.
[...] Wer einen Hoppelpoppel schreibt, sollte ohnehin einen Hoppelpoppel trinken, ja er sollte beides vereinen und ein Punsch-Royalist werden, wenn du weißt, was Punch royal ist.

Neu-fränkische Spielarten

Heimische Produkte zu zelebrieren, ist angesagt. Was inzwischen wie ein Trend daherkommt, ist für das Oskar seit jeher Teil seiner Philosophie. Das Wirtshaus am Marktplatz war eines der ersten in Bayreuth, das sich unter neuen Vorzeichen für die fränkische Tradition stark machte. Von der Einrichtung über die Küche bis hin zur Kleidung für den Service setzt das Haus sein Konzept stimmig um.

Oskar – Das Wirtshaus am Markt
Maximilianstraße 33
95444 Bayreuth

Tel. 0921 / 5160553
www.
oskar-bayreuth.de
info@
oskar-bayreuth.de

Öffnungszeiten:
Montag bis Samstag
8 – 1 Uhr
Sonntag 9 – 1 Uhr

„Da paßt doch nichts besser rein als Fränkisch-Bayreuther Küche."

– Thomas Wenk

Ein frischer Ansatz trifft auf ein historisches Gebäude. In dem über 600 Jahre alten Haus, das zunächst als Rathaus und später als Polizeiwache diente, haben Thomas Wenk und Andrea Bauernfeind optimale Bedingungen für ihr „Wirtshaus am Markt" gefunden. „Da passt doch nichts besser rein als Fränkisch-Bayreuther Küche", betont Wenk.

Fränkisch, ja, aber nicht so schwer wie anno dazumal, sondern mit spannenden Interpretationen. Und so finden in den großzügigen Räumlichkeiten des Wirtshauses, das 260 Gästen Platz bietet, Tradition und Innovation zu einer Einheit: die gemütlichen, holzgetäfelten Stuben und der Wintergarten, vom Frühstück bis zum Drink. Im Sommer kann man im Biergarten vor dem Haus dem Treiben auf dem Marktplatz zusehen.

Altbewährte regionale Produkte und kreative Ideen im Einklang ... Zum hundertsten Mal „Sauerbraten mit Klöß“ muss nicht sein. Stattdessen gibt es zum Beispiel ein gewürfeltes Sauerbratenragout mit sechs Mini-Klößen. Mehr als früher auch Vegetarisches und Leichtes. Statt tagaus, tagein die gleichen Gerichte findet man im Oskar reichlich Abwechslung, eine monatlich wechselnde Bratwurstspezialität, die Küchenchef Uwe Weidenhammer gemeinsam mit dem Bratwurstkönig Klaus Lindner aus Pegnitz kreiert. Dazu ausgefallene Säfte, Cocktails auch mit Bier, ein eigenes Oskar-Hausbier, gebraut von der Bayreuther Brauerei.

Für die selbstgemachten Limonaden und Bowlen verwendet das Haus Früchte und Kräuter, die Wenk mit Mitarbeitern in der Region selbst geerntet hat. „Solche Produkte, die Geschichten erzählen, kommen bei den Menschen unwahrscheinlich gut an,“ weiß er. Regionale Produkte mit kontrollierter Herkunft genießen zudem ein hohes Vertrauen. „Nach den Lebensmittelskandalen der letzten Jahre sind viele Menschen dankbar, wenn sie wissen, wo das Produkt herkommt und geben gerne einen Euro mehr aus.“ Unterstrichen wird das Können des „Oskar“ durch die Qualitätsprüfungen der „Genussregion Oberfranken“, denen sich das Wirtshaus als Mitglied regelmäßig unterzieht.

Das Team um Küchenchef Uwe Weidenhammer ist gut eingespielt. Daher gelingt die Bewirtung auch bei einer Vielzahl von Gästen, etwa bei der Haus-Kerwa im September, bei Kabarett und Musikabenden oder zur mittäglichen „Rush-Hour“, mit Bravour. Die fränkische Gastlichkeit lebt weiter.

Erst Rathaus, dann Polizeiwache, jetzt kulinarischer Platzhirsch: Dem „Oskar“ gelingt es, Touristen, Geschäftsleute und Einheimische gleichermaßen zu bedienen.

Entspannen wie Wilhelmine

2015 feiert die Bayreuther Eremitage 300-jähriges Jubiläum. Ein doppelter Grund für einen Besuch: Denn die Eremitage ist ohnehin Schauplatz des Bayreuther Sommernachtsfestes – ein Open-Air-Event und im fränkischen Sommer ein sehr beliebter Termin, zu dem Gäste aus ganz Oberfranken in die Wagnerstadt reisen. Kein Wunder: vor der Kulisse!

Genuss mit Historie: Das Gebäude des Restaurants gehört zu der ab 1715 entstandenen Gesamtanlage der Eremitage. Auch die stilvollen Innenräume werden bewirtschaftet.

Der 300. Geburtstag verspricht insofern ein ganz besonderes Fest werden, zu dem sich die Veranstalter und die Schlossgaststätte bestimmt die eine oder andere Überraschung ausgedacht haben. Grund genug, vor dem ganzen Trubel oder eben gerade wegen des Trubels noch 2014 oder eben 2015, am besten in beiden Jahren, das Schmuckstück zu besuchen.

Überhaupt kein Problem ist es, den ganzen Tag in der Eremitage zu verbringen. Neben den vielen kleinen, feinen baulichen und architektonischen Barock-Highlights – u.a. Orangerie, Sonnentempel und Grotte – mit denen die Besucher überrascht werden, lädt hier auch die Gastronomie mit Restaurant, Café, Biergarten und Hotel zum Verweilen ein. Geöffnet wird täglich ab 10 Uhr. Das Café Orangerie und der Schlossbiergarten sind sehr beliebt bei Jung und Alt, versicherten uns Passanten. Hier werden Kaffeevariationen, Kuchen, Eis, verschiedenste Biersorten und fränkische Brotzeiten serviert.

Fränkisch-mediterran

Das Restaurant, die „Schlossgaststätte“, ist jedoch etwas ganz Spezielles. Denn hier kann man vorzüglich speisen. Gekocht wird fränkisch-mediterran. Ein Mix, der die lokale und die südländische Küche phantasievoll kombiniert. Küchenchef Michael Waigel gelingen wahre Geschmackswunder. Übrigens fast ausschließlich mit regionalen Produkten, wie er betont. Sein Können, das sei nur nebenbei erwähnt, beweist er auch auf der Bayreuther „Gala der Köche", zu der er Jahr für Jahr eingeladen wird.

Geheimtipp: Marmelade

Neben der abwechslungsreichen Küche wissen die Besucher der Schlossgaststätte Eremitage auch deren ausgewählten Weine und Seccos sehr zu schätzen. Ein Geheimtipp ist dagegen noch die selbstgemachte Marmelade. Ihr guter Ruf eilt ihr voraus und: Man wird nicht enttäuscht. Ein Hochgenuss, sicher nicht nur für Beerenliebhaber!

Wer die Eremitage für ein ganzes Wochenende oder länger besucht, dem sei das Hotel Eremitage Bayreuth empfohlen. Die sechs Ensuite-Zimmer sind alle unterschiedlich eingerichtet und verleihen dem Haus eine ganz individuelle Note.

Ein Ort zum Entspannen

Nie und nimmer hätten hingegen Wilhelmine und Friedrich, die markgräflichen Herrschaften von damals, so viel Trubel in ihrem Schloss geduldet. Man zog es vor, sich in aller Diskretion der Muse hinzugeben. Abgeschieden und abgeschottet vom gemeinen Volk. Heute kommt eben dieses Volk in die Parkanlage und besucht den Biergarten, um dort bei einem kühlen, frischgezapften Hellen und einer

Im Biergarten der Eremitage kann die Brotzeit zu einem kleinen Fest werden.

Brotzeit zu entspannen oder, um im Café Orangerie ein Eis zu genießen, verschiedenste Kuchen- und Tortenspezialitäten und unterschiedlichste Kaffeekreationen zu probieren. Anschließend geht man spazieren, lässt sich auf einer der zahlreichen Grünflächen zum Lesen, zum Sonnen, zum Tratschen oder Chillen nieder. Mal ehrlich, bei aller Kultur und Historie: Die Eremitage ist gestern wie heute ein Ort, um die Beine hochzulegen und sich eine Auszeit zu nehmen. Eigentlich hat sich nichts geändert. Heute steht die Eremitage jedoch allen Gästen offen.

Restaurant Eremitage
Eremitage 6
95448 Bayreuth

Tel. 0921 / 799970

www.eremitage-bayreuth.de
info@eremitage-bayreuth.de

Öffnungszeiten Restaurant:
Hauptsaison
(Mai bis September)
Täglich ab 10 Uhr

Vor- und Nachsaison
(April und Oktober)
Bei schönem Wetter
ab 10 Uhr geöffnet
Montags geschlossen

Wintersaison von
November bis März
Ausschließlich
Veranstaltungsbetrieb

Café Orangerie

Hauptsaison
(Mai bis September)
Täglich ab 10 Uhr
geöffnet
Vor- und Nachsaison
(April und September)
Bei schönem Wetter
ab 11 Uhr geöffnet
Montags geschlossen

Winterpause von
November bis März

Den Aufenthalt im Café Orangerie darf man sich nicht nur buchstäblich auf der Zunge zergehen lassen.

Mit fränkischer Seele

In Franken hat der Gast es gerne herzhaft. Leicht säurebetont darf das Essen sein – besonders bei Sauerbraten und Sauerkraut –, immer eine gute Portion, dazu gut gewürzt und mit herben Nuancen, am besten einem Bier abgerundet.

Goldener Löwe
marmeladenhotel
Kulmbacher Str. 30
95445 Bayreuth

Tel. 0921 / 746060
www.
goldener-loewe.de
info@
goldener-loewe.de

www.
marmeladenhotel.de
genuss@marmeladen-
hotel.de

Öffnungszeiten
Restaurant:
Donnerstag ab 17 Uhr
Freitag bis Montag
11 – 14 Uhr
und ab 17 Uhr

Die klassische fränkische Tradition führt Jörg Schöner im Goldenen Löwen souverän fort. Moderne Akzente lockern die geschmackliche Palette auf. Die besondere Wertschätzung für Regionales spiegelt sich auch im Einkauf wider. Die Hersteller und Veredler der Grundprodukte stammen aus der Umgebung und liefern für das Restaurant seit Jahren gleichbleibend gute Qualität.
Ihren guten Ruf verdankt die Küche dabei nicht zuletzt der exquisiten Umsetzung.

Ausstrahlung, die man spürt

Toll, dass es so ein Gasthaus gibt. Nicht nur kulinarisch, sondern auch atmosphärisch bleibt der Besuch angenehm in Erinnerung. Das fränkisch-bayreutherische Interieur aus dem Jahr 1937 ist unverändert erhalten und hat von seiner Ausstrahlung, da auf hochwertige Materialien geachtet wurde, nichts verloren. Im Gegenteil: Das Ambiente wirkt heute noch wertvoller, weil Gasthäuser mit diesem Charakter so selten geworden sind.

Im Goldenen Löwen muss der Charme der guten Stube nicht neu erfunden werden.

Frische bildet die Basis der Küche. Sie bleibt der rustikalen fränkischen Tradition weitgehend treu, ohne allzu mächtigen und deftigen Einschlag. Zusätzlich zu Braten, Krenfleisch, heimischen Fischen, Bratwürsten und den zu Recht äußerst beliebten Ochsenbäckchen kommen ab und an (vor allem zur Festspielzeit) raffinierte Menüs und ebensolche Kreationen, so etwa Weißwurstravioli mit Weißbierschaum, auf den Tisch. Um neben älteren Semestern auch

die junge Generation anzusprechen, lockt das Restaurant mit wechselnden Tagesaktionen von Currywurst mit Currybar bis zu Omas Bratenküche.

Fruchtaufstriche – von feinen Süßen bis feurig Scharfen

Frische – Was für den einkaufenden Koch ein entscheidendes Qualitätskriterium ist, lässt dem Gast beim Essen das Wasser im Mund zusammenlaufen. Das Qualitätsversprechen hält das Haus nicht nur mit fränkischer Küche, sondern auch mit seinen selbstgemachten Fruchtaufstrichen ein. 2003 gab es die Aufstriche erstmals am Frühstücksbuffet des Hotels. Doch das Sortiment wuchs und wuchs, bis die beiden Köche, Alex Belasch und Jörg Schöner, 2009 mit einer gemeinsamen Produktlinie an die Öffentlichkeit gingen, die inzwischen auch über das Hotel hinaus vertrieben und verkauft wird. Das Besondere an den Aufstrichen ist der hohe Anteil bester handverlesener Früchte. Dieser liegt bei rund 70 bis 75 Prozent und ist damit um etwa 10 bis 20 Prozent höher als bei einem konventionellen Handelsprodukt.

Die Köche Alex Belasch und Jörg Schöner (rechts) haben ein Händchen für Fruchtaufstriche. Fränkische Klassiker runden das kulinarische Angebot ab.

Über 30 Sorten umfasst das Sortiment inzwischen. Das Angebot reicht von Klassikern wie Erdbeere oder auch Himbeere mit Limette über originelle Mixturen à la Banane mit Eierlikör bis zu Saisonartikeln (z.B. Bratapfel oder Quitte mit Vanille) und Aufstrichen für zusätzliche Kombinationen: Bärlauchpesto als Zutat für Nudeln, Griebenschmalz als Empfehlung zu Holzofenbrot, herzhafte Dips für Käse und Wildgerichte und vieles mehr. Die Gläser sind direkt im Haus sowie über den Internet-Shop des „marmeladenhotels" erhältlich.

Der Name „marmeladenhotel" stammt übrigens von Übernachtungsgästen, die das Produkt so toll fanden, dass sie das Hotel danach benannten. Stellvertretend wird damit in gewisser Weise auch das Hotel ausgezeichnet. Unter guten Gästen gilt es zum Teil als „Geheimtipp". Aber eben nicht nur wegen der Marmeladen.

„Im Grunde müsste man jedem eine Freifahrkarte schenken"

Interview mit dem oberfränkischen Regierungspräsidenten, Wilhelm Wenning, über das Leben in Oberfranken und die Perspektiven der Genussregion.

Interview Oliver van Essenberg

Kochshows, Genussregion Oberfranken, Führungen mit Essen und Trinken. Genießen ist populär wie nie. Bleibt Ihnen als viel beschäftigter Regierungspräsident überhaupt Zeit zum Genießen?

Wenning: Es ist richtig: Ich bin ganz gut ausgelastet. Aber ein bisschen Freizeit bleibt noch. Wobei ich ja auch während der Arbeitszeit in einer Genussregion lebe, nicht nur kulinarisch, sondern auch im Hinblick auf die Natur und die kulturellen Schönheiten.

Trifft das Thema Genussregion Oberfranken auch bei Ihnen persönlich, privat auf eine große Sympathie?

Wenning: Unbedingt! Ich lebe unglaublich gerne hier in der Genussregion, die Vielfalt der Region ist einzigartig, dem kann man sich gar nicht entziehen – und das sage ich keineswegs nur von Amts wegen.

Es ist vielleicht nicht so offensichtlich für viele, dass wir in einer Genussregion leben, weil speziell die Oberfranken nicht mit Reichtümern und keiner großen kulinarischen Oberklasse glänzen. Sehen Sie das als jemand, der viel herumkommt in Oberfranken und anderen Regionen, genau so? Sind es eher die kleinen, unscheinbaren Dinge, die Oberfranken auszeichnen?

Wenning: Oberfranken ist alles andere als unscheinbar! Allerdings neigt der Oberfranke dazu, sein Licht nicht auf den Scheffel zu stellen, sondern ein bisschen darunter. Das führt dazu, dass viel Herausragendes und Tolles, was andernorts zu einer großen Show beitragen würde, hier sehr zurückhaltend präsentiert wird. Nach dem Motto: Es reicht schon, wenn wir das wissen, dann müssen es nicht noch die anderen wissen. Wenn Sie zum Beispiel bei Bad Steben das Höllental nach Blechschmidenhammer gehen, begegnen ihnen nur wenige Leute. Dabei ist die Gegend für mich, wenn es um die Naturschönheit geht, durchaus vergleichbar mit oberbayerischen Attraktionen. Da fallen die Touristen allerdings scharenweise ein.

Ist der sanfte Tourismus also genau das Richtige für Oberfranken?

Wenning: Ja. Radfahrer, Wanderer, Familien, die nicht die große Aufregung haben wollen, sind hier sehr gut aufgehoben. Und finden ein breites Angebot vor: Wo können Sie schon in unberührter Natur klettern, Mountainbiken, Kanu fahren, aber auch Kulturereignisse von Weltrang erleben wie etwa die Wagnerfestspiele oder die Bamberger Symphoniker? Oder wandern, Ski laufen, shoppen und zu familienfreundlichen Preisen regionale Spezialitäten genießen?

Jede Stadt braucht heute ein Profil, mit dem sie sich vermarkten kann. Bamberg hat aufgrund des Stadtbildes ein Profil als Kulturstadt. Was macht das Profil von Bayreuth aus?

Wenning: Bamberg und Bayreuth punkten beide als Kulturstädte, wenn auch mit jeweils anderen Schwerpunkten. Bamberg ist als alte Kaiser- und Bischofsstadt mit tausendjährigem Dom und seinem historischen Altstadtensemble seit 1993 Welterbestätte. Dafür hat Bayreuth im Vergleich zu Bamberg eine ganz eigene barocke Pracht zu bieten und mit dem Opernhaus seit 2012 ebenfalls ein Weltkulturerbe. Die Auszeichnung mit diesem Titel wird für den Tourismus in Zukunft sicher noch wichtiger werden. Es bleibt jedoch immer die Besonderheit, dass die Stadt mit einem Namen verbunden wird: Wagner. Bamberg ist vor allem zu sehen, Bayreuth vor allem zu hören.

Die Stadt wird über die Kultur vermarktet. Das Land überwiegend über Natur und Kulinarisches. Oberfranken wirbt mit seiner Vielfalt. Lässt sich das alles überhaupt unter einen Hut bringen?

Wenning: Die Vielfalt in Oberfranken macht gerade die Stärke der Region aus! Denken Sie an die unter-

Aktionen wie der Tag der offenen Tür bei der Regierung von Oberfranken (Bild oben) helfen, den Bürgerinnen und Bürgern ein Bild von den Aufgaben und der Tätigkeit der öffentlichen Verwaltung zu vermitteln. Auf der Vorderseite: Regierungspräsident Wilhelm Wenning mit dem kreisförmigen Logo „Familienfreundliches Oberfranken".

schiedlichen Stadtgeschichten: Bamberg war ein katholisches Fürstbistum, Bayreuth eine evangelische Markgrafschaft und Coburg eine sächsisch-thüringische Residenzstadt. Das sind verschiedene Kulturen, die heute noch sicht- und erlebbar sind. Vielfalt heißt aber auch: höchst abwechslungsreiche Mittelgebirgslandschaften und intakte Umwelt – und das bei sehr hoher Industriedichte – sechs Hochschulen, ein enorm ausgeprägtes Lebensmittelhandwerk, ein reichhaltiges kulturelles Leben. Mit der Dachmarke Oberfranken bündeln wir diese unterschiedlichen Facetten Oberfrankens unter einem Dach. Ohne die Vielfalt einzuschränken! Dementsprechend wirbt der Verein Oberfranken Offensiv auch mit dem Slogan „Echt. Stark.Oberfranken".

Wird das von außen ebenfalls so wahrgenommen?

Wenning: Ich merke, dass jeder neue Gast positiv überrascht ist. Natürlich müssen wir Herausforderungen meistern, zum Beispiel werden in Städten wie Marktredwitz oder Selb bereits heute viele Fachkräfte gesucht. Vielleicht haben wir auch jahrelang zu sehr gejammert und dadurch einen negativen Eindruck vermittelt. Im Grunde müsste man jedem eine Freifahrkarte schenken, damit er sieht, was wir hier haben.

Wird Oberfranken außerhalb Bayerns als Regierungsbezirk überhaupt wahrgenommen? Ich kann mir vorstellen, dass viele nicht wissen, wo Oberfranken überhaupt liegt.

Wenning: Dass Oberfranken rechts oben in Franken liegt, das weiß man. Denn wir haben starke Aushängeschilder. So etwas wie die Bayreuther Festspiele gibt es kein zweites Mal. Und die Bamberger Symphoniker kennt man auch in Australien oder in der VR China, wo sie mit einem einzigen Neujahrskonzert in Peking mehr Menschen als in Europa erreichen. Zudem gibt es zahlreiche Unternehmen, die in ihrem Bereich weltweit führend sind. Und Oberfranken ist Zentrum der deutschen Porzellanindustrie, um nur einige Beispiele zu nennen.

Versuchen Sie Gästen Oberfranken ganz gezielt auch kulinarisch näherzubringen?

Wenning: Ich achte schon darauf, dass bei uns Regionales auf den Tisch kommt.

Spielen Arbeitsessen eine Rolle bei politischen Entscheidungen?

Wenning: Das ist bei Regierungsaufgaben normalerweise nicht üblich. Da finden die Gespräche hier in meinem Büro statt und da muss schon auch Tacheles geredet werden. Mit ausländischen Gästen gehe ich dagegen manchmal zum Essen. Das hilft beim Kennenlernen.

Gibt es Gelegenheiten, wo Sie mit ausländischen Gästen auch hinausfahren, um mit ihnen zu essen und ihnen Naturschönheiten zu zeigen?

Wenning: Meist reicht bei mir die Zeit nur für ein gemeinsames Essen mit den Besuchern. Aber wenn Mitarbeiter meines Hauses mit ausländischen Delegationen im Regierungsbezirk unterwegs sind, versuchen wir – je nach regionalem Schwerpunkt – auch einige Highlights Oberfrankens in das Programm einzubauen z.B. das Felsenlabyrinth und die Luisenburg in Wunsiedel, das Opernhaus und die Eremitage in Bayreuth, den „Gottesgarten" im Obermaintal, das Saaletal im Raum Hof, den Rennsteig im Landkreis Kronach und vieles mehr.

Wie sehen Sie die Zukunft Oberfrankens? Was sind Ihre Wünsche?

Wenning: Ich bin von Haus aus Optimist. Ich glaube, dass der Zuzug in die Städte und in die Metropolen aufhören wird. Zum einen, weil noch mehr Kommunikation über EDV und Internet laufen wird. Zum anderen, weil die Lebensqualität in den Metropolen auf Dauer nachlässt. Lebt man als Familie mit zwei Kindern in München oder in Oberfranken besser? Es mag sein, dass für wohlhabende Singles München attraktiver erscheint. Der Normalbürger wird sich dagegen in Oberfranken deutlich wohler fühlen und besser stellen. Daher denke ich, dass das entwickelte Land eine große Chance hat.

Mögen Sie bestimmte Orte in Oberfranken besonders gern?

Wenning: Das hängt bei mir ein bisschen mit der Kindheit und der Jugend zusammen. Ich bin ja geborener Nürnberger. Wir sind schon als Jugendliche mit den Rädern in die Fränkische Schweiz gefahren und haben da gezeltet. Von daher ist mir die Fränkische Schweiz besonders ans Herz gewachsen. Aber als Regierungspräsident sind mir alle Gebiete Oberfrankens lieb.

Sind damit besondere kulinarische Genüsse verbunden?

Wenning: Ich mag sehr gerne Fisch. Wenn wir richtig scheußliches November-Wetter haben, ist es etwas besonders Gutes, einen gebackenen Karpfen zu essen und dazu ein gepflegtes Bier zu trinken. Und als Franke kann man Bratwürste natürlich früh, mittags und abends essen, gerne auch einfach nur zusammen mit einer Scheibe herzhaften fränkischen Bauerbrotes. Welche nun besser sind: die Coburger, die Nürnberger oder die Bayreuther? Beim fränkischen Bratwurstgipfel in Pegnitz kann das jeder selbst ausprobieren. Bei mir hängt die Entscheidung von der Tagesform ab.

Wilhelm Wenning, Jahrgang 1950, wuchs in Nürnberg auf. Nach dem Jura-Studium in Erlangen trat er 1979 als Richter beim Verwaltungsgericht Ansbach in den Staatsdienst ein. Wenning war für die CSU im Fürther Stadtrat (1978 – 1990) und im Bayerischen Landtag (1990 – 1994) vertreten. Von 1996 bis 2002 war er in Fürth Oberbürgermeister. Seit 2007 ist Wenning oberfränkischer Regierungspräsident.

Ausstattung
Design
Architektur

Bayreuther „Eichala“
der Zinngießerei Sturm

Kein Wandel ohne Werte

Alte und neue Herausforderungen des Handwerks

von Thomas Zimmer

Viele Kenntnisse historischer Handwerkerpersönlichkeiten aus Oberfranken, ihre Erfolge und ihre Lebensumstände liegen im Verborgenen, denn nur selten tauchen sie namentlich in den überlieferten Chroniken auf. Dennoch: Das oberfränkische Handwerk war und ist innovativ, im Kleinen und im Großen.

Hätten Sie's gewusst? Die ROLEX wurde von einem Oberfranken erfunden. Ebenso wie die Jeans. Die Technik für den ersten Tonfilm der Welt und auch die erste Kältemaschine der Welt.
Auch heute wird ständig Neues erfunden. Etwa der leichteste Fahrradsattel der Welt; neue Fenstersysteme; eine Wäscherei, die kein Abwasser mehr produziert; innovative Treppenkonstruktionen, die architektonisch anspruchsvolle Lösungen im Haus ermöglichen; konstruktive Verbesserungen und Neuentwicklungen von Musikinstrumenten; neue Lösungen im Bereich Gebäude-, Industrie- und Umweltautomation; neue Lösungen für die Energieeinsparung in Gebäuden; eine Anlage, mit der Hightech-Werkstoffe wie carbonfaserverstärkte Materialien noch stabiler und fester werden; Netzwerkinstallationen in Flughäfen. Es gibt unzählige Beispiele für innovatives Handwerk in Oberfranken.

Dies gilt auch international. Die Tontechnik für die Übertragung der Olympischen Spiele in Peking und Athen kam aus Oberfranken, ebenso wie NIKE für die Massenfertigung seiner neuen Sportschuhe Herstellungsverfahren und Maschinen aus Oberfranken einsetzt. Und Einrichtungen wie die Stanford University, die Carnegie Institution for Science in Washington und auch die Scott Base in der Antarktis setzen Chlorophyllfluoreszenz-Messgeräte aus Oberfranken

Zwei Global Player – oben: Vom Radio- und TV-Techniker hat sich die Salzbrenner Stagetech Media Group zum Weltmarktführer entwickelt und dabei sogar einen Grammy für die Perfektionierung der digitalen Tontechnik gewonnen. Rechts: Zinngießermeister Carolus Fischer, Geschäftsführer der Zinngießerei Sturm, stellt die Bayreuther „Eichala" her und exportiert diese Besonderheit weltweit, exklusiv.

ein. Stromleitungen werden weltweit mit Maschinen aus Oberfranken gebaut, ebenso wie Maschinen, die das Innere eines Vulkans simulieren können und für die Vulkanforschung eingesetzt werden. Und ohne die Maschinenbauer, Feinwerkmechaniker, Zerspannungstechniker und Werkzeugbauer aus dem Metallhandwerk als früher. In Oberfranken gibt es 300.000 Wohngebäude, die vom Handwerk in Schuss gehalten werden. Und über 60.000 Firmengebäude, Supermärkte, Rathäuser, Museen, Krankenhäuser, Schulen. Licht, Wärme, Komfort und Sicherheit bleiben wichtige Bedürfnisse der Gesellschaft und zentrale Tätigkeitsfelder des Handwerks.

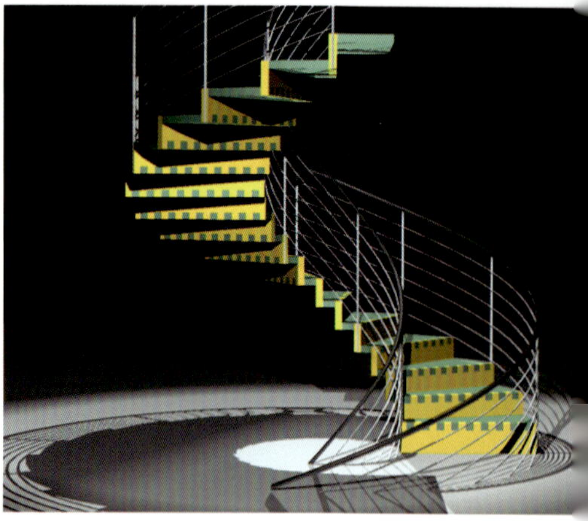

Zwischen Innovation und Tradition – links oben: Das Handwerk setzt die Energiewende um. Daneben: Die Firma „Gesslein Edelstahl Systeme", Kulmbach, hat in einer Zusammenarbeit mit Lanely & Heath Heizkörper vom Gebrauchsgegenstand zum Kunstwerk weiterentwickelt (s. Leucht-Objekte neben der Badewanne). Unten links: Das Handwerk trägt dazu bei, dass jahrhundertealte Denkmäler erhalten bleiben. Rechts: „Zeitform Möbeldesign" aus Mainleus fertigt innovative, so genannte „wangenlose" Treppensysteme, die in sich stabil sind und nur wenige Befestigungspunkte brauchen.

wäre der Industriestandort Deutschland nicht weltweit führend.

Das Handwerk ist anders, als viele denken – auch wenn die Handwerksberufe oft so heißen wie vor vielen hundert Jahren. Das Handwerk hat einen atemberaubenden Strukturwandel durchlaufen. Viele Lebensbereiche werden aber bis heute vom Handwerk versorgt, oft sogar noch mehr Man denke an die Energiewende, die ohne das Handwerk nicht realisierbar ist!

Manche Spitzenleistungen des Handwerks lassen sich inzwischen als touristische Sehenswürdigkeit oder museales Schauobjekt bewundern. Andere Berufe wiederum halten eine bis heute lebendige Tradition aufrecht. Über Jahrhunderte sichtbar ist die Geschichte des Handwerks einmal durch seine historischen Baustile und Formen wie das fränkische Fachwerk, aber auch mit den kulturellen Markenzeichen unserer Region. Den vielen Schlössern, Burgen und Kirchen. Dem Festspielhaus in Bayreuth, der Innenstadt von Bamberg, den prachtvollen und kunsthistorisch einmaligen Bauwerken wie der Veste oder dem Schloss

Links oben: Traummotorräder auf Wunsch – Die Firma „S&S Cycle" aus Zell stellt individuelle Maschinen auf Harley-Davidson-Basis her. Rechts: Neuartiger Wintergarten der Firma Baumann Wintergarten, Stockheim. Das Glas ist selbstreinigend und lässt sich komplett wegschieben, für einen fließenden Übergang zwischen innen und außen. Links: Der Künstler Claus Tittmann variiert Ur-Formen der Gestaltung auf hochästhetische Weise (Porträt auf Seite 228).

Ehrenburg in Coburg, der Kulmbacher Plassenburg und Schloss Weißenstein in Pommersfelden. Dem Theresienstein in Hof, dem „Gottesgarten" Obermain mit dem Kloster Banz und der Basilika Vierzehnheiligen, um nur einige Beispiele zu nennen. Das Handwerk hat diese nicht nur gebaut, sondern sorgt auch dafür, dass diese Bauwerke die nächsten Jahrhunderte erhalten bleiben.

Die Anforderungen an die Lage, Inneneinteilung und Grundstücksgröße der Handwerkshäuser prägten das Gesicht ganzer Stadtteile. Betriebe wie Bäcker, Fleischer, Hafner, Goldschmiede und Kürschner suchten zum Absatz ihrer Produkte eine besondere Nähe zu den städtischen Märkten. Wasserabhängige Handwerker wie Gerber und Müller siedelten entlang der Flüsse. Huf- und Wagenschmiede bevorzugten die städtischen Durchgangsstraßen. Auch die Stadtobrigkeit griff häufig reglementierend ein, insbesondere beim Nahrungsmittel erzeugenden Handwerk. Um die vorgeschriebenen Hygiene- und Qualitätsvorschriften zu überwachen, wurden z.B. Fleischbänke eingerichtet, auf denen Metzger die frisch geschlachteten und zerlegten Tiere verkauften. Brotbänke für die städtischen Bäcker ermöglichten eine bessere Kontrolle der Brotgewichte und des Warenangebotes.

Handwerker-Ehre

Schließlich entwickelten sich aus den Kontrollen der Zünfte auch Normierungen, die in der sprichwörtlichen Ehrbarkeit des Handwerks ihren Ausdruck fanden. Nicht zuletzt ist es diese Vorstellung der Handwerkerehre, die mit dem Berufsstand bis heute verbunden ist. Dafür stehen Tugenden wie Zuverlässigkeit, Vertrauen, Qualität, Sicherheit, Preiswürdigkeit und Werte wie Fleiß, Ehrlichkeit und Redlichkeit. Aus dem in der Gesamtregion vertretenen Töpferhandwerk entwickelten sich mit Thurnau (Hafnerwaren mit typischer Schlickermalerei), Creußen (Steinzeugherstellung) sowie Bayreuth (Fayenceherstellung) ab dem 16. und 18. Jahrhundert weithin ausstrahlende Zentren des Kunsthandwerks. Vor allem die aus hochwertigen Tonen bei ca. 1200 bis 1300°C gebrannten Creußener Krüge erlangten aufgrund ihrer Seltenheit, Schönheit und kunstvollen Herstellung Weltruhm. Neben einfarbigen Gebrauchsgefäßen wurden die berühmten Zierkrüge durch plastisch aufgelegte Dekore mit unterschiedlichen Motiven in feinsten Ausarbeitungen verziert und mit leuchtenden Emailfarben bemalt. Zu den berühmtesten Stücken, von denen eine herausragende Sammlung im Krügemuseum Creußen zu bewundern ist, zählen die nach ihren Verzierungen so genannten Apostelkrüge, die Kurfürstenkrüge mit dem Abbild des Kaisers und der sieben Kurfürsten oder auch die Planetenkrüge.

Oberfranken ist überaus reich an Spezialitäten. Im Bild „Braada Kung“, ein traditionsreiches Kuchengebäck aus dem Frankenwald. Mitte: Hochwertiges Kunsthandwerk aus der Gold- und Silberschmiede von Friedemann Haertl, Bamberg – Spaghettibesteck mit Espressolöffel.

Klassische Fertigkeiten für industrielle Produktion

Die Krüge wie die Bayreuther Fayencen waren so kostbar, dass sie kaum zum Trinken, sondern lediglich zu repräsentativen Zwecken benutzt wurden. Gleichwohl zeichnet sich auch bei den Gebrauchsobjekten eine für das oberfränkische Handwerk durchaus typische Entwicklung ab. Oftmals sind es klassische handwerkliche Fertigkeiten, die den Grundstock legen für spätere industrielle Produktionen. Das Geschirr für die täglichen Malzeiten stammt heute nur noch selten aus einer Manufaktur, sondern in der Regel aus einer Fabrik.

In vielen Branchen haben sich die produktiven Rahmenbedingungen aus unterschiedlichen Gründen deutlich verändert. Aber das Handwerk hat sich dem Wandel angepasst. So wurden z.B. Schmiede zu Kraftfahrzeugmechanikern, Wagner zu Karosseriebauern, Glasbläser zu Verfahrensmechanikern für Glastechnik, aus Webern Produktveredler für Textil. Andere Handwerke wie z.B. Steinmetze, Maurer und Schieferdecker, vor allem aber das oberfränkische Lebensmittelhandwerk konnten sich in ihrem traditionellen Rahmen weitgehend erhalten. Mehr noch: Sie entwickeln genau daraus innovative Impulse. Dies belegt nicht zuletzt die Erfolgsgeschichte der „Genussregion Oberfranken“. Der Zusammenschluss

Anzahl der Betriebe in Oberfranken nach Gewerbegruppen
16.188 Betriebe, Stand 1.4.2014, Quelle: Handwerkskammer Oberfranken.

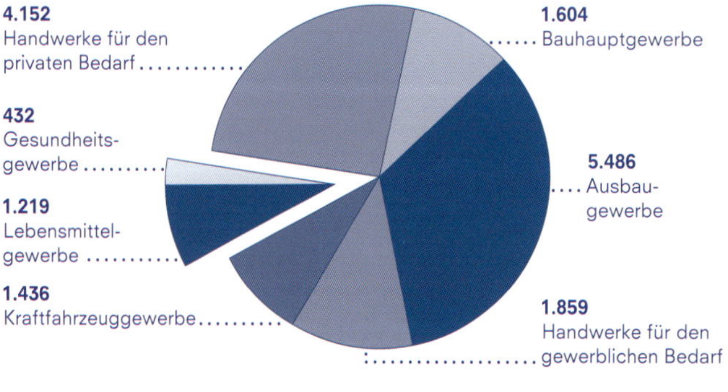

regionaler Spezialitätenerzeuger, institutioneller Vertreter und interessierter Bürger bewahrt mit der Vielfalt und Qualität der in der Region erzeugten Lebensmittel ein Stück oberfränkische Identität. Seither spricht man immer öfter über die positiven Leistungen des oberfränkischen Spezialitätenhandwerks, das der Region eine unvergleichliche Vielzahl von Köstlichkeiten beschert hat. Denn wie so oft: Wenn die Liebe durch den Magen geht, wird plötzlich eine Wertschätzung erzeugt, die es in dieser Form zuvor nicht gab. So trägt das Lebensmittelhandwerk in Oberfranken nicht

Links: Bei der Raumgestaltung ist das Maler- und Lackiererhandwerk aktiv. Unten: Replik eines Creußener Steinkrugs (Maisel's Brauereimuseum). Die formale und technische Qualität, wie sie in Creußen im 17./18. Jh. erreicht wurde, war in ihrer Art einmalig. Das Creußener Steinzeug wird wiederholt wegen seiner braunen Oberflächenfarbe hervorgehoben. Das Krügemuseum der Stadt zeigt die kostbarsten Exponate.

Auch bei den Bayreuther Fayencen handelt es sich um exquisites Kunsthandwerk (im Bild: Teeschale, Periode Knöller Fayencemanufaktur Bayreuth, 1728 – 1744). Der Braunton und der Goldrand sind eine weitere Bayreuther Besonderheit. Das im Bild dargestellte Objekt stammt aus der prächtigen Ausstellung im Neuen Schloss, Bayreuth (Ludwigstr. 21). Zusätzlich zeigt das Historische Museum Bayreuth (Kirchplatz 6) eine umfangreiche Sammlung mit 600 Exponaten.

unerheblich auch zu einer neuen Wahrnehmung der Region und des Handwerks insgesamt bei.

Es gibt noch viele Beispiele für lebendig gebliebene Traditionsbetriebe: den Musikinstrumentenbau etwa, der sich bis heute auf höchstem Niveau erhalten hat und mit einem Unternehmen wie der Klaviermanufaktur Steingraeber & Söhne oder die Werkstätten für historische Tasteninstrumente Neupert in Bamberg auch international in hohem Ansehen steht. Angesichts der enorm vielschichtigen, oft überraschenden, teils sogar gegenläufigen Entwicklungen in der Geschichte des Handwerks lässt sich indes folgende Erkenntnis festhalten: Die Fähigkeit, sich an die sich verändernden Märkte anzupassen, ist über die Jahrhunderte bis heute ein Indikator für die Wettbewerbsfähigkeit von Regionen geblieben.

Grundversorger bis Innovator

Dabei nimmt das Handwerk ein breites Spektrum an Funktionen ein: vom Grundversorger bis zum Innovator und Ideengeber der Märkte, als Technologieentwickler und Technologievermittler, als Garant für Qualität und Stabilität, als Vermittler von Kenntnissen und Kompetenzen und nicht zuletzt als Beschäftigungsmotor. Wie kein anderer Berufsstand steht Handwerk für gesellschaftliche Werte wie Beständigkeit, Ehrbarkeit, Gemeinsinn, aber auch für Innovation, Erneuerung und Fortschritt.

Links: Das Unternehmen „Kleylein Formen- und Maschinenbau", Marktrodach festigt den Ruf Oberfrankens im Maschinenbau. Auf Weltniveau spielt auch die Creußener Firma „ax-lightness", die aus carbonfaserverstärktem Kunststoff die leichtesten Fahrradsattel der Welt herstellt.

Sehenswertes Zinn

Die Hohenzollern sicherten sich im 13. und 14. Jahrhundert auf dem Erbweg Stadt und Herrschaft Bayreuth sowie die Herrschaft Plassenburg mit der Stadt Kulmbach. Das Adelsgeschlecht übte vor allem ab dem 15. Jahrhundert einen großen Einfluss auf die Entwicklung von Handwerk und Gewerbe aus. Die Expansion beruhte auf einer klugen Finanzpolitik und dem reichen Bergsegen der oberfränkischen Montanregionen. Große Bedeutung erlangte der Eisenerzabbau im Fichtelgebirge. Aufgrund des hohen Vorkommens an Zinnerz bildete sich das hochspezialisierte Handwerk des Blechzinnens heraus, bei dem Weißbleche zum Schutz vor Rost verzinnt wurden. Kunsthandwerkliche Zinnprodukte können Besucher des Deutschen Zinnfigurenmuseum in der Kulmbacher Plassenburg bewundern (im Bild: ein französischer Militärtrompeter aus der Zeit um 1806). Das Museum zeigt in 150 Schaukästen, sogenannten Dioramen, Szenen aus der Geschichte, von der Steinzeit bis zur Gegenwart. Hier befindet sich auch das größte Diorama der Welt. Mit 19.385 Figuren stellt es die Zerstörung Kulmbachs am Conraditag 1553 dar.

Die besondere Form

Kleine Gefäße und Schalen standen am Anfang von Johannes Starks Arbeit als selbstständiger Drechsler. Die klassische Form und die akkurate Verarbeitung entsprachen dem Bild einer gängigen Handwerksarbeit.

2005, als Stark bereits 30 Jahre geschreinert hatte, stand dem Handwerker jedoch der Sinn auf etwas ganz anderes. Nach und nach entstanden in seiner Manufaktur in Weidenberg Gefäße und Kugeln mit spannenden Oberflächen, mit wellenartigen Verformungen und Knitteroptik, Hölzer in herrlichen Farben und unregelmäßigen Tönen.

Spannende Natur

Spannend wie die Formgebung ist auch der Herstellungsprozess, eine „Gratwanderung", wie der Gestalter anmerkt. Die besondere Form entsteht durch das Trocknen der Hölzer. Wichtig dabei sei, die Wandstärke so dünn wie möglich zu drehen, ohne dass das Gefäß zerspringt. Ein paar Rückschläge musste der Drechsler anfangs in Kauf nehmen. Inzwischen aber hat sich seine Arbeit mehr als bewährt. 2008, 2010 und 2013 zeichnete die oberfränkische Handwerkskammer jeweils ein hervorragendes Objekt mit dem Designpreis aus.

Fast alle Hölzer aus der Region kommen infrage; gestocktes Birkenholz, Apfelstämme, Robinen, verwittertes Mooreichenholz, Holzscheiben aus dem Garten der Villa Wahnfried, Hölzer mit Wucherungen oder Ästen, die beim Trocknen bizarre Verformungen ergeben ... Jeder Kunde kann und soll gerne sein eigenes Holz vorbeibringen, um den Drechsler mit der Fertigung zu beauftragen. „Da ist eine viel größere Emotion dabei als bei einem nicht selbst erworbenen Stück", weiß Stark. Darüber hinaus bietet der Drechsler jedoch immer eine feine Auswahl in seiner Werkstatt an, darunter auch Holzschmuck.

Johannes Stark
Tannenstr. 13
95466 Weidenberg

Tel. 09278 / 7106

stark-joh@freenet.de

Termine nach telefonischer Vereinbarung

Bild links: Gefäß, Höhe ca. 70 cm, aus Lindenholz gefertigt. Der Baum mit den auffälligen Maserknollen stand in der Fränkischen Schweiz und wurde gefällt, weil er schon kernfaul war.

Unten: Schale aus dem Querschnitt eines Chinesischen Wacholders. Das Besondere sind die tiefen Einschnitte in der sonst runden Form eines Stammes.

Maßgerecht eingerichtet

Historisches Thurnau – Handwerksbetriebe prägen die bildhübsche Gemeinde am Rand der Fränkischen Schweiz. Industriebetriebe konnten sich kaum breit machen.
Die Spielbühlers sind seit rund 400 Jahren hier ansässig. Bis kurz nach 1945 haben die Ahnen in der Töpferbranche gearbeitet. 1953 wagte ein Familienmitglied jedoch einen Neuanfang und gründete im Ortskern eine Schreinerei.

Von einer Generation zur anderen: Heinz Spielbühler und Sohn Frank.

Moderne Innenarchitektur: schalldämmende Wandverkleidung und Schallschutzglastrennwände, mit raumhohen Türen unsichtbar befestigt.
Bild unten: Das Dachgeschoss einer Privatwohnung zeigt exemplarisch die Vorteile der individuellen Einrichtung.

Aus kleinsten Anfängen entwickelte sich der Betrieb zu einer guten Adresse für individuelle Fertigung, mit einem breiten Spektrum vom Einzelstück bis zu großen Fassaden. Möbeln der Schreinerei begegnet der aufmerksame Beobachter auch an einigen Orten, die in diesem Buch eine Rolle spielen.
Zu den Referenzen zählen insbesondere Museumseinrichtungen, zum Beispiel auf der Plassenburg, das Textilmuseum Helmbrechts, das Korbmuseum Lichtenfels, das Germanische Nationalmuseum Nürnberg, das Töpfermuseum Thurnau. In Bayreuth hat die Schreinerei unter anderem im Restaurant Eremitage und im Neuen Schloss Akzente gesetzt. In Thurnau nicht zuletzt auch in der Alten Fronveste, an der sich die Vielfältigkeit der Leistungen und die Erfahrung aus über 50 Jahren Bau zeigen: Von oben bis unten

Foyer des Rathauses Kulmbach – hier wurden unter anderem die Theke und die Windfangtür gefertigt und montiert.

wurde das ehemalige Gefängnis auf seine Ursprungsform zurückgeführt, Bausünden rückgängig gemacht, die Substanz wesentlich verbessert, moderne Ergänzungen behutsam integriert. Es mussten neue Fenster im historischen Stil, aber mit zeitgemäßem Schall- und Wärmeschutz eingebaut werden. Von den Stühlen über die Tische bis zu den Regalen gestaltete und fertigte das Team der Schreinerei die Möbel selbst.
Der Besucher des Weinlokals kann feststellen, wie gut das Interieur mit der schlichten Eleganz des Hauses harmoniert (zum Restaurant s. auch Seite 84).
Individuell, durchdacht und auf die Bedürfnisse der Kunden zugeschnitten sind jedoch alle Projekte der Schreinerei Spielbühler. Die Geschäftsführung und zentrale Aufgaben der Planung und Entwicklung teilt sich der Inhaber Heinz Spielbühler mit seinem Bruder Gerhard und seinem Sohn Frank. 12 Mitarbeiter unterstützen das Team, Tochter Sabrina, Diplom-Ingenieurin der Fachrichtung Innenarchitektur, berät bei Fragen rund um eine stimmige Raumgestaltung.

Das Ambiente zählt

Die Schreinerei kann den gesamten Bereich des Innenausbaus abdecken. Neben Holz kommen auch Stahl, Glas und neue Materialien zum Einsatz. Für die Fertigung steht ein supermoderner Maschinenpark mit CAD-Programmen zur Verfügung (CAD = Computer Aided Design). „Für die letzten Feinarbeiten, den Feinschliff muss man jedoch immer noch Hand anlegen", so Heinz Spielbühler.
Ob im öffentlichen oder privaten Bereich – die Innenausstattung ist immer die Visitenkarte des Hauses und des Hausherrn. Ob im Neubau oder im sanierten Altbau: Gemeinsam ist den Projekten, dass sie ein wohltuendes, auf die Umgebung und die Menschen abgestimmtes Ambiente schaffen. Die individuelle Fertigung ermöglicht eine intelligente Gestaltung, die mit Standardmöbeln oft nicht umsetzbar ist. „Individuelles ist von der Qualität besser, passt besser zum Raum, zum Menschen, und wenn es gut gemacht ist, sieht es auch besser aus", lautet Heinz Spielbühlers Erfahrung. Nach über 50 Jahren in seinem Metier weiß er, wovon er spricht.

Schreinerei Spielbühler
Limmersdorfer Str. 2
95349 Thurnau

Tel. 09228 / 332
www.spielbuehler.de
info@spielbuehler.de

Öffnungszeiten Büro:
Montag bis
Donnerstag 8 – 12 Uhr

„Individuelles ist von der Qualität besser, passt besser zum Raum, zum Menschen."

– Heinz Spielbühler

Vorgehängte Glasfassade bei einem Privathaus in Thurnau. Je nach Lichtverhältnissen und Standpunkt ändert sich durch die spiegelnde Fläche die Farbe des Hauses.

Erfrischende Baukultur

Überzeugende Architektur beginnt mit einem Konzept, ob beim Einzelhaus oder bei größeren Wohneinheiten, im intelligent und ästhetisch gestalteten Neubau oder im gekonnt renovierten Altbau. Entsprechend breit ist das Spektrum von „Artus Immobilien". Die Vermittlung von Häusern und Wohnungen ist nur ein Teil der Leistungen.

artus Immobilien
Wölfelstr. 3-5
95444 Bayreuth

Tel. 0921 / 23058050
www.
artus-immobilien.de
info@
artus-immobilien.de

Bürozeiten:
Montag – Freitag
9 – 18 Uhr
Samstag 9 – 13 Uhr

Wohlfühlen fängt im eigenen Büro an. Im Bild rechte Seite das Artus-Team (v.l.): Laura Langhoff, Paola Zieher, Birgit Pröhl.

Von der in Gründung befindlichen „Artus Bau" sind spannende Projekte zu erwarten: „Artus soll an außergewöhnlichen Standorten Architektur mit außergewöhnlicher Ausstattung liefern."

Highlights und Akzente setzen

So lautet der Anspruch der Hauptgesellschafter, Jeff Maisel und Thomas Wenk, die mit baulichen Highlights Akzente in der Stadt setzen wollen. Ein leidenschaftlicher Brauer mit Immobilienbesitz und Hang zum Schönen sowie ein erfolgreicher Gastronom mit einem Faible für Architektur und Jahrzehnte langer Erfahrung im Ausbau von Objekten – in dieser Verbindung wollen die beiden Unternehmer ihre Ideen umsetzen und haben im Gründungsjahr 2013 bereits ein erstes kleines Projekt realisiert: In der Bayreuther Innenstadt entstand das Büro von „Artus Immobilien" – eine Visitienkarte des Unternehmens abseits der üblichen Konventionen, kompromisslos modern, aber mit sinnlicher Qualität – und

mit Paola Zieher, einer erfahrenen Immobilienexpertin als Geschäftsführerin.
Ein erstes Leuchtturm-Projekt befindet sich 2014 noch in Planung. Nach den Entwürfen der Würzburger Architekten hofmann keicher ring, die mit dem Weingut am Stein ein überregional beachtetes, mehrfach ausgezeichnetes Bauwerk schufen, entsteht in der Alten Mälzerei der Brauerei Maisel ein ungewöhnliches Brauhaus: offen und transparent, ein Abbild fränkischer Bau- und Braukultur. Das aus der Jahrhundertwende stammende Backsteingebäude wird um einen Glaskubus erweitert, eine Holzterrasse sorgt für einen reizvollen Kontrast im außergewöhnlichen Mix aus Alt und Neu. Mittelpunkt des Brauhauses ist ein kleines Sudhaus, in dem live gebraut wird, wo man dem Braumeister über die Schulter schauen kann und in der angrenzenden Gastronomie viele verschiedene Spezialitäten verkosten kann. Darüber soll ein multifunktionaler Veranstaltungsraum entstehen. Der Zugang zum Erdgeschoss ist unter anderem vom Mistelbach aus möglich, über den nach der Fertigstellung eine kleine Brücke führt. Die Eröffnung des Brauhauses ist für Ende 2015 geplant.

Das geplante Brauhaus vor der alten Abfüllerei der Maisel-Bräu wertet einen ehemals nicht sehr ansehnlichen Bereich mit einer neuen Attraktion auf. Die Besucher können Spezialbiere testen und erleben, wie gebraut wird.

Mit Blick auf das historische Maisel-Gebäude erklärt Wenk eine Besonderheit von „Artus“: „Anders als die meisten Immobiliengesellschaften wollen wir nicht einfach planen, bauen und verkaufen, sondern Objekte auch langfristig halten und vermieten.“ Denn neben dem Brauhaus steckt in der 5.000 Quadratmeter großen „Alte Mälzerei“ noch genügend Raum und Potenzial für andere Nutzungen, für die die Konzepte noch ungeschrieben sind.
Aber eines ist schon klar: Grundlegender Bestandteil der „Artus“-Architektur wird immer der ansprechende Innenausbau sein: hochwertige Materialien, aufregende Architektur, schonender Umgang mit dem erhaltenswertem Erbe.
Auch im privaten Wohnbereich wartet „Artus“ mit anspruchsvollen Konzepten auf. Konkret bedeutet das: „Lieber mehr investieren, Schwachstellen vermeiden und dafür bleibende Werte schaffen: erfrischende Architektur, komfortable Räume mit großen offenen Wohnbereichen, womöglich auch offene Küchen, ausgefallene Bäder, kurzum: Schönes, was den Menschen, die darin wohnen und arbeiten, gut tut.“ Den Anfang soll ein Ensemble von vier neu zu bauenden Häusern hinter der Bayreuther Stadtkirche machen.

Von marodem Charme zu neuem Glanz

„Ein altes Haus zu renovieren, bereitet viel mehr Freude, als ein neues zu bauen, und kostet kaum das Doppelte“, weiß der Volksmund. Das Durchhalten lohnt sich.

von Inge Eggers

Die Bauernhäuser in der Umgebung von Bayreuth kommen einfach daher. Ihr Charakter spiegelt das fränkische Erbrecht wider: Ein Hof wurde nicht dem Erstgeborenen übergeben, sondern auf alle Söhne aufgeteilt. Die damit verbundene Parzellierung brachte kleine, jedoch feine Bauernhäuser hervor. Alle nach dem gleichen Grundmuster erbaut, ausgewogen das Verhältnis zwischen Mauerwerk und Fenster, formschön das Dach, manchmal liebevoll mit kleinen Schätzen ausgestattet.

Aber auch in Oberfranken machte das Bauernsterben nicht halt, so dass viele Bauernhäuser keine Nutzung mehr hatten, leer standen, verfielen. Die Besitzer aber hatten nicht die nötigen Mittel, marodes Mauerwerk zu sanieren, renovieren und technisch auf den neusten (oder wenigstens einen neueren) Stand zu bringen.

Ein Blick für Charme und Schönheit

Manche Häuser haben Glück, unter Denkmalschutz gestellt worden zu sein, denn in den letzten Jahrzehnten des 20. Jahrhunderts begann in vielen Köpfen ein Umdenkprozess. Man erkannte die städtebaulichen Fehler der 60er und 70er Jahre und entwickelte wieder einen Blick für die schlichte Schönheit, den Charme und die ehrliche Ausstrahlung der fränkischen Bauernhäuser, oft verbunden mit einer Wertschätzung der zauberhaften Lage.

Für den zum Teil maroden Charme habe ich einen besonderen Blick entwickelt. 2002 erlag ich bereits zum dritten Mal einer Immobilienanzeige. Angeboten wurde ein renovierungsbedürftiges Bauernhaus in Birk. Zwei Häuser hatte ich zuvor schon vor dem Verfall gerettet, mit viel Engagement, hunderten von Stunden eigener Arbeitsleistung, verbunden mit nicht unerheblichen finanziellen Investitionen. Es war

Das Bauernhaus in Birk: Das Frackdach ist dicht, der Herd geschürt, der ehemalige Stall lädt zum Verweilen ein.

erst fünf Jahre her, dass ich mir geschworen hatte – nie mehr! Aber ich dachte mir: Ansehen kostet nichts, neugierig bin ich sowieso, und das Haus liegt nur zwölf Kilometer von Bayreuth entfernt.

Ich fand ein erbärmliches Gebäude mitten auf dem Dorfplatz. Von außen war es in einem bedauernswerten Zustand, der vom Inneren nur noch übertroffen werden konnte, und so war es auch. Wasser war von oben und unten eingedrungen. Es war auch nicht aufwendig wie die etwas herrschaftlicheren Bauernhäuser der Region aus Sandstein, sondern aus Bruch-

Mit Herzblut für Fachwerk und Sandstein

Der Verein „Rettet die Fachwerk- und Sandsteinhäuser! e.V." (Vorsitzende: Brigitte Trausch) hat eine Liste der vom Verfall bedrohten Bauernhäuser aufgestellt. Diese Häuser warten – manchmal noch geduldig, manchmal schon schwer ächzend – auf Sanierung, darunter auch sogenannte „Fensterschürzenhäuser", die es nur in der Bayreuther und Kulmbacher Region gibt, sonst nirgendwo in Deutschland.
Inge Eggers hat sich nun wieder geschworen, selbst endgültig die Finger davon zu lassen.
Wer's glaubt...

Fensterschürzen aus Sandstein, eine Besonderheit der Bayreuther Gegend.

steinen erbaut, aber es hatte ein hübsches Fachwerk und die typische Aufteilung, die alle original erhaltenen Bauernhäuser der Region aufweisen: Es ist ein eingiebeliges Steilgiebelhaus und beherbergte neben dem Menschen auch dessen wertvollsten Besitz, das Vieh.

Die Gabe, nur das Schöne zu sehen

Aufgeteilt ist es in eine Stube, meist auf der rechten Seite des Eingangs, dahinter liegt eine Schlafkammer, links der Stall. Der Flur mündet in eine offene Küche, genannt die Schwarze Küche. Neben dem Herd gibt es auch noch den Bottich, in dem die Kartoffeln für die Schweine gekocht wurden. Im Dachboden, auf den man über eine Treppe gleich neben dem Eingang gelangt, findet sich noch eine Kammer, ansonsten diente die Fläche dazu, Getreide für den Eigenbedarf zu lagern.
In genau so einem Bauernhaus fand ich mich also in Birk wieder, und es kam, wie es kommen musste. Meine Gabe, nur das

Luftdurchflutete Räume und schnörkellose Sanierung betonen die Schönheit in all ihrer Einfachheit.

Schöne zu sehen und alles andere auszublenden, hatte wieder einmal gesiegt. Mein inneres Auge war sofort mit der Einrichtung beschäftigt und innerhalb einer Woche war das Haus gekauft. Als erstes musste entmüllt werden. Beginnend mit Jahrzehnte, wenn nicht Jahrhunderte altem Müll vom Dachboden bis hin zur Entfernung des Fußbodens, denn kaum eine Diele war mehr zu gebrauchen. Beim Ausschaufeln der blanken Erde unter den Dielen, stieß ich, eine leidenschaftliche Laien-Restauratorin, dann auf alte Fundamente, die neu hochgezogen werden sollten, um einem zwischenzeitlich praktisch in der Luft hängendem Überbau den nötigen Halt und dem ganzen Haus die richtige Symmetrie zu verleihen.

Mitten im Dorf gelegen, wurden alle Baufortschritte zwar skeptisch, aber durchaus aufmerksam verfolgt. „Wenn des Haus fertig ist, ist die Fraa a fertig", klärte die Nachbarin einen Motorradfahrer auf, der sich die Bruchbude durch die Fenster anschaute. Sie konnte ja nicht wissen, dass er der Bruder der glücklichen Hausbesitzerin ist. Und der staunte auch nicht schlecht bei dem Anblick, der sich ihm bot: mitten im Haus ein kleiner See, ringsherum Schlammwüste. Die groben Arbeiten am Anfang sind die zermürbendsten, zumal in den ersten Monaten wirklich nicht abzusehen war, ob das Haus zu retten ist oder durch die komplette Ausschaufelung zusammenstürzen würde.

Ohne Rückschläge geht es nicht

Aber: Haus und Besitzerin waren zäh genug, dies zusammen durchzustehen. Einziger kleiner Rückschlag: Beim Abbau des alten Dachstuhles ging es mein Sohn mit ein wenig zu viel Elan an, er übersah eine Verankerung und riss mit einem Dachbalken zugleich den halben Nordgiebel ab. Zum Glück blieb der Rest bestehen. Nach den groben Vorarbeiten ging es dann an den Feinschliff. Hier sind die Tugenden Geduld und Ausdauer gefragt. Die alten Fensterrahmen sowie die Holzdecken mussten von vielen verschiedenen Farbschichten befreit werden, „neuer" alter Dielenboden beschafft und eingebracht werden. Dazu braucht es neben der Leidenschaft auch ganz viel Durchhaltevermögen. Normalerweise braucht man für das Schleifen eines Fensterrahmens zwei Stunden, hier habe ich acht Stunden gebraucht. Und das Haus hat 22 Fenster! Da dran zu bleiben war hart, aber nach jedem Stückchen, das ich wieder weitergekommen bin, bin ich stolz und erfüllt nach Hause gefahren. Irgendwann war dann endlich auch mal eine Toilette im Haus, das war dann schon Luxus pur.

Luftige Raumaufteilung

Ich habe durchgehalten. Das alte Bauernhaus in Birk erstrahlt in neuem Glanz und bedankt sich mit einer besonderen Wohlfühlatmosphäre. Außen wurde die renovierte Fassade behalten, aber innen hat durchaus auch Modernes seinen Platz gefunden. Die Raumaufteilung ist luftiger, mehrere kleine Räume wurden zu einer Wohnküche, der relativ große Stall ist ein sonnendurchflutetes Wohnzimmer, der steinerne Schweinetrog in die Einrichtung integriert. Als Stilelement werden einerseits dunkle Stützbalken hervorgehoben, direkt neben topmodernem Mobiliar. Gleichzeitig wird die gewölbte ehemalige Stalldecke außergewöhnlich und technisch ausgeklügelt beleuchtet. In der Wohnküche verträgt sich der gusseiserne Emaille-Ofen bestens mit allerlei elektrischen Küchenhelfern, und im Bad sorgt neben der üblichen chromblitzenden Ausstattung ein altes Schränkchen mit Wasch-Schüssel und Kanne für heimeliges Wohlgefühl. Das glückliche Händchen, das ich bei der Renovierung bewies wurde auch belohnt, für das Haus in Birk erhielt ich 2007 den Denkmalpreis der Oberfrankenstiftung.

Museum Hummelstube
Bayreuther Str. 42
95503 Hummeltal

Tel. 09201 / 9186235
www.hummelstube.de
info@hummelstube.de

Öffnungszeiten:
Mittwoch und Sonntag
14 – 17 Uhr

Führungen nach Vereinbarung

Bunte bäuerliche Geschichte

Was andere wegwarfen, hat Annemarie Leutzsch, Mundartdichterin und überregional bekannt als die „Rettl aus dem Hummelgau“, aufbewahrt. Bereits in den 1960er Jahren öffnete sie deshalb ihre Hummelstube im ehemaligen Stall des Wohnhauses ihrer Großeltern, nachdem immer mehr Menschen Interesse an der Sammlung bekundet hatten.

Der Großteil der Gegenstände stammt aus dem Haushalt ihrer Groß- und Urgroßeltern, ergänzt durch Schenkungen von Nachbarn und Bekannten. Aus dieser umfangreichen Privatsammlung ist das heutige Museum Hummelstube entstanden. Nach dem Umzug in ein renoviertes Sandsteinhaus ist es in Hummeltal, Ortsteil Pittersdorf, nur wenige Kilometer südwestlich von Bayreuth zu finden.

Regionaltypisch, historisch und einzigartig

Das Zeckenhaus, so der Hofname des alten Wohnstallhauses aus dem Jahre 1846, führt den Besucher in das vorwiegend bäuerlich geprägte Leben im Hummelgau des 19. und der ersten Hälfte des 20. Jahrhunderts. Das Inventar, bestehend aus regionaltypischen ochsenblutroten Bauernmöbeln, historischer Kleidung, Hausrat aller Art sowie Fotografien und Urkunden, weckt vor allem bei älteren Besuchern Erinnerungen an einen beschwerlichen Alltag ohne moderne Hilfsmittel. Viele der Exponate, wie z.B. die mit viel handarbeitlichem Geschick hergestellte Brautkrone als Teil der Hummelgauer Frauentracht oder Teile der Männertracht, sind die einzig erhaltenen ihrer Art. Für Kinder ist es ein Erlebnis, zu erfahren, warum nachts die Engelchen auf dem Tisch tanzen oder was die Schere unter dem Butterfass zu suchen hat.

Ein Höhepunkt für Jung und Alt ist ein ehemaliger Tante-Emma-Laden aus dem Nachbardorf Gesees, der von 1863 bis 1984, zuletzt von den Cousinen von Frau Leutzsch, betrieben wurde. Bemerkenswert sind dabei das breit und bunt gefächerte Angebot, die vielen Originalgegenstände und -verpackungen sowie die außergewöhnliche Kasse. Von Salz, Zucker, Reis über Kaffee, Tabak und Gewürzen bis hin zu Schreibwaren, feinen Stoffen und sogar Branntwein gab es dort das zu kaufen, was die Hummelbauern nicht selbst anbauen oder herstellen konnten.

Aus vergangener Zeit, für morgen bewahrt

Sieben Mühlen zählte der etwa sieben Kilometer lange Bachlauf zwischen Wonsees und Kainach bei Hollfeld einstmals. Aber wie so viele Mühlen in der Fränkischen Schweiz wurden die meisten auch hier in der zweiten Hälfte des vergangenen Jahrhunderts stillgelegt und dem Verfall preisgegeben. Die alte Marktmühle in Wonsees, im südlichsten Eck des Landkreises Kulmbach, ist ein seltenes und heute außergewöhnlich gepflegtes Exemplar, das dem Mühlensterben Stand gehalten hat.

Marktmühle Wonsees und Café Mühle
Taubmannstr. 1
96197 Wonsees

Öffnungszeiten Café Mühle:
In den warmen Monaten von April/Mai bis Ende September
Samstag und Sonntag 14 – 18 Uhr

Besichtigung der Mühle:
Pfingstmontag (Mühlentag) sowie nach Vereinbarung

Das alte Mühlrad dreht sich wieder. Es wurde wie die gesamte Mühle mit viel Verstand und Herz saniert.

Zum einen hat Müllermeister Michael Schoberth hier noch bis Ende der 1970er Jahre gutes Mehl gemahlen. Zum anderen kam 1984 mit dem Tragwerksplaner Andreas Mätzold, aus dem Erzgebirge stammend, der richtige Mann in den Ort, um die schützenswerte, über 250 Jahre alte Anlage zu bewahren. Mätzold hatte bereits in den 1970er Jahren etliche Mühlen besichtigt, fotografiert und untersucht. Ein Kontakt zu einer Hamburger Journalistin, den er zu Zeiten des Kalten Krieges knüpfte, brachte ihm sogar eine gesonderte Akte bei der Stasi ein, wie sich später herausstellte. Zunächst aber war es nicht die Mühle, die ihn nach seiner Ausreise aus der DDR gefangen nahm, sondern vielmehr die herrliche Landschaft bei Wonsees mit ihren Wacholderhängen, durch die im Sommer die Schafherden ziehen. Erst über ein Jahrzehnt später, bei dringend notwendigen Dachreparaturen an der maroden Mühle, wurde sein Interesse am Kauf des Gebäudes geweckt. Zwischen 2003 und 2010 erfolgte die Sanierung.
Sieben Jahre Sanierung – das bedeutet in diesem besonderen Fall, dass neben der Kenntnis alter Handwerkstechniken auch

Stimmiges Klima im Raum und vor der Mühle. Andreas Mätzold (rechts) hat die Mühle geöffnet für Musik, Theater und Café.

der Wille, sich nicht unterkriegen zu lassen, eine wichtige Rolle spielte. Andreas Mätzold brachte – als Sohn einer Handwerkerfamilie, gelernter Restaurator, Ingenieur und Bürger, der einem totalitären System entkommen war – alles mit.

Kein Zement, kein Kunststoff, kein Lack

Bei den Planungen und Arbeiten folgte er dem Grundsatz, so viel wie möglich vom Originalzustand zu erhalten bzw. wiederherzustellen – eine Leistung, für die die Familie Mätzold den Denkmalpreis der Hypo Kulturstiftung erhielt. Im ganzen Gebäude gibt es keinen Zement und keine Kunststoffe. Statt dessen Wände aus Lehm und Kalk. Dass dies nicht nostalgische Gründe hatte, sondern dem Raumklima äußerst positiv zugute kommt, spürt man unmittelbar.
Die Mühle, in der der Bauherr selbst lebt, ist auf vorherige Anfrage zugänglich. Auch Besucher, die

Mandarinen-Sahne-Rolle

von Silke Blum, Café Mühle, Wonsees

Zutaten für ca. 12 Stücke

Biskuitmasse

4 Eier
75 g feinster Zucker
1 Packung Vanillezucker
1 Prise Salz
120 g Mehl
2 TL Backpulver
4 EL lauwarmes Wasser

Füllung

Mandarinen (2-3 sauber geschälte Mandarinen oder Inhalt einer Dose)
200 g Sahne
1 Packung Vanillezucker
Aprikosenmarmelade

Eier trennen, Eiweiß steif schlagen. Eigelb, warmes Wasser sowie Zucker schaumig rühren. Mehl portionsweise darübersieben und mit Schneebesen locker unterheben.
Masse auf ein mit Backpapier ausgelegtes Backblech geben, verstreichen. Im vorgeheizten Ofen (ca. 170 Grad, Mitte) 8 bis 10 Minuten backen. Blech aus dem Ofen nehmen, Biskuit auf einem gut mit Puderzucker bestäubten Bogen Backpapier stürzen, oberes Papier abziehen. Mit dem unteren Papier aufrollen. Mit einem angefeuchteten Küchentuch bedeckt auskühlen.
Mandarinen abtropfen lassen. Sahne mit Vanillezucker steif schlagen. Biskuitplatte entrollen, mit Marmelade bestreichen. Eine Handvoll übrig lassen zum Verzieren. 2/3 der Sahne daraufstreichen und wieder aufrollen. Die restliche Sahne auf die Rolle streichen. Ca. 3 Stunden kaltstellen. Mit Puderzucker bestreuen und servieren.

Die Kunstmühle mit der kompletten Mühleneinrichtung aus dem 19. Jahrhundert wird vom Wasser der Schwalbach angetrieben und ist ein überregional bedeutendes Denkmal. Das Fachwerknebengebäude stammt ebenfalls aus dem 19. Jahrhundert und beherbergt im Erdgeschoss das Café.

spontan vorbei kommen, können klingeln und sind grundsätzlich willkommen. Das über vier Geschosse laufende Mühlwerk ist ein überregional bedeutendes, technisches Zeugnis, eine Kunstmühle mit Walzenstühlen. Am Deutschen Mühlentag, dem Pfingstmontag, führt Andreas Mätzold Gäste regelmäßig durch die Mühle.

Raum für eine Bühne und ein Café

In dem lang gestreckten Bau nebenan hat der Hausherr Räume für eine Bühne und ein Café geschaffen, ohne kommerzielle Absicht. Drei- bis viermal im Jahr ist im Obergeschoss der Fränkische Theatersommer zu Gast. Zudem öffnet in den warmen Monaten das „Café Mühle". Betreiberin Silke Blum hat die Einrichtung einschließlich Spitzendecken und altem Geschirr dem ländlichen Ambiente angepasst. Die Kuchen und Torten stellt sie an den offenen Wochenenden selbst her. Wanderer sollten sich die Adresse vormerken. Der Jean Paul Weg führt auch an dieser individuellen Adresse vorbei.

Wasabi-Erbsen-Püree mit Shrimps und Ingwer

von Julia Grommes, Snack-Beraterin

„Ich liebe kochen, die Farben, die köstlichen Düfte und natürlich die glücklichen Gesichter beim Essen. Für meine Kunden, egal ob bei Schulungen in Firmen oder bei Kochkursen in meiner Ideen-Küche, müssen die Rezepte funktionieren, leicht umsetzbar sein und natürlich schmecken."
–Julia Grommes

Lauch in Ringe schneiden und in Erdnuss-/Sesamöl glasig anbraten, mit Kokosmilch oder Sahne aufgießen und 5 Minuten köcheln lassen. Erbsen dazugeben und weitere 10 Minuten köcheln. Angerührte Wasabipaste zugeben und alles fein mixen, evtl. mit Salz nachwürzen. Mit dem Soßentrichter gleichmäßig auf den Tellern verteilen.
Shrimps säubern und marinieren (Sesamöl, Sojasoße, Korianderpaste, Ingwer, Knoblauch), mit Limettensaft beträufeln und zusammen mit den Sud in einer Pfanne ziehen lassen. Auf dem Erbsenpüree anrichten und mit Sprossen, Kresse und Koriander garnieren.

Zutaten für 12 Personen
1 Stange Lauch
400 ml Kokosmilch/Sahne
750 g tiefgekühlte Erbsen
6 TL Wasabi angerührt (nach Bedarf)
Salz (Zitronensalz)
12 Shrimps
1 cm Ingwer in feine Würfel geschnitten
Sesamöl
Kresse oder Sprossen

Wohngenuss für alle

Räume zum Leben – zugeschnitten auf die Menschen, die darin wohnen, komfortabel, funktional und ästhetisch ansprechend, langlebig …
Wer wünscht sich das nicht?
Susanne Pfändner und ihr Mann Udo Werner setzen sich Tag für Tag mit individuellen Anforderungen an Wohn- und Arbeitsräume auseinander.

Image Design Raumkonzepte
Opernstr. 9
95444 Bayreuth

Tel. 0921 / 65049

www.image-wohndesign.de
susanne.pfaendner@image-wohndesign.de

Öffnungszeiten:
Montag bis Freitag
10 – 18 Uhr
Samstag 10 – 14 Uhr
Showroom nach Vereinbarung

Architekturbüro Udo Werner
Hohenzollernring 27a
95444 Bayreuth

Tel. 0921 / 1510310
www.arch-awp.de
uw@arch-buero-werner.de

Mal möchten ihre Kunden die eigenen vier Wände gemütlich und bunt, mal ruhig und lieber dezent. Vom Studenten, der eine schicke Schreibtischlampe braucht, über das Ehepaar, das sich neu einrichten will, bis zum Bauherrn, der ein schlüsselfertiges Haus bestellt, können die Designerin und der Architekt entsprechende Wünsche erfüllen. Gerade auch mit individuellen Lösungen, die ein Möbelhaus nicht bieten kann. Vielfältiger und oft persönlicher als andere.

1996 eröffnete Susanne Pfändner ihr eigenes Geschäft, „Image Design" in der Opernstraße. Was von außen wie ein Verkaufsraum aussieht, in dem Accessoires und Geschenke angeboten werden, ist eine gute Anlaufstelle, um das geschmackvolle Portfolio der Designerin kennenzulernen. Dazu gehört der Verkauf kleiner schöner Dinge ebenso wie die Beratung und Planung für die komplette Innenausstattung. Susanne Pfändner arbeitet mit Spezialisten sämtlicher Gewerke zusammen

Loft in der Hohenzollernstraße (linke Seite): ein Ort zum Wohnen und Arbeiten, Mittelpunkt geselligen Beisammenseins und „Bühne" für Events, u.a. für gemeinsame Kochabende.

und hat kurze Wege zum Architekten ihrer Wahl, Udo Werner. Beide sind seit Anfang der 1990er Jahre im Geschäft und haben sich mit einer Loft am Hohenzollernring selbst ihren gemeinsamen Wohn- und Arbeitstraum erfüllt.

Architektur nach menschengerechten Maßstäben

Der zurückgesetzt liegende Klinkerbau bestand vor der Sanierung aus gerade einmal vier Außenwänden, ohne Strom, Wasser, Rohputz – beinahe optimale Voraussetzungen, um eine Architektur nach menschengerechten Maßstäben zu entwerfen. Bei dem Gebäude handelt es sich um eine ehemalige Lagerhalle, nur vier Meter breit, aber mit hohen Wänden. Die Gestalter ließen die Räume lang, unterteilten sie nicht und statteten sie mit flachem Mobiliar aus, damit der hohe Raum schön wirken kann. So stört es nicht, dass das Haus nur vier Meter breit ist. Im Gegenteil: Es hat eine coole, sinnliche Qualität.
Nicht nur für Architekturinteressierte ist das Loft spannend – so wie viele Projekte von Susanne Pfändner und Udo Werner. Das Haus wird für eingeladene Kunden regelmäßig bespielt: außen mit Events und Ausstellungen für Gartenmöbel. Innen mit Kochabenden, bei denen die offene Küche im Erdgeschoss beziehungsweise der dritte Stock mitsamt der Dachterrasse genutzt wird.

Ein Showroom zum Kaufen

Das Erdgeschoss dient zugleich auch als Showroom, um den Kunden verschiedene Einrichtungssituationen demonstrieren zu können. Die Möbel wechseln (bis auf die Küche) halbjährlich bis jährlich und können als Ausstellungstücke erworben werden. Susanne Pfändner arbeitet bevorzugt mit hochwertigen Raumausstattern wie Poro, Casa Milano und Living Divani, kann als neutrale Händlerin darüber hinaus aber auf zig weitere Hersteller zurückgreifen, immer mit dem gesamten Spektrum der Innenarchitektur. Da sie nur so von Ideen sprudelt, bekommt man eine Fülle von Anregungen.

Der Laden von Image Design in der Opernstraße dient als Anlaufstelle für die Dienstleistungen von Susanne Pfändner und ihrem Mann Udo Werner (Bilder diese Seite).

Tragwerk ist unter anderem auch Werkstatt und Galerie.
Unten: Schmuck von (v. l.) Melanie Nützel, Bernhard Simon, Aliki Apoussidou, Dorit Schubert.

Galerie tragbarer Kunst

München. Hamburg. Leipzig. Berlin – Bayreuth. Ja, Bayreuth. Ein Hauch von Großstadt auf engstem Raum. Komprimiert auf einen Namen, auf einen Standpunkt: Tragwerk – Melanie Nützel, Goldschmiedin und Diplom-Designerin. Sie ist der kreative Kopf und die schaffende Hand hinter einem Projekt, das auch im Münchner Glockenbach-Viertel daheim sein könnte.

Das Tragwerk in der Sophienstraße ist Galerie, Werkstatt, Teil eines Netzwerks und Ausstellungsort nationaler und internationaler Künstler. Melanie Nützel nennt sie Macher – angewandte Künstler wie sie, die Tragbares schaffen. Ausgefallenen Schmuck, Unikate und Kleinstserien. Erheiterndes, Sinnliches, Schmuck, der Freude bereitet. „Sachen, die den Mainstream durchbrechen", sagt Melanie Nützel.

Machen und planen

Melanie Nützel, Jahrgang 1975, hat selbst den Mainstream durchbrochen. Denn nach einigen Semestern Innenarchitektur war ihr klar, dass sie mehr möchte „als einen kreativen Bürojob. Ich wollte eine Idee von A bis Z umsetzen." Nicht erst planen, dann machen, sondern auch mal umgekehrt, denn: „Ideen passieren durch Kontakt mit dem Material." Sie machte eine Goldschmiede-Lehre, studierte Metallgestaltung in Hildesheim und machte ihr Diplom im Bereich Schmuck und Objekt. Seit 2007 ist sie freischaffende Künstlerin. Auf Messen und Ausstellungen agiert sie mit Künstlern in ganz Europa. So entsteht das Netzwerk aus derzeit 30 bis 35 teilweise hochkarätig ausgezeichneten Künstlern und Designern.

In ihrer Galerie Tragwerk, die es seit 2010 gibt, zeigt Melanie Nützel Schmuck, in wechselnden Ausstellungen verschiedenste Gestalter, aber auch ihre eigenen Werke – die wiederum in mehreren anderen Galerien in Berlin, München, Wien, Dortmund, Wiesbaden, Sofia, Lissabon, etc. präsentiert werden.
Auf die Frage, welches Material sie bevorzugt, sagt sie: „Alles. Im Moment habe ich mich auf das Pulverbeschichten von Stahl spezialisiert, kombiniert mit Silber. Vieles, was ich mache, entsteht im Experiment. Ich will mich selber bei der Arbeit überraschen lassen, mit den Möglichkeiten spielen." Der Laden selbst ist Objekt: Nahezu jedes Möbelstück ist selbst entworfen, zum Teil auch selbst gemacht. „Nur geschweißt habe ich nicht", sagt Melanie Nützel. „Aber zugeschnitten und geflext." In ihren Arbeiten lässt sich Melanie Nützel oft von der Natur inspirieren: „Die Käfer-Serie, beispielsweise, ist so etwas, was sich durch die Vielfalt der Natur angeboten hat. So ein Stück ist nicht nur Schmuck, es ist Gesprächsstoff. Weil es die Leute entweder auf Anhieb begeistert oder erst einmal irritiert."
Irritiert, freudig überrascht sind vor allem Gäste der Stadt, wenn sie Melanie Nützels Tragwerk finden, bevorzugt natürlich in der Festspielzeit, wenn Bayreuth Weltstadt auf Zeit ist: „Die Leute freuen sich, wenn sie den Laden für sich entdecken. Ich denke, das kann schon mithalten mit den Galerien in Großstädten. Es kommen so viele verschiedene Kunden, aber für jeden ist hier etwas dabei." Der Kontakt zu vielen, die einmal versucht haben, sich im Tragwerk satt zu sehen, hält oft lange: „Teilweise rufen Kunden Monate nach ihrem Besuch an und lassen sich Schmuck als Geschenk schicken." Nach München. Hamburg. Leipzig. Berlin.

Tragwerk
Melanie Nützel
Sophienstr. 20
95444 Bayreuth

Tel. 0921/ 6276244
www.
melanie-nuetzel.com
melanie.nuetzel@
gmx.de

Öffnungszeiten:
Dienstag bis Freitag
13.30 – 18 Uhr
Samstag 11 – 16 Uhr
und Termine nach
Vereinbarung

Ideen passieren durch Kontakt mit dem Material.
– Melanie Nützel

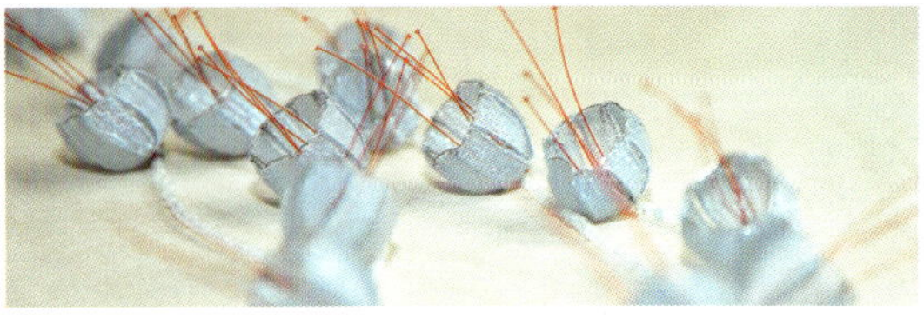

Wagner, Perlen und Bayreuth – für sie und ihn

Atelier Förster-Oetter
Hinter der Kirche 9
St. Georgen
95448 Bayreuth

Tel. 0921 / 1501955

www.atelier-foerster-oetter.de
info@atelier-foerster-oetter.de

Öffnungszeiten:
Montag und Mittwoch 9 – 12 Uhr
Freitag 13 – 18 Uhr
oder nach telefonischer Vereinbarung

Die Wagner-Motive auf Manschettenknöpfen, als Lesezeichen, Anhänger und auf Ringen sind bereits zu Sammlerobjekten geworden. Und auch die Bayreuther Stadtringe haben über den Kreis der Wagnerianer hinaus viel Beachtung gefunden. Dabei lässt sich Julia Förster-Oetter als vielseitige Handwerkerin nicht allein auf diese Schmuckstücke reduzieren. In ihrem Atelier hat zudem der Glasperlenschmuck besondere Bedeutung.

Besonderes und Schönes aus der Werkstatt von Julia Förster-Oetter.
Oben und rechte Seite: Glas in Kombination mit hochwertigen Materialien. Unten: die beliebten Stadtringe.

Schmuck stellt die gelernte Goldschmiedin seit Ende der 1990er Jahre her. Ihr Ziel sei es schon immer gewesen, alles selbst zu machen, sagt sie, aber bis ihr Traum von der Selbständigkeit in Erfüllung ging, musste sie warten, bis ihre Ideen kompakt genug und reif für die Umsetzung waren. Die Entscheidung, ein eigenes Atelier zu eröffnen, hatte sie fast schon aufgegeben. Bis sie eines Tages im Jahr 2010 eine Glaskette sah. Mit Glas hatte sie sich schon länger beschäftigt, doch angeregt von der Kette entwickelte sie daraufhin ihre eigene Herangehensweise.

Vielschichtige Perlen

Die Bayreutherin arbeitete sich in Seminaren das nötige Wissen zur Herstellung von Glasperlen an und baute sich schnell eine eigene Werkstatt auf. Ein Zweigasbrenner, eine Absauganlage und ein Temperofen bilden das Kernstück. Das Glas wird unter der 1400 Grad heißen Flamme geschmolzen, Schicht für Schicht um einen Edelstahldraht gewickelt und von der Gestalterin teils aufwendig bearbeitet. So entstehen im Atelier von Julia Förster-Oetter aus hochwertigen und immer echten Materialien – Blattgold, Blattsilber und Glas aus dem Frankenwald – vielschichtige Perlen, die sie zu Anhängern, Ringen und Ohrringen weiterverarbeitet. Jedes Objekt ein Unikat mit individuellem Charakter, in Form und Farbe vergleichbar, aber nie identisch.
Als Goldschmiedin übernimmt Julia Förster-Oetter mitunter auch Reparaturaufträge. Eine weitere Aufgabe sind Umarbeitungen, zum Beispiel für alte Erbstücke. Eine Kette von der Oma kann mit zeitgemäßen Glasperlen besetzt werden und an einer neuen Trägerin wandern.

Die 2011 begonnene Reihe mit Wagner-Motiven will Julia Förster-Oetter auch in Zukunft weiterführen. Für die Schmuckstücke machen sich viele Festspielgäste von außerhalb extra auf den Weg zum Atelier im Stadtteil St. Georgen. 2012 kreierte die Gestalterin zudem erstmals einen neuartigen „Stadtring", der 2013 mit dem Designpreis der oberfränkischen Handwerkskammer ausgezeichnet wurde. „Die drei Wahrzeichen Stadtkirche, Sonnentempel der Eremitage und das Festspielhaus heben sich glänzend vom mattierten Hintergrund ab. Die sich ändernde Breite soll die Lage Bayreuths, umgeben von Bergen nachzeichnen", erklärt sie. Bewusst habe sie das Festspielhaus auf die breiteste Stelle des Rings gesetzt, auf den „Hügel".

Atelier und Werkstatt teilen sich bei Julia Förster-Oetter einen Raum. Besuchern führt sie ihre Arbeit bei Interesse gerne vor. Für die Gestaltung nutzt sie in der Regel jedoch die Stunden zwischen den Öffnungszeiten. Denn dafür braucht sie Ruhe. Schließlich muss alles, was die Werkstatt verlässt, von kompromissloser Qualität sein.

Handwerk trifft Lebensart im Denkmal

Alte Posthalterei®
Unterer Schlossberg
91347 Aufseß

Tel. 09198 / 998421

www.
alte-posthalterei.de
info@posthalterei-
aufsess.de

Auch online zu bestellen

Öffnungszeiten Laden:
Mai bis Ende Oktober
Freitag 10 – 18 Uhr
Samstag 9 – 13 Uhr
und nach telefonischer Vereinbarung

Öffnungszeiten Hof-Café:
Mai bis Ende Oktober
Bei gutem Wetter
Sonntags 13 – 17 Uhr
Bitte auch Termine im Internet beachten!

Groß im Kleinen – Was über die Franken im Allgemeinen gesagt wird, trifft im Besonderen auf Aufsess zu. Faszinierend, wie viele Betriebe und Handwerker sich in der kleinen Gemeinde mit den beiden Schlössern bis heute gehalten haben. Handwerk erlebt hier sogar eine neue Blüte.

Das Gebäude der Alten Posthalterei® wurde mit einem ausgezeichneten, will sagen: preisgekrönten Marketing-Konzept aus dem Dornröschenschlaf geweckt. Denkmal, traditionelles Handwerk, Café-Betrieb und Aufsesser Bierkultur ergänzen sich. Auch die Kinder und Jugendlichen spüren es sofort. Hier ist alles besonders. Keine Hektik, kein Autoverkehr. Ein anderer Rhythmus. Gedehnte Zeit. Bianca Roth-Helmenstein liebt diese Atmosphäre. Sie lernte ihren Mann im Rheinland kennen und ließ sich 2006 mit ihm auf das Abenteuer „Renovierung eines verwahrlosten Denkmals“ ein. Es kostete nicht nur viel Mühe und Sachverstand, sondern auch dreimal mehr Geld als geplant. Die Belohnung blieb jedoch nicht aus.

Ein ausgezeichnetes Konzept

Die Handwerkskammer Oberfranken zeichnete das Marketing-Gesamtkonzept 2010 für die „innovative Geschäftsidee“ aus. Noch wichtiger aber: Die Familie fühlt sich hier sauwohl. Der Besucher ahnt, warum. „Es hat etwas Südländisches – die alten Mauern, die Felsen, die Fichten“, sagt die Inhaberin, die schon einige Jahre in einem südländischen Dorf in Griechenland gelebt hat.

Die im 13. Jahrhundert gegründete Alte Posthalterei ist kein Museum. Das Haus lebt und steht in Verbindung mit der reizvollen Umgebung für vielerlei Gelegenheiten offen. Hochzeiten und Geburtstage können hier gefeiert werden. Für Seminare gibt es Platz. Mal mieten die Gäste den historischen Tanzsaal, mal das ganze Gebäude. Und im Freiluft-Café können die Besucher zu ganz normalen Öffnungszeiten die Seele baumeln lassen. Für die selbstgebackenen Kuchen verwendet die Inhaberin teils Obst aus dem eigenen Garten.
Bianca Roth-Helmenstein ist neben ihrer Rolle als gute Fee vor allem auch Handwerkerin und Erzieherin. In ihrem Laden

Die Alte Posthalterei®, das große Gebäude unterhalb des Schlosses, diente einst als Schlosskemenate, später als Posthalterei, heute ist es ein Haus für viele Sinne.

bietet sie selbst gestaltete Produkte aus der eigenen Werkstatt und von über 20 Kollegen an: Schmuck, Karten, Originelles und Skurriles aus Filz, Kinderspielzeug, Gartenkeramik und Deko-Artikel. In Kursen vermittelt sie Kindern und Jugendlichen, aber auch Pädagogen und Erwachsenen das handwerkliche Know-how: Wie wird ein Buch gebunden? Wie geht Papierschöpfen? Wie mache ich eine Filztasche? …

2011 wurde das Angebot erweitert: die Idee eines KinderZunft®-Tages war geboren. Dafür entwickelte die Handwerkerin ein eigenes, ebenfalls von der Handwerkskammer ausgezeichnetes Konzept: Kinder gehen für einen Tag in Handwerksbetriebe und erhalten dort ein passendes Werkangebot. Die Alte Posthalterei® bietet die Idee, Lizenz, Material und auf Wunsch auch die Durchführung an. Für die Handwerkerin ist es das Schönste an ihrem Beruf, wenn sich andere durch ihre Anleitung zutrauen kreativ zu werden.
Während es die Biertouristen meist zu einer der vier Brauereien in Aufsess zieht, kommen in die Alte Posthalterei vor allem Genießer, die Ruhe suchen. Dabei fühlt sich auch die Posthalterei dem Bier verpflichtet. Das Haus bietet eine philosophische Bierwanderung und einen Kurs im mittelalterlichen Bierbrauen an. Wer möchte, kann im Café aber auch einfach ein Seidla trinken und eine Brotzeit essen.

Innen wie außen bietet die Posthalterei Platz für Gesellschaften, Hochzeiten, Feiern, Firmentreffen...

Bianca Roth-Helmenstein (im Bild unten mit ihrer Tochter) empfängt die Gäste.

Leidenschaft: edle historische Stoffe

Von Oberfranken aus in die Welt: Volker Illigmann rekonstruiert Gewebe für Schlösser und Museen.

von Cornelia Masel-Huth

Es ist Begeisterung, mit der Volker Illigmann über Stoffe spricht. Nicht über Stoffe allerdings, die uns heute, meist mit synthetischen Fasern im Alltag umgeben. Er schwärmt von wertvollen Stoffen aus feinstem Leinen oder prächtigem Damast oder edelstem Brokat, Geweben, mit deren Pracht sich Adel und Kirche Jahrhunderte lang in ihren Palästen und kirchlichen Anwesen umgaben. Illigmann rekonstruiert historische Stoffe und hat damit eine exklusive Nische in der Textilbranche für sich gefunden.

Der staatlich geprüfte Textilbetriebswirt mit Abschluss der Textilfachschule Münchberg betreibt keine Weberei. Sein 1995 gegründetes Unternehmen befindet sich hauptsächlich als kunsthistorisches Fachwissen in seinem Kopf. Zu finden ist er in der Alten Fronveste im Töpferstädtchen Thurnau. Über dem Restaurant im ersten Stockwerk (siehe Seite 84) empfangen den Besucher zunächst seltene historische Messgewänder, die Illigmann bei Auktionen erstanden hat oder von einem Sammler als Dankeschön für geleistete Arbeit erhielt. Weiteres wichtiges Utensil ist ein Musterbuch, in dem ein Querschnitt durch die Rekonstruktionen seit 1995 vereint ist. Und zu jedem der Stoffmuster kann Illigmann eine Geschichte erzählen.

Die Wandbespannung in der Gemäldegalerie Bayreuth ist ein aufwendig gestaltetes, handwerkliches Gesamtkunstwerk. Der Seidendamast mit dem „Spitzbandmuster" konnte anhand des erhaltenen Bestandes originalgetreu ausgearbeitet werden.

Vom Ursprung eines Gewebes, von seiner Zerstörung durch Krieg oder Alterung, von seiner Wiederentdeckung und Wiederherstellung. Dieses Wissen gibt er auch in Vorträgen an Baureferenten, Kunsthistoriker und Restauratoren weiter. „Ich will die Menschen sensibilisieren für die Wertigkeit dieser Textilien. Im 17., 18. und auch noch im 19. Jahrhundert machten Wandbespannungen, Fensterdekorationen, Posamente, Fransenbesätze oder Stuhlpolster drei Viertel der Gesamtkosten einer Innenausstattung aus. Gemälde und Lüster waren dagegen eher billig."

Der Rhythmus von Webstühlen ist Heimat

Eine der unscheinbarsten Seiten im Musterbuch ist die erste Rekonstruktion, eine graue, musterlose Wandbespannung aus Hanf und Baumwolle für die Kaulbach-Villa in Ohlstadt. Die wurde noch beim älteren Bruder in der Lohnweberei in Grafengehaig gefertigt. Dort ist Illigmann aufgewachsen, der Rhythmus von Webstühlen ist für ihn Heimat. Er lernte Textilkaufmann, arbeitete bis zu seinem Studium in einer Spinnerei für Garnerzeugung in Konradsreuth und schließlich für einen Textilveredelungsbetrieb in Wien, wo er den Italiener Adriano kennenlernte. Der bot ihm und seiner Frau Susanne, einer Betriebswirtschaftlerin, bei ihrer Hochzeitsreise ein besonderes Erlebnis: Abseits der Touristenwege besichtigte das Paar eine museal arbeitende Handweberei in Venedig. „Da wusste ich, welcher Weg meiner sein würde und wie er mich aus der damaligen Krise der Textilindustrie herausführen würde."– Heute ist der Stoffspezialist der führende Experte in Europa.

Volker Illigmann vor dem Stoff für seinen ersten Auftrag:
die Wandbespannung aus Hanf und Baumwolle für die Kaulbach-Villa, Ohlstadt.

Jetzt lässt Illigmann einen Goldfaden durch seine Finger gleiten. 0,18 Millimeter stark ist das Garn aus 990er Silber und 10 Gramm Gold pro Kilo. „Er wird vor der Verarbeitung platt gewalzt und darf sich beim Weben nicht verdrehen, weil das die Reflektion im fertigen Gewebe beeinträchtigen würde." Solches Garn wurde im Speisezimmer des Neuen Palais in Potsdam verwendet. „Nur erlesenste Handwerker können damit umgehen und schaffen etwa

Oben links: Gemäldesaal mit rekonstruierter Wandbespannung im Neuen Schloss, Bayreuth.
Rechts: Der Textilspezialist mit dem Original und der Rekonstruktion des Seidendamastes, der für Gemächer des Braunschweiger Schlosses verwendet wurde.
Unten: Chinoiserie mit Drachenmuster, Neues Schloss Bayreuth, um 1770.

acht bis zehn Zentimeter am Tag bei einer Stoffbreite von 54 Zentimetern."
Illigmann hat sich ein dichtes Netzwerk an Handwerkern, Webereien, Designern und Fotografen aufgebaut und vergibt Lohnaufträge in ganz Europa, denn er weiß genau, wo etwa welcher Webstuhl steht. Auch oberfränkische Webereien arbeiten für ihn. Der Wollrips für das Cuvilliés-Theater in München wurde von der Firma Rödel aus Marktleugast gewebt.
Am Anfang solcher Aufträge steht immer die Recherche. Manchmal sind nur noch Schwarzweißfotos vorhanden oder gar nur ein winziger Stofffetzen. Die Originalfarben verbergen sich häufig lichtgeschützt hinter Wandleisten. „Ich habe Zugang zu über 500.000 historischen Vorlagen in Archiven weltweit und mehrere Terrabite Bildmaterial hier in Thurnau und ein fotografisches Gedächtnis für Muster."
Das hilft Illigmann, selbst in schwierigen Fällen fündig zu werden.
Neben den Königshäusern sind es vor allem staatliche Museen und Schlösserverwaltungen, die ihn beauftragen. Zuletzt war das die Stiftung Preußische Schlösser und Gärten Berlin-Brandenburg, die im Neuen Palais und Park Sansoucci in Potsdam an-

lässlich des 300. Todestages von Friedrich dem Großen die Ausstellung „Friederisiko“ eingerichtet hat.

Besonderheiten werden rekonstruiert

Auch die Bayerische Schlösser- und Seenverwaltung zählt dazu. Wie bei der Wandbespannung im Neuen Schloss Bayreuth, jenem im Auftrag des Markgrafen Friedrich 1753 entworfenen Bau, auf dessen Gestaltung Schwester Wilhelmine einen großen Einfluss hatte. Das Spitzbandmuster der Wandbespannung in der Gemäldegalerie konnte aus dem erhaltenen Bestand originalgetreu ausgearbeitet werden. Es handelt sich um ein im 18. Jahrhundert sehr häufig verwendetes Muster. Besondere Ansprüche stellte laut Illigmann die Farbigkeit. „Die Färbung war nicht einheitlich, sie changiert – ob absichtlich oder durch einen Fehler, ist bis heute ungeklärt.“ Um die Bespannung zu rekonstruieren, setzte Illigmann eine spezielle Strangfärbung, die so genannte Jaspe-Färbung ein, bei der das Garn in unterschiedlicher Intensität gefärbt wird, das Verfahren lieferte das gewünschte Ergebnis.

Alle Rekonstruktionen von Volker Illigmann sind urheberrechtlich geschützt und nicht im Handel erhältlich. 98 Prozent der Gewebe sind historisch. Für seine exklusive Klientel fertigt er darüber hinaus eine eigene Kollektion mit Seidenwolle oder auch Sonnenschutz und Verschattungen für den gleichen Kundenkreis.

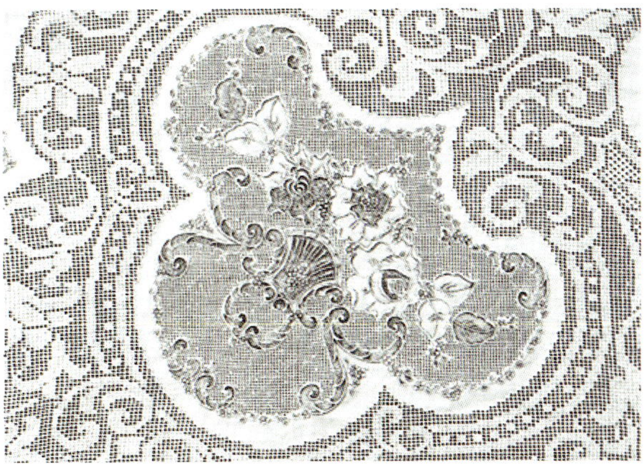

Geschichtsträchtiger Stoff
Als der Bergbau in der zweiten Hälfte des 19. Jahrhundert im Fichtelgebirge und Frankenwald aufgrund der internationalen Konkurrenz seine Rentabilität verlor, entwickelte sich aus dem um Helmbrechts, Hof und Naila bereits stark vertretenen Textilhandwerk ein neuer Gewerbeschwerpunkt. Was bereits im 14. Jahrhundert mit der Leinwand- und Barchent- und Wollweberei teilweise im Nebenerwerb begann, erreichte mit der Produktion modischer Baumwollstoffe im 19. Jahrhundert in industrieller Produktion einen ungeahnten Höhepunkt. Die Stadt Helmbrechts führte deshalb zeitweilig den Beinamen eines „Kleiderschranks der Welt“. In Naila kann das Schuhmacherhandwerk auf eine stolze, 300 jährige Tradition zurückblicken. Ebenso beeindruckend ist die Kunstfertigkeit der allerdings nicht handwerklich organisierten Weißnäherei und der Filet- und Nadelmalerei am Ort, für die das berühmte Nailaer Tafeltuch im Schustermuseum der Stadt stellvertretend als vollendeter Ausdruck steht. Das Tafeltuch ist zugleich ein einmaliges Anschauungsstück, um sich ein Bild von der bürgerlichen Tisch- und Tafelkultur vergangener Zeiten zu machen.

Das Magazin zum Beitrag

Der Artikel „Leidenschaft: edle historische Stoffe“ ist die nur geringfügig geänderte Fassung eines Beitrags, der im Magazin „ECHT Oberfranken – Menschen Ideen Perspektiven,“ Ausgabe Oktober/November 2012, erschienen ist. ECHT Oberfranken ist angetreten, die Heimatregion ins rechte Licht zu rücken: „Wir stellen Oberfrankens Schätze vor, seine unglaubliche Vielfalt in Wirtschaft, Kultur und Natur, an außergewöhnlichen und dennoch wenig bekannten Unternehmen sowie seine besonderen Menschen“, erläutert Chefredakteurin Cornelia Masel-Huth die Konzeption des Magazins, das 2010 an den Start ging. „Wir machen Oberfrankens Traditionen und Zukunftsvisionen bekannt und wir bieten eine hochwertige Plattform für Unternehmen, Einzelhändler, Dienstleister und Selbstständige, sich positiv und nachhaltig zu präsentieren.“ Garantiert wird das durch gut recherchierte Artikel, die begleitet werden von beeindruckenden Bildstrecken professioneller Fotografen. So hat sich das sechs Mal im Jahr erscheinende Magazin inzwischen zum Sammlerobjekt entwickelt.

ECHT Oberfranken – Menschen Ideen Perspektiven
Burghaiger Str. 14
95326 Kulmbach
Tel. 09221 / 40781-20
www.echt-oberfranken.de
info@echt-oberfranken.de

Preußische Kleinodien

Ein kunstgeschichtlicher Streifzug durch Bayerns Norden

von Uta Hengelhaupt

Der viel zitierte Satz von Karl Leberecht Immermann (1837) über Franken als einem Zauberschrank, in dem sich immer wieder neue Schubfächer mit glänzenden Kleinodien auftun, hat im preußischen Norden Bayerns beziehungsweise im Regierungsbezirk Oberfranken seine besondere Bedeutung.

Das berühmte Opernhaus der Markgräfin Wilhelmine, das Ensemble der Eremitage und das Neue Schloss in Bayreuth sind die bekanntesten, aber bei Weitem nicht die einzigen herausragenden Bauten, die von der brandenburgisch-preußischen Geschichte zeugen. Auch das benachbarte Kulmbach verfügt mit der Plassenburg als beeindruckender Landesfestung über eine der prächtigsten Schlossanlagen der Deutschen Renaissance, die mit der Geschichte der Hohenzollern eng verbunden ist. Und nicht zuletzt setzt der mit der eigenständigen Entwicklung des protestantischen Kirchenbaus verbundene „Markgrafenstil" in den Fürstentümern Kulmbach-Bayreuth und Ansbach einen so nachdrücklichen Akzent, dass man nicht umhin kommt, die Eigenständigkeit und Besonderheit der von den Hohenzollern geprägten Kunstlandschaft im Norden Bayerns hervorzuheben. Neben den Kirchenbauten in Kulmbach

Der „Schöne Hof" der Plassenburg, ab 1554 nach Plänen von Caspar Vischer errichtet, mit der Darstellung der hohenzollerschen Hofgenealogie an den Arkadenflügeln. Unten: die imposanten Kolossalsäulen der Nordseite.

Strenge Symmetrie kennzeichnet die Ordenskirche wie den Stadtteil St. Georgen auch. Als Teil der einheitlich geplanten Stadtanlage wurde das barocke Gotteshaus 1711 eingeweiht.

und Bayreuth sei hierzu stellvertretend für viele weitere auf die ev. Dreifaltigkeitskirche in Neudrossenfeld als einem der schönsten Beispiele der Gattung verwiesen. Ihr lichtdurchflutetes Schiff unter der kunstvoll mit Blumen geschmückten Stuckdecke Jean Batista Pedrozzis ist mit seiner gedanklich weit in die Zukunft weisenden Innenausstattung durch die pietistische Geisteshaltung ihres Erbauers, des Superintendanten Christoph Silchmüller, geprägt, die der Gedankenwelt des Bayreuther Hofes nahestand.

Familiäre Verbindungen

Fast könnte man den politischen Aufstieg der Grafen von Zollern im 13./14. Jahrhundert und die Gewinnung eines im Gegensatz zur fränkischen Tradition territorial annähernd geschlossenen Fürstentums im Oberland (= Kulmbach-Bayreuth) mit der klugen Heiratspolitik des Hauses Habsburg vergleichen. Es sind die aus verschiedenen Eheschließungen resultierenden Erbfälle, verbunden mit einer mehrfach erwiesenen Treue zu Kaiser und Reich, die den Hohenzollern nach der Burggrafschaft Nürnberg u.a. das Erbe der Grafen von Orlamünde, der Herzöge von Andechs-Meranien sowie schließlich auch das Kurfürstentum Brandenburg sicherten. Auf der Basis des oberfränkischen Montanreichtums kamen bis zum Beginn des 15. Jahrhunderts das Hofer Land sowie das später so genannte Sechsämterland dazu. Führten diese Gebietserweiterungen auch zur Trennung in die Linien Ansbach, Kulmbach-Bayreuth sowie Brandenburg-Preußen blieb doch die familiäre Verbindung zwischen den Hohenzollern gewahrt. Diese zeigte sich nicht nur in der berühmten Eheschließung des Bayreuther Erbprinzen Friedrich mit Friederike Sophie Wilhelmine von Preußen, Tochter des Soldatenkönigs und Lieblingsschwester Friedrichs des Großen. 1792 kamen beide fränkische Fürstentümer (Ansbach und Kulmbach-Bayreuth) auf Betreiben des Ministers Karl August von Hardenberg per Geheimvertrag in den Besitz der preußischen Krone. In nur wenigen Jahren versuchte der später als Reformer Preußens berühmte Hardenberg aus den fränkischen Besitzungen einen modernen Staat zu formen, wobei ihn mit Wilhelm von Humboldt, Karl vom Stein zum Altenstein oder Friedrich von Schuckmann Persönlichkeiten unterstützten, die ebenfalls die späteren Geschicke des preußischen Zentralstaates mitbestimmten. Ansbach-Bayreuth jedoch fiel im Frieden von Tilsit 1807 an Napoleon und wurde im Folgejahr für 15 Millionen Francs an das Königreich Bayern verkauft.

Die Ursachen für den – gemessen etwa an den Territorien der Hochstifte Bamberg und Würzburg – deutlich andersartigen Charakter der Dörfer, Märkte und Städte liegen in den haus- und territorialpolitischen Zielsetzungen sowie in der konfessionellen Orientierung der fränkischen Hohenzollern. In der nahezu 500-jährigen Herrschaft des Hauses im fränkischen Oberland entwickelte sich hier auch die herrschaftlich beeinflusste Baukultur zu einem machtpolitischen Instrument. Als Symbol der Hohenzollerschen Herrschaft am Obermain hatte bereits Albrecht Alcibiades die Plassenburg als militärisches Bollwerk ausbauen lassen. Nach ihrer Zerstörung im Zweiten Markgrafenkrieg 1554 gerät der Wiederaufbau unter dem Ansbacher Markgrafen Georg Friedrich

Die Stadtkirche von Bayreuth mit der alten Lateinschule (heute Historisches Museum). Die Kirche wurde nach Zerstörung durch Brand neu errichtet und am 1. Advent 1614 der Heiligen Dreifaltigkeit geweiht. Unten: Die Dreifaltigkeitskirche von Neudrossenfeld, Blick auf die Herrschaftsstände und die Orgelempore.

zu einer beeindruckenden Demonstration: Insbesondere der nach Plänen von Caspar Vischer errichtete „Schöne Hof" mit den sechs Kolossalsäulen auf der Nordseite und der frühen Darstellung einer idealen hohenzollerschen Hofgenealogie an den drei angeschlossenen Arkadenflügeln folgt einer politischen Bildgeschichte. Diese führt den Gegnern die Macht des Hauses in assoziativer Anspielung auf die Größe Roms mit allem künstlerischen Aufwand vor Augen. In der Folgezeit tritt dieses Motiv in unterschiedlicher Form auch an anderen Schlossbauten der Hohenzollern, bis hin zum Berliner Stadtschloss, mehrfach wieder auf.

Vorbild Potsdam

Nach der Übersiedlung des Fürstenhauses nach Bayreuth setzte Markgraf Georg Wilhelm mit dem Ausbau der Idealstadt St. Georgen einschließlich Schloss und

Das Ruinentheater im Felsengarten Sanspareil als Teil der paradoxen Kunstschöpfung des „natürlichen Gartens".

Sophienkirche (Ordenskirche) sowie der Anlage der Eremitage zwei weitere Akzente landesherrlicher Baupolitik. Diese können eine Orientierung an den absolutistischen Kunstschöpfungen des französischen Sonnenkönigs Ludwig XIV. zwar nicht verleugnen, fanden in beiden Beispielen aber doch eine der deutschen und insbesondere der protestantischen „fürstlichen Conduit" gemäßere Ausdrucksform. So wird das streng symmetrische Straßenbild St. Georgens von der 1711 eingeweihten Ordenskirche (Planung Gottfried von Gedeler, Stuckausstattung Bernardi Quadri) dominiert. Durch ihre städtebauliche Lage wie durch ihre schlüssig auf die protestantische Lehre und Liturgie ausgerichtete, glanzvolle Ausstattung verkörpert diese Kirche das „künstlerische Abbild der kirchlichen und gesellschaftlichen Verfasstheit der Markgrafschaft" (Thomas Korth) mit überzeugender Prägnanz. Das von Typenhäusern gesäumte Straßenbild St. Georgens entspricht dabei der mit ähnlichen Zielsetzungen geplanten barocken Stadterweiterung in Potsdam.

Nur wenige Jahre später folgten unter der Regie der Markgräfin Wilhelmine mit dem Ausbau der Eremitage und der Anlage des Felsengartens Sanspareil sowie mit der Errichtung des markgräflichen Opernhauses drei weitere Kunstprojekte von internationalem Rang, die wiederum in enger Beziehung auch zum Berlin-Potsdamer Kunstschaffen stehen.

Schon Markgraf Georg Wilhelm hatte mit dem bizarren Bau des Alten Schlosses in der Eremitage wie mit dem sich am vorromantischen Ideal früher englischer Parks anlehnenden Garten eine Anlage geschaffen, die durch ihre Einzigartigkeit das Befremden der Zeitgenossen hervorrief. Wilhelmine, musisch vielseitig gebildet und hochbegabt, findet in diesem Ensemble den idealen Raum zur Realisierung hochgespannter Pläne. Zwischen 1743 und 1745 entstanden nach Entwürfen von Joseph Saint-Pierre zunächst in der Parkanlage der Eremitage verschiedene Architekturen und Brunnenanlagen wie das Ruinentheater und die Untere Grotte. Der Bau des Neuen Schlosses mit dem

zentralen Kuppelpavillon, dem Sonnentempel, fiel in die Jahre 1749 bis 1753. In der Deutung der Anlage mischen sich unterschiedliche ikonographische Motive, die aus Wilhelmines geistiger Vorstellungswelt inspiriert wurden. So ergänzt das Theater als römische Ruine in idealer Baumwildnis den Gedanken der Eremitage als alternativen, ideal-kontemplativen Ort jenseits des zeremoniellen Hofes. Neues Schloss und Orangerie fügen diesem Thema das Zitat des paradiesischen Gartens hinzu, das wiederum von Allegorien der antiken Mythologie aus der Herkulessage und Anspielungen auf die ideale Göttlichkeit des Apoll überlagert wird. Auch hier ist die Vielzahl thematischer Parallelitäten zur europäischen Parkkultur, insbesondere aber zur preußischen Gartenkunst in Potsdam unübersehbar.

Der Garten als Kunstschöpfung

Der Felsengarten Sanspareil setzt einen weiteren Akzent programmatisch-künstlerischer Inszenierung. Die literarische Vorlage entstammt dem in seiner Zeit berühmten idealen Erziehungsroman Fénelons „Les aventures de Télémaque", den auch Friedrich der Große verehrte. Als fiktiver Ort mutiert der Felsengarten zur Zauberinsel Ogygia, auf der der Held Telemach, Sohn des Odysseus, an verschiedenen Schauplätzen Prüfungen besteht. Eigentlich paradox werden die natürlichen Formen bizarrer Felsen hier als Kunstschöpfung des natürlichen Gartens angesprochen. Dieser lässt sich im barocken Sinn noch literarisch interpretieren, kann aber auch ohne programmatische Erklärung für sich als Landschaftsgarten bestehen. Das verdeutlicht eine 1793 von Johann Georg Köppel aufgelegte Stichserie: Diese bringt den Garten nicht mehr einem vom Barock geprägten, sondern bereits einem romantisch empfindenden Publikum nahe.

Entsprach die Liebe zur Gartenkunst und die Begabung zu anspruchsvollen Neuschöpfungen dem einen Teil des künstlerischen Interesses Wilhelmines, widmete sie ihre Leidenschaft der Musik und der Oper als musikalischem Schauspiel. So ist es durchaus nicht nur Schmeichelei, wenn die Markgräfin als begabte Komponistin

Der Sonnentempel als Zentrum des Neuen Schlosses in der Eremitage. Brunnen, Fontaine und Skulpturenschmuck ergänzen das mythologisch-ikonographische Gesamtprogramm der Anlage.

Das Steingraeber-Haus in der barocken Friedrichstraße ist als eines der wenigen original erhalten Bauten des Rokoko sowohl von außen als auch von innen ein Schmuckstück.

Der Palmenzimmer im Bayreuther Stadtschloss als vollendete Ausdrucksform des von Wilhelmine inspirierten und u.a. von Pedrozzi beeinflussten Bayreuther Dekorationsstils.

und Librettistin von Opern und Singspielen gerühmt wird. Durch sie erhielt das Musikleben in Bayreuth intensive Impulse, die sich insbesondere auf das Musiktheater konzentrierten. Angeregt durch den Bau des Berliner Opernhauses wurde auch die Bayreuther Oper nicht mehr als Annex des Schlosses, sondern als selbständiger Bau – allerdings eingebettet in das Kontinuum einer Platzfassade – errichtet. Dem Berliner Vorbild entsprechend, spiegelt auch das Bayreuther Theater aufgeklärtes Gedankengut (siehe S. 169)

Ab 1753 widmete sich Wilhelmine dem Neubau und vor allem der Ausstattung des Bayreuther Stadtschlosses. In enger Zusammenarbeit mit dem Stukkateur Jean Baptiste Pedrozzi und unter Beteiligung zahlreicher Kunsthandwerker entsteht hier ein im architektonischen Rahmen zwar konventioneller, in der Innenausstattung aber höchst kunstvoller und überzeugender Schlossbau, an dem sich der durch Wilhelmine inspirierte Bayreuther Dekorationsstil vollendet darstellt. Ausgehend vom sog. Pastellzimmer sowie den Spalier- und Gartenzimmern entwickelt sich über die chinesisch-japanischen Kabinette bis hin zum 1755 eingerichteten Palmenzimmer

Nach dem Brand des Alten Schlosses erbaute Joseph Saint-Pierre im Auftrag des Markgrafenpaares ab 1773 die neue Stadtresidenz. Im äußeren Rahmen konventionellen Motiven folgend, schafft die Architektur gleichwohl den Rahmen für eine höchst kunstvolle Innenausstattung, die wesentlich von Wilhelmine beeinflusst wurde.

eine phantastische, naturalistisch vegetabile Dekorationskunst. Blumen, Blätter und Palmbäume scheinen den architektonischen Rahmen aufzulösen und geben den Blick frei auf hell getönte Plafonds mit fliegenden Vögeln. Auch hier lassen sich Potsdamer Schöpfungen wie der Morgenländische Bau in Sanssouci einerseits als Vorbilder benennen, wie andererseits etwa das Schlösschen auf der Pfaueninsel noch 40 Jahre später Ideen des Wilhelminischen Rokoko spiegelt.

Tour: Markgräfliche Jagdschlösser
Die markgräflichen Jagdschlösser, eine weitere Besonderheit in Bayerns preußischem Norden, lassen sich nicht mehr nur von außen, sondern zum Teil auch von innen besichtigen. Dazu gehören Schloss Birken in Bayreuth, Schloss Schreez in Haag und Schloss Thiergarten in Bayreuth (nur Außenbesichtigung). Im ehemaligen markgräflichen Gut Thiergarten befindet sich ein Landgasthof mit Einkehrmöglichkeit. Das Bild zeigt Schloss Birken, nach einem Aquarell von H.J. Schirner 1998 (Ausführliches Porträt des Schlosses auf S. 182). Informationen und Buchungen zur Besichtungstour vermittelt die Bayreuth Marketing & Tourismus GmbH, Opernstr. 22, 95444 Bayreuth (www.bayreuth-tourismus.de).

Neben St. Pierre wird am Bayreuther Stadtschloss auch Carl Philipp von Gontard als Architekt greifbar. Seine verschiedenen, für die Hofgesellschaft in Bayreuth errichteten Wohngebäude, darunter das Liebhardtsche Palais in der Friedrichstraße (zusammen mit St. Pierre), heute als „Steingraeberhaus“ bekannt, und der gegenüber liegende Ellrodtsche Gartenportikus, nehmen zahlreiche Motive vorweg, die nach seiner Übersiedlung nach Potsdam 1764 den Spätstil der Friderizianischen Baukunst prägen sollten (u.a. am Militärweisenhaus in Potsdam, am Neuen Palais und am Brandenburger Tor in Potsdam sowie am Freundschaftstempel für Wilhelmine im Park von Sanssouci).
Die überraschende, hier nur an wenigen Beispielen dokumentierte Verwandtschaft künstlerisch-geistiger Ideen findet im intensiven Briefwechsel zwischen Wilhelmine und Friedrich II. einen von starker persönlicher Zuneigung geprägten Ausdruck. Zur familiär-dynastischen Verbindung des Hauses Hohenzollern tritt so im 18. Jahrhundert die schicksalhaft-emotionale Beziehung des symbiotischen Geschwisterpaares. „[…] Kraft Deiner Tugend hielt der Welt ich stand […]“, schrieb Friedrich II. 1758 in seinem letzten Brief an die Schwester, der sie jedoch nicht mehr lebend erreichte. In der eigentümlichen Kunstlandschaft des nördlichen Oberfrankens haben sich neben den herausragenden Zeugnissen dieser Epoche viele weitere Spuren bewahrt, die den einstmals engen Austausch zwischen den Hohenzollerschen Stammländern dokumentieren.

Schlosspark Fantaisie

Von der Muse geküsst

Wilhelmines Bayreuth

Geheimnisvoll und schattig – der Laubengang vor dem Alten Schloss Eremitage.

„Bayreuth! O Tugend, Anmut, du Anbetungswerte! / Weib, ohne Vorurteil und Fehl, ohn' jeden Flecken!"

von Peter O. Krückmann

Wer kann von sich behaupten, dass ihm Voltaire, der berühmteste Schriftsteller des 18. Jahrhunderts, eine ganze Ode verfasste, aus der diese Zeilen stammen? Markgräfin Wilhelmine von Bayreuth, die legendäre Schwester König Friedrich II. in Preußen war es, zu deren Gedächtnis der große Philosoph der Aufklärung solche Verse niedergeschrieben hat.

Friederike Sophie Wilhelmine wurde am 3. Juli 1709 als älteste Tochter König Friedrich Wilhelms I. in Preußen (1688 – 1740), des „Soldatenkönigs", geboren. In ihren immer noch lesenswerten Memoiren hat Wilhelmine ihre Kindheit beschrieben: Sie war nicht besonders glücklich. Berüchtigt waren die Attacken wilden Jähzorns, wenn der Vater die Kinder beim Musizieren oder bei der Lektüre ertappte, denn alles Musische war ihm aufgrund seiner pietistischen Einstellung zutiefst suspekt. Dass sich daraus ein Generationenkonflikt zwischen dem strengen Vater und den aufbegehrenden Kindern ergeben würde, war vorauszusehen. Zumal die Mutter, Sophie Dorothea von Hannover (1687 – 1757), Tochter des Kurfürsten und späteren englischen Königs Georg I., eine fast konträre Persönlichkeit war. Auch zwischen ihr und Wilhelmine gab es Reibereien und Gehässigkeiten, und doch war es die Mutter, die die Kinder mit Kunst und Literatur, mit Wissenschaft und Kultur vertraut machte. Sie war aber auch politisch ehrgeizig, und so hatte sie sich in den Kopf gesetzt, dass Wilhelmine ihren Vetter, den englischen Kronprinzen, heiraten solle, um das Familienbündnis zwischen Preußen und Hannover/Großbritannien zu stärken. Als dieses Projekt scheiterte, musste Wilhelmine einen anderen Verwandten nehmen, Friedrich (1711 – 1763), den Erbprinzen von Brandenburg-Bayreuth: Statt Königin einer Weltmacht wurde sie nun Markgräfin in einem mittelgroßen deutschen Fürstentum. Und das sollte sich noch als ihr Glück herausstellen. Denn der für sie vorgesehene Vetter starb, bevor er britischer König geworden war.

Zuerst war es ein Opfer

Wilhelmine hätte daraufhin ein Witwendasein fristen müssen. Zunächst empfand Wilhelmine ihre Verheiratung 1731 nach Bayreuth jedoch als Opfer. Die Enttäuschung darüber und die provinzielle Rückständigkeit, die sie vorfand, hat sie in ihren Memoiren plastisch geschildert. Doch Wilhelmine verzagte nicht. Sie nutzte die Chance, dass ihr gebildeter, weltläufiger Gatte großes Verständnis für ihre hochfliegenden Vorstellungen aufbrachte. Wie Wilhelmine hing auch er den Idealen der Aufklärung an. So konnte Wilhelmine in einer vollkommenen Abwendung von den Werten des Vaters nach der Thronbesteigung Friedrichs 1735 ihre vielseitigen Begabungen und weitgespannten Interessen entfalten und als eine der faszinierendsten Frauen des 18. Jahrhunderts in die Geschichte eingehen. Statt zu verzagen, machte sie Bayreuth zu einem Musenhof von fast schon europäischem Format. Dazu setzte sie ihre vielfältigen Talente ein. Sie war eine begabte Musikerin, die viele Instrumente beherrschte und zu komponieren verstand. Sie besaß literarische Fähigkeiten, pflegte

Bild oben: Eine Hohenzollerin in Bayreuth – das Bildnis der Markgräfin Wilhelmine von Antoine Pesne, um 1738.

einen intensiven Briefwechsel mit ihrem Bruder Friedrich in Berlin, auch stand sie in Kontakt mit Voltaire, sie verfasste mehrere Opernlibretti und war selbst die Intendantin ihres Theaters. Darüber hinaus hatte sie eine Neigung zur Philosophie der Aufklärung und des Toleranzgedankens. Sie interessierte sich auch für chinesische

Philosophie, wie ihre Bibliothek belegt. Die eigentliche Vollendung eines Staates sah sie indes, wie ihr Bruder, in der Antike.

Glück und Wohlstand der Untertanen als erklärtes Ziel

Antike, Aufklärung und – in Grenzen – China bildeten das geistige Koordinatensystem, das auch dem Ausstattungskonzept der von ihr mitkonzipierten Schlösser zugrunde liegt. Als ihr Gemahl Friedrich die Regierung antrat, waren Glück und Wohlstand der Untertanen sein erklärtes politisches Ziel. Wilhelmine und Friedrich zählten damit zu den Vertretern des aufgeklärten Absolutismus, der im 18. Jahrhundert vor allem in Preußen und Österreich praktiziert wurde.

Es kann nur in Erstaunen versetzen, wenn man sich bewusst macht, dass Wilhelmine mit der Unterstützung ihres Gemahls die Provinzstadt Bayreuth in der relativ kurzen Zeitspanne von nur gut zwei Jahrzehnten in eine Residenzstadt verwandelte, die sich im Heiligen Römischen Reich Deutscher Nation sehen lassen konnte. Zwar gab es größere und prachtvollere Hauptstädte, trotzdem bleibt Bayreuth einzigartig. Eine genaue Analyse der Bayreuther Schlösser zeigt, dass Wilhelmine mit ihren Ideen und Initiativen maßgeblich an der Gestaltung und der Ausstattung beteiligt war.

Von ihrem Schwiegervater Markgraf Georg Friedrich Carl (1688 – 1735) erhielt sie ein hübsches, aber nicht allzu großes Haus am Rand der Eremitage bei Bayreuth übereignet. Fern vom Hof fühlte sie sich in diesem

privaten Ambiente recht wohl. An ihren Vater schrieb sie: „Wir führen hier ein stilles Landleben, das für mich sehr reizvoll ist. Der Erbprinz geht täglich auf die Jagd, und derweilen gehe ich etwas spazieren und unterhalte mich mit der Einrichtung meines Häuschens und Gärtchens. Jede Dame aus unserem Kreis muss allabendlich ein Gericht in meiner Küche kochen, die ich reizend eingerichtet habe." In Anlehnung an das Berliner Lustschlösschen Monbijou, „Mein Juwel", ihrer Mutter nannte sie ihr neues Heim Monplaisir. „Mein Vergnügen" sollte auch das Motto für den weiteren Ausbau der Eremitage werden, die ihr Friedrich 1735 zu ihrer Verfügung übergab. In wenigen Jahren baute sie sie zu einer kleinen Sommerresidenz aus. Hier verbrachte sie die warme Jahreszeit, hier malte sie, und in allen ihren Privaträumen stand ein Ruhebett, sogar in ihrem Schlafzimmer, damit sie an jedem Ort und zu jeder Zeit ein Buch aus ihrer umfangreichen Bibliothek lesen konnte. Diese vermachte sie übrigens testamentarisch der von ihr und ihrem Gatten gegründeten Universität Erlangen, wo sie bis heute als Grundstock der Universitätsbibliothek aufbewahrt wird.
Das größte Fest, das jemals im Markgraftum Bayreuth gefeiert wurde, war 1748 die Hochzeit ihres einzigen Kindes Friederike (1732 – 1780). Die 16-jährige Braut heiratete den vier Jahre älteren Herzog Carl Eugen von Württemberg, eine politische Heirat, die in einem Fiasko endete. Hochzeiten waren oftmals der Anlass, den Heimatort der Braut aufs Prächtigste herauszuputzen. So geschah es auch in Bayreuth. Man begnügte sich aber nicht nur mit Schönheitsreparaturen. Wilhelmine, die eigentliche Initiatorin, war es sich als königliche Hoheit schuldig, im großen Stil zu planen. Die Neuanlage des Schlossbereichs Sanspareil, die Erweiterung der Eremitage, vor allem aber das

Die Untere Grotte im Park der Eremitage mit dem Brunnen der Amphitrite, der Gattin des Poseidon.

Markgräfliche Opernhaus zeugen davon. So geriet das Opernhaus zu einem der prächtigsten Beispiele seiner Gattung. Wilhelmine begnügte sich nicht mit einem regionalen Architekten, auch Knobelsdorff, der in Berlin gerade mit der Oper unter den Linden beauftragt worden war, genügte ihr nicht. Nein, es musste der kaiserliche Theatralingeneur Giuseppe Galli Bibiena sein, der europaweit begehrte Stararchitekt für Opernhäuser. Es versteht sich fast von selbst, dass Wilhelmines Opernhaus größer als das der Kaiserin in Wien wurde. Heute ist es das bedeutendste erhaltene Theatergebäude des Barockzeitalters, weswegen es 2012 mit der Anerkennung als Weltkulturerbe geadelt wurde.

Aufenthalt für einen Nachmittag

Ein Dokument der Phantasie ist die kleine Schlossanlage Sanspareil zwischen Bayreuth und Bamberg. Am Fuße einer stauferzeitlichen Burg gelegen, sollten Morgenländischer Bau und der Felsengarten die Hochzeitsgäste in Erstaunen versetzen. Keiner der Gäste hätte zuvor jemals etwas Vergleichbares sehen können. Ein gebautes Capriccio: Das Äußere grottenartig aus unbehauenem Tuffstein aufgemauert, entpuppt sich das Innere als veritables Schlösschen mit Stuck von höchster Qualität. Wo sonst in einem Schloss die schnurgerade Mittelachse herrscherliche Autorität signalisiert, verstellt im Zentrum des Innenhofs eine Buche den Weg. Und hat man doch das Gebäude durchquert, gelangt man keineswegs in den Park; vielmehr versperrt jäh im Abstand von zwei Metern ein ebenso großer Felsen wie der ganz Morgenländische

Ein Phantasieschloss im Felsengarten – der Morgenländische Bau in Sanspareil

Bau jegliches Weiterkommen. Was sonst fürstliche Repräsentation ausmacht, wird hier ins Gegenteil gekehrt. Das ist wirklich ohnegleichen, eben „sans pareil". Dieses Schloss und der faszinierende Park mit dem römischen Ruinentheater wurden letztlich für einen Nachmittag gebaut, denn länger weilte die Hochzeitsgesellschaft nicht dort.

An einem eisigen Winterabend des Jahres 1753 brach im Bayreuther Residenzschloss aufgrund einer Nachlässigkeit des Markgrafen Feuer aus. Da das Löschwasser eingefroren war, entstand solcher Schaden, dass man beschloss, ein neues, nämlich das heutige Neue Schloss zu errichten. Wilhelmine berichtet, dass sie sich „das Vergnügen gemacht hat, selbst den Plan dafür zu entwerfen." Es ist selbstverständlich, dass der Bauherr bei der Planung eines Gebäudes mitspricht. In diesem Fall ging die Zuarbeit der Wilhelmine aber viel weiter. Denn wie in der Eremitage ersann sie auch hier die Ausgestaltung der Räume bis in kleinste Details – mit der Folge, dass Raumkunstwerke entstanden sind, die deshalb wirklich „unvergleichlich" geraten sind (siehe Beitrag über historische Architektur, S. 154).

Ein europäisches Juwel des Rokoko

Kaum war das Neue Schloss vollendet, starb Wilhelmine am 14. Oktober 1758. Zu ihrem zehnten Todestag ließ Friedrich der Große im Park von Sanssouci einen Freundschaftstempel errichten, in dem er ihr Standbild über einem Altar aufstellte und so seine Lieblingsschwester zur Göttin der Freundschaft erhob.

Es war natürlich ihr Gatte Friedrich, der das alles mittrug und finanzierte, es waren natürlich große Architekten und Gartenbaukünstler, die diesen Kosmos Wirklichkeit werden ließen, es war natürlich die Bevölkerung, mit deren Arbeitskraft und Steuergeldern all das errichtet wurde. Aber erst die Phantasie, erst das künstlerische Feingefühl, erst die philosophische Gedankentiefe, erst die Kultiviertheit der Wilhelmine haben das ermöglicht, was wir heute „Das Bayreuth der Markgräfin Wilhelmine" bezeichnen. Eine ausgedehnte Schlösserlandschaft, die die Handschrift einer Frau trägt, ein Höhepunkt des Rokoko, der deutschlandweit einzigartig ist.

Weltkulturerbe und Musenhimmel

Markgraf Friedrich und Wilhelmine eröffneten das Markgräfliche Opernhaus 1748, zur Hochzeit ihrer einzigen Tochter. Als Architekten wählten sie Carlo und Guiseppe Galli Bibiena, die damaligen Stars aus Italien, sowie Joseph St. Pierre.
Die 27 Meter tiefe Bühne, ausgestattet mit modernster Bühnentechnik und perspektivischer Kulissenmalerei, war zu jener Zeit die größte Deutschlands. Auf dem zentralen Deckenbild sind Apoll und die neun Musen dargestellt. Darunter vereinen sich die in drei Logenränge geordneten gesellschaftlichen Stände um die zentrale Fürstenloge. Dem aufklärerischen Gedankengut verpflichtet, erscheint das Markgrafenpaar in dieser idealen Projektion als Garant eines Zeitalters der Weisheit und des Friedens – zugegen war das Paar allerdings selten.
Bis zu Wilhelmines Tod diente das markgräfliche Opernhaus als Schauplatz zahlreicher Aufführungen und üppiger Feste. Dem folgenden „Dornröschenschlaf" ist der heute noch originale Zustand gedankt: Weder zeitgeschmäcklerische Umgestaltungen noch durch Kerzenbeleuchtung entstandene Feuer zerstörten das prunkvolle Interieur.
So zählt das Opernhaus heute zu den wenigen im Original erhaltenen Theaterbauten des Barockzeitalters. Die Kunstgattung „Opera seria", eine Repräsentationsform des Absolutismus, lässt sich hier auch dank unveränderter Akustik authentisch erfahren. 2012 hat das UNESCO-Welterbekomitee das Markgräfliche Opernhaus Bayreuth in die Liste des Kultur- und Naturerbes der Welt aufgenommen, als „einzigartiges Monument der europäischen Fest- und Musikkultur des Barock".

Markgräfliches Opernhaus
Opernstraße 1
95444 Bayreuth
Tel. 09 21 / 75969-22

www.schloesser.bayern.de
www.sanierung-opernhaus-bayreuth.de
sgvbayreuth@bsv.bayern.de

Öffnungszeiten
2014 wegen Sanierung nur Informationsausstellung:
April bis September
täglich von 9 – 18 Uhr
Oktober bis März
täglich von 10 – 16 Uhr

Gänsebrust mit Holunder und Mandeln gebrätelt, dazu Kartoffeln und Graupen, mit Speck und allerlei Gewürzwerk gekocht

von Michael Waigel, Restaurant Eremitage

„Die Markgrafen und ihre Gäste aus allen Ländern Europas pflegten eine exquisite Tischkultur unter dem Einfluss der französischen Küche.
Wilhelmine hatte einen französischen Leibkoch. An der damaligen Zeit orientiert sich mein Rezept."

Zutaten für 4 Personen

2 Gansbrüste
1 saurer Apfel
1 große Zwiebel
1 dicke Möhre
1 St. Sellerie (ca. 100 g und etwas Lauch)
1 Zweig Beifuß
Salz und Pfeffer
Etwas Geflügelbrühe
ca. 100 g Mandeln in Scheiben
ca. 150 g Holunderbeeren

200 g geschälte und gewürfelte Kartoffeln (1cm breit)
150 g Graupen
2 Lorbeerblätter, 2 Nelken, 3 Pfefferkörner, 2 Pimentkörner und ein ca. 1cm lange Zimtstange
100 g Bauchspeck, gewürfelt
½ Zwiebel, gewürfelt
100 g Lauch, gewürfelt
Prise Salz
½ Liter Fleischbrühe
1 EL Schmalz

Für die Gänsebrüste in den Bräter das klein geschnittene Gemüse, Beifuß und Apfel geben. Die Gänsebrüste mit Salz und Pfeffer würzen und auf dem Beet mit der Hautseite nach unten platzieren. Die Gänsebrüste mit ½ Wasser und ½ Geflügelbrühe (ca. 1,5 cm) angießen und 2,5 Std. vor Essensbeginn in die Backröhre bei 145 Grad geben.

Nach ca. 90 Min. die Gänsebrüste umdrehen, damit die Hautseite oben ist. Nach weiteren 45 Min. oben am Gabelknochen prüfen, ob sich das Fleisch leicht löst. Sobald es weich ist, ist die Gansbrust fertig.

Alsbald die gehobelten Mandelblätter auf die Brust streuen und den Ofen auf 220 Grad hochschalten. Sobald die Brüste und Mandeln schön knusprig sind, die Brüste entnehmen und warm stellen.

Den passierten Gänsefond im Bräter auf den Herd geben, das Fett etwas abschöpfen, anschließend die Holunderbeeren hinzufügen, mit Salz und Pfeffer eventuell nachwürzen.

Für die Beilagen den Speck und die Zwiebeln in einem Topf mit Schmalz anbraten, anschließend die Graupen sowie alle Gewürze hinzufügen und mit Brühe aufgießen. 10 Min. kochen lassen, dann den Lauch und die Kartoffelwürfel dazu geben und ca. weitere 20 Min. kochen lassen. Sobald die Graupen weich sind, eventuell mit einer Prise Salz nachwürzen.

Vorhimmel und Stadt-Spaziergänge

Genüsslich wandern auf dem Jean-Paul-Weg in und um Bayreuth herum

von Karla Fohrbeck

Der 200 km lange literarisch-philosophische Jean-Paul-Weg im Arkadienland Oberfranken führt von Joditz bis Sanspareil und wurde pünktlich zum Jubiläumsjahr 2013 fertig. Mit seinen grünen und weißen Texttafeln (auf dem Land) und den dreisteligen Großstationen (im Stadtgebiet Bayreuth), gedruckten Führern, Büchern und einer App ist er inzwischen eine touristisch-kulturelle Besonderheit. Insgesamt verbindet er 22 Gemeinden, vier Landkreise, alle vier markgräflichen Schlossparks auf der Südschiene und zwei Naturparks zu einer attraktiven Energielinie, die den biografischen Heimatorten des Dichters und der imaginären Lebensader des einstigen Fürstentums Brandenburg-Bayreuth folgt.

Schlosspark Fantaisie

Kann man mit einem so eigenwilligen Dichter Lust auf dessen Heimatstadt machen?
Sicher, denn wenn man ihn bei guter Laune erwischt, dann heißt es:

„Baireut gab mir Glauben, Hoffnungen, Morgen voll Nebel und Entzückungen."

„Du liebes Baireut, auf einem so schön gearbeiteten, so grün angestrichenen Präsentierteller von Gegend einem dargeboten, man sollte sich einbohren in dich, um nimmer heraus zu können."

„O du geliebtes Baireut, in das ich wie in einen Himmel fuhr und in dem ich jede Minute verschlang, aus Furcht, sie fliege ungenossen vorüber ..."

Aber wenn er so wie ein echter Oberfranke zu schimpfen beginnt?

„... wüchse nur nicht da auf allen Gassen literarisches Gras und in den Häusern das Vieh dazu."

„Baireut engt sich immer mehr zusammen, um mich heraus zu pressen."

... um dann wieder tröstend zu versöhnen:

„Die Gegend und das Bier und die Wohlfeile ziehen, so sehr das enge Volk abstößet."

„Baireut find ich eigentlich außer Baireut, nämlich in dem Zaubergürtel seiner Gegend."

Das Arkadien macht den Charme aus

Da haben wir es! Die Stadt ist ohne ihr umliegendes Arkadien eigentlich gar nicht zu denken. In hügelige Landschaften eingebettet, im Nord-Osten, Richtung Goldkronach und Bad Berneck, auf Höhenzügen zu erwandern, mit weitem Blick bis in die Ausläufer des herberen Fichtelgebirges, gen Westen aus der Altstadt heraus über Meyernberg bis zu den Anfängen der Fränkischen Schweiz, die ihre bizarren Felsenwände, unvermuteten Schluchten und wilden Bächlein bis in die Gemeindegebiete von Eckersdorf, Alladorf und Wonsees ausstreut.
Und nicht zu vergessen die traumhaften Schloss-Parks, die Markgräfin Wilhelmine und Markgraf Friedrich – aufbauend auf Vorentwürfen, Jagdrevieren und Tierparks ebenfalls schon fantasievoller Markgrafen-Ahnen – in der Barockzeit Mitte des 18. Jahrhunderts in poetisch-philosophischer Verklärung vollendeten. Ihretwegen kamen und blieben die Bayreuther Geistesgrößen in diesem Arkadien hängen: Jean Paul aus dem nördlichen Armenviertel der Region, der Ruhe, Gärten und Bier zum Arbeiten brauchte. Und Richard Wagner, der eine Festspiel-Insel suchte und seine Villa direkt am Hofgarten ansiedelte, von wo aus er seine täglichen Spaziergänge und Familien-Ausfahrten in die ihm lieb gewordene Umgebung startete.

Am Hofgarten. Linke Spalte: Stadtansicht, Kupferstich von J.C. Köppel.

Dort, am Eingang zum markgräflichen Hofgarten, dicht neben Haus Wahnfried, begegnen sich diese drei „Gesamtkunstwerkler" – Wilhelmine, Jean Paul und Richard Wagner – auf einer Großstation des Jean-Paul-Weges (Nr. 119). Der Dichter präsentiert sich auf den dreiteiligen Stelen. Diese führen in nicht allzu großen

Abständen durch die gesamte Stadt, nicht nur mit eigenen Aphorismen und biografischen Anekdoten. Ein gutes Stück Lokalgeschichte wird hier zugleich lebendig, und so kann sich jeder Bürger amüsant und kurzweilig informieren.
Es dürfte in Deutschland keine andere Stadt mit einer populären Präsentation eines Dichters geben, die sich ästhetisch so gelungen in das Stadtbild einordnet. Schon die inhaltliche Arbeit an den Tafeln der vielen Innenstadt-Stationen, die von der Eremitage bis zum Park Fantaisie reichen, ging qualitativ weit über die ursprüngliche Konzeption hinaus. Mit Blick auf die Einmaligkeit dieses Projekts übernahmen die Verantwortlichen auch ergänzende Aufgaben. Dazu gehören ein kleiner Kinderweg, abrufbare Hörtexte und englische abstracts sowie abwechslungsreiches historisches Bildmaterial.

Garten des Jean-Paul-Museums.
Oben: Kunstinstallation von „inges idee“.

Wenige Schritte vom Eingang zum Hofgarten in der Wahnfriedstraße entfernt, ist im Garten des Jean-Paul-Museums, vor dem hölzernen Jugendstil-Pavillon (Station Nr. 118) ein abstrakter Heißluftballon gelandet, der erst auf den zweiten Blick als solcher erkennbar ist. Das Kunstrelikt von „inges idee“ aus dem Jubiläumsjahr 2013 verweist auf eines der bekannteren und kleineren Werke des Dichters, den „Luftschiffer Giannozzo“.
Im früheren Chamberlain-Haus nebenan wartet das frisch renovierte Jean-Paul-Museum von 10 bis 12 und 14 bis 17 Uhr auf Besucher. Hier haben sie die Gelegenheit zur Muße, um Schubladentexte, Originalmanuskripte in Auszügen, Hörstationen, Minifilme und reiches biografisches Bildmaterial zu erkunden. Das Haus vermittelt so einen Eindruck von der Lebenslinie des Dichters, seinem weiblichen und männlichen Freundschafts-Umfeld, den Wanderungen, seinem ungewöhnlichen Erfindungsreichtum und Witz, seiner hier über den Köpfen schwebenden Zettelwirtschaft und der kreativen Unordnung in der einstigen Dichterstube, hinter Glas genial nachkomponiert – nicht zu vergessen: Wetterfroschglas und zahmes Eichhörnchen, Bier- und Weinvorräte zwischen all den Büchern, Manuskripten und Biedermeiermöbeln.

Miedelpark.

Colmdorfer Schloss.

Von hier aus fährt der Stadtbus direkt zur Rollwenzelei, zur Lohengrin-Therme und der Eremitage. Aber wer es dem Dichter gleich tun will, wandert die Königsallee aus der Stadt hinaus und verkürzt sich die 2,5 km mit originellen Großstationen. Im Miedelpark (Nr. 117) geht es um „Jean Paul und die Dinte“, die er

Ruhe, inkl. Bier u. Garten

1804 zieht der bis dato unstete Jean Paul mit seiner jungen Gattin nach Bayreuth, wo er die nächsten 21 Jahre lebte und dichtete. Zum Dichten freilich benötigte der „Meister aus Bayreuth" eine ruhige Umgebung und – nachdem er dem im Übermaß genossenen starken Kaffee abgeschworen hatte – ausreichend Bier als Stimulans.

Mit der Ruhe haperte es in Jean Pauls Wohnungen, immerhin hatte er drei Kinder und oft Besuch. Außerdem schrieb er gerne im Freien und hatte daher überall Gartenparadiese zur Auswahl, die ihm andere zur Verfügung stellten, die zu Spaziergängen einluden oder ab 1813 sogar mit eigener Cornelikirschen-Laube beim Schwabacher Haus. Am liebsten aber war ihm das Gasthaus der Rollwenzelin vor den Toren der Stadt in Richtung Eremitage. Dort wurde ihm bald eine eigene Dichterstube mit Blick ins Grüne zur Verfügung gestellt, so dass das „Rollwenzeln" mit dem treuen Pudel zur festen Gewohnheit werden konnte. Die Wirtin versorgte ihn mit Kartoffeln, Bier und frischen Blumen und musste ihm am Abend schon mal die steile Treppe herunter helfen. Die Atmosphäre dieser Studierstube und des außergewöhnlichen Arbeitsverhältnisses wird von den privaten Besitzern des Hauses liebevoll am Leben erhalten, seit der „Verein zur Erhaltung von Jean Pauls Einkehr- und Dichterstube in der Rollwenzelei" mithilfe vieler öffentlicher und privater Sponsoren den Treppenzugang, das Dach, die oberen Stuben sowie die historischen Gästebücher und originales Inventar restaurieren konnte.

Rollwenzelei

Königsallee 84 · 95448 Bayreuth · Tel. 0921 / 980218 · www.jeanpaulstube.de · info@jeanpaulstube.de

Öffnungszeiten:

Mai – Oktober: Freitag bis Sonntag 14 – 16 Uhr und nach Vereinbarung

November bis April: nach Vereinbarung

Während der Festspielzeit ab 11 Uhr

Sonderöffnungstermine: 21.03. und 14.11.

selber herzustellen pflegte. An der Jean-Paul-Schule (Nr. 116) kommen Schule und Kindererziehung zur Sprache – er war schließlich ein einflussreicher und zudem humorvoller Pädagoge. Am Colmdorfer Schlösschen aus der Markgrafenzeit (Nr. 115) wird der hohe und niedere Adel beschrieben, nebst Empfehlungen zur Fürstenerziehung.

Die renovierte Dichterstube in der romantischen Rollwenzelei ist mitsamt den unzähligen Einträgen in den historischen Gästebüchern ein Tipp, der sich längst herumgesprochen hat. Falls sie geschlossen sein sollte, bietet die bebilderte Station gegenüber (Nr. 114) kurzweiligen Ersatz. Der Abzweig zum Park der Eremitage führt über einen hübschen, bei Regen etwas matschigen Wiesenweg zur urig fränkischen Gaststätte Eremitenhof mit Kastanien-Biergarten und Jean Pauls Mini-Story von der Hundeschlacht im Wirtshaus.

Orangerie in der Eremitage.

Reichlich belohnt wird, wer die restliche halbe Stunde noch dran hängt und sich Allee und Laubengang im Park der Eremitage Richtung Orangerie gönnt. Nicht nur, dass sich auf den grünen Texttafeln, die den Landweg säumen, Zitate und „Gschichtla" aus den Bestseller-Romanen „Hesperus" und „Siebenkäs" finden, die von der Eremitage vor über 200 Jahren und der Zeit der empfindsamen Seelen handeln. Das einst berühmte Arkadien der Markgräfin Wilhelmine will entdeckt werden. Viele Besucher der Stadt, die den Festspielhügel regelmäßig heimsuchen, bekennen als Jean-Paul-Weg-Wanderer überrascht, dass sie von diesem verspielten Pendant zu Friedrichs des Großen „Sanssouci" in Potsdam gar keine Ahnung hatten.

Und die Bayreuther? Führen sie ihre Besucher noch wie einst Cosima und Richard Wagner voller Stolz auf diese märchenhaften Kleinodien mit ihren sommerlichen Wasserspielen, Grotten, Kaskaden, Pagoden, Blumenrabatten, Orangenbäumen und Ruinentheater-Aufführungen? Zum Augenschmaus kommt immerhin auch der Genuss von köstlichem Eiskaffee und Wilhelminentorten in den Kolonnaden der Orangerie sowie von hervorragender und vielseitiger fränkischer Küche beim Trio Hans und Angelika Jöckel sowie Koch Michael Waigel im versteckten Schlossrestaurant mit seinem prächtigen Biergarten. Aber lassen wir den Stadtspaziergang ruhig hier enden.

Pfefferkuchen-Erinnerungen

Die wunderschöne Anschluss-Strecke durch den „Bayreuther Vorhimmel" bis zu den Ausläufern des Fichtelgebirges (ca. 25 km) teilt man sich besser in genüssliche Ausflugsrationen ein, um Freude am Dichter, an der schönen Landschaft und an zünftigen Mahlzeiten zu vereinen. Denn auch für jeweils etwa 8 km kann man halbe und ganze Tage verschlendern, so sehr lohnt die (Wieder-)Entdeckung des hervorragend ausgeschilderten Jean-Paul-Weges. Der Weg führt von der Eremitage nach Bindlach über die Rotmainschleife und den Golfplatz am Rodderberg, das alte Friedrichsthal, den Oschenberg nach Allersdorf. Auf der Strecke begegnet man Jean Paul als Prophet und Science Fiction-Autor.

Weiter geht es von Bindlach nach Goldkronach über die steile Himmelsleiter der alten Poststraße zum danach sanft abfallenden Panorama-Hang des Bindlacher Berges. Wir lesen wie es damals war, in der Dorf- und Realschule zum Beispiel. Schließlich kommen wir von Goldkronach nach Bad Berneck, über die Höhen des Leisauer und Galgenberges hinab ins romantische Tal des alten Kurorts. Landschaftsvergleiche und Pfefferkuchen-Erinnerungen folgen und bereiten auf einen kulinarischen Wettbewerb à la Jean Paul vor.

Friedrichstraße 3 und 5.

Auf den Geschmack gekommen, dürfen wir den Spaziergänger und Wanderer von Bayreuth aus auch in die andere Richtung schicken, wo lohnende Ausflugsziele warten und Zeiten, da es kaum Autos gab, noch schwach im Gedächtnis haften.
Der Innenstadt-Weg führt vom Jean-Paul-Museum durch den Hofgarten zur barocken Friedrichstraße,

Oben: Maximilianstr. 9, Mitte: Friedrichstr. 5, unten: La-Spezia-Platz.

die sich als Jean-Paul-Meile erweist. Man begegnet dem Dichter-Denkmal, ehemaligen Wohndomizilen und mehreren, von ihm sicher zu empfehlenden Restaurants und Biergärten, ob in Höfen, hinter oder auf der Stadtmauer. Hintersinnig folgt der Weg dann vom ehemaligen Honoratioren-Club Harmonie (am Schlossberglein), zur Zeitung (am Marktende), danach zum Galgen (Rückseite RotmainCenter).

Oben: Harmonie, Schlossberglein; Mitte: Jean-Paul-Grab auf dem Stadtfriedhof; unten: Schlosspark Meyernberg.

Denn der Dichter erfindet ein satirisches Galgenjubiläum, freundet sich beim Stadtfriedhof mit dem Tod an, um im astralen Bierhimmel bei der Becherbräu in der Altstadt, vor dem weiteren Aufstieg zur schönen Bäckerin von Schloss Meyernberg, eine Jausenpause einzulegen (Stationen 126 bis 130).

Eigentlich könnte man wie früher auch ohne Probleme vom Stadtzentrum bis vor die (unsichtbaren) Stadttore nach Schloss und Park Fantaisie zum sonntäglichen Mittagessen oder Nachmittagskaffee im roten Hotel oder Café des Gartenmuseums laufen, über Geigenreuth im Tal (Jean Paul und die Tiere) oder den Eremitenstein auf der Höhe. Jean-Paul-Verehrer wie der junge Komponist Robert Schumann taten das ganz selbstverständlich, die Familie Wagner ebenfalls. Auch der Jean-Paul-Weg versucht, heutige Grenzen im Kopf und Straßenbarrieren zu überqueren. Es lohnt sich nämlich, dieses andere Arkadien der Markgrafenfamilie aufzusuchen, in des Dichters Euphorie sogar „der erste Himmel über Bayreuth".

Endstation Felsentheater Sanspareil.

Das Einzugsgebiet reicht jedoch noch weiter: über Eckersdorf und den Landkreis Bayreuth hinaus in den von Kulmbach. Noch weitere 24 km führt der attraktive Jean-Paul-Weg bis zur letzten arkadischen Park-, Felsen-, Burg-, Grotten- und Ruinentheater-Insel: Wilhelmines Zaubergarten Sanspareil bei Wonsees, einst Jagdgebiet für den markgräflichen Hof – was im Jagdmuseum dort in anschaulicher und lebendiger Erinne-

Schlosspark Fantaisie.

rung präsentiert wird. Man nehme sich aber Brotzeit und Getränk gleich für die ganze traumhaft schöne Strecke mit, denn die lukullischen Freuden winken erst am Ziel – und gutes Schuhwerk braucht es auch, denn die Schluchten des Teufelslochs hinter Oberwaiz, der verwunschene Forstweg von der Waldhütte (bis voraussichtlich 2015 wegen Renovierung geschlossen) nach Neustädtlein und der von Regenrinnen durchpflügte, steile Hohlweg danach haben einen gewissen Abenteuercharakter – allerdings bietet die Wegführung überall bequeme parallele Alternativen an.

Waldhütte Eckersdorf/Neustädtlein.

Die Höhenzüge vor und nach Alladorf, die schon die Romantiker Wackenroder und Tieck 1792 zu Pferde erklommen, entschädigen für alles. So auch das Wacholdertal und der Rundweg zwischen Kleinhül (Weiberwirtschaft nur am Wochenende) und dem Marktplatz von Wonsecs bzw. dem „Küchentrakt“ in Sanspareil.

Rückweg – mit oder ohne Auto

Nur mit dem Rückweg könnte es schwierig werden. Im Bayreuther Land ist es auf diesen Wegen vielleicht auch deswegen so überraschend schön, still und friedlich, weil die Gegend verkehrsmäßig nicht allzu dicht erschlossen ist. Gute Freunde mit Auto, die solch lange Wanderungen scheuen, sich aber gerne am Zielort einfinden, mögen da eine willkommene Hilfe sein.

Schnepfendreck

von Beate Roth, Food-Designerin

Schnepfendreck ist ursprünglich ein Gericht aus den Eingeweiden einer Schnepfe (Bekassine) samt verdautem Inhalt (also dem fast fertigem Kot). Das Ganze wurde feingehackt verfeinert mit Kräutern auf Weißbrotscheiben serviert. Aber keine Sorge, wir bereiten es etwas anders zu!

Aubergine und Apfel schälen und in 5 mm große Würfel schneiden. Rosmarin, Thymian und Orangenabrieb zugeben. Im Öl gut anschwitzen. Die Auberginen dürfen ruhig etwas Farbe annehmen, zuletzt mit Tomatenmark binden, abkühlen lassen. Kurz vor dem Anrichten den Estragon unterrühren. Sahne mit etwas Essig, Salz und Pfeffer glatt rühren.
Toast in der Butter anbräunen und Kreise ausstechen. Den Sauerrahm mit Balsamico und Cayenne glattrühren. Sollte er zu flüssig sein, etwas Gelatine fix einrühren.
Die Auberginenmasse auf den Toastkreisen platzieren und z.B. mit Lakritze (Bärendreck) und getrockneten Apfelscheiben dekorieren, mit Rosmarin und ½ Apfelring dekorieren.
Statt frischem Estragon kann auch 1 EL getrockneter Estragon verwendet werden. Diesen zwischen den Händen etwas feinreiben und bereits mit den anderen Kräutern zugeben.

Zutaten für 4 Personen
2 Auberginen
1 Apfel
40 ml Olivenöl
je 1 Zweig Rosmarin, Thymian feingehackt
1 TL Orangenabrieb
1 EL Tomatenmark
1 Bund Estragon, feingehackt
125 g Sauerrahm
Balsamico, Cayennepfeffer
10 Mehrkorn Toast (Sandwich)
2 EL Butter
10 getrocknete Apfelringe
Lakritze, kandierte Vogelbeeren

Aus „Dr. Katzenbergers Badereise"

[...] so bot ich einigen Leckermäulern Schnepfendreck, wie gewöhnlich mit Butter auf Semmelscheiben geröstet, an und zwar so wie ihn täglich meine beiden Schnepfen unmittelbar lieferten. Aber ich darf Sie als ehrlicher Mann versichern, meine Gnädige, auch kein einziger bezeigte statt einiger Lust etwas anderes als ordentlichen Abscheu vor dem vorgesetzten Dreck; und weshalb eigentlich? – Bloß deshalb – nun komm' ich auf unsern Punkt –, weil das Schnepfengedärm nicht mit auf die Semmelscheiben gestrichen war und die Gourmands nur bloßen Netto- und keinen Bruttodreck vor sich erblickten.

Zärtliche Fantasie -Schöpfungen

Schloss und Park Fantaisie in Donndorf, fünf Kilometer westlich von Bayreuth gelegen, sind der Schöpfungskraft von Herzogin Elisabeth Friederike Sophie (1732 – 1780) zu verdanken. Bereits in jungen Jahren wurde die Tochter der kunstsinnigen Markgräfin Wilhelmine nach Württemberg verheiratet. Die Ehe scheiterte jedoch und so kehrte sie nur wenige Jahre später von Stuttgart nach Bayreuth zurück.

Schloss Fantaisie im 19. Jahrhundert, kolorierte Lithografie von Georg Könitzer, um 1850.

Mit der Fantaisie schuf sie sich ein Refugium nach ihren eigenen Vorstellungen, um dort den Sommer mit ihrem Hofstaat und ihren Gästen zu verbringen. Glanzstück der Ausstattung war das 1765 von den Gebrüdern Spindler vollendete Intarsienkabinett, ein Hauptwerk des Bayreuther Rokoko. Der Rokoko-Garten von Elisabeth Friederike Sophie wurde in den darauf folgenden Generationen behutsam ergänzt und vergrößert. Am prägendsten waren die Veränderungen der Anlage durch den späteren Besitzer Herzog Alexander von Württemberg (1804-1881). Er erweiterte den regelmäßigen Schlossgarten zu einem geräumigen Landschaftspark. Seit langem vereint die historisch gewachsene, stimmungsvoll gewachsene Gartenanlage in einzigartiger Weise verschiedene Stilphasen zu einem Gartenkunstwerk von herausragender Bedeutung.

Heute befindet sich in Schloss Fantaisie das von der Bayerischen Schlösserverwaltung im Jahr 2000 eingerichtete Gartenkunst-Museum Schloss und Park Fantaisie, das damals erste Museum dieser Art in Deutschland. Ausgehend von zentralen Themen der Gartenkunst vermittelt es ein abwechslungsreiches Bild der deutschen Gartengeschichte. Skulpturen, Gemälde und Grafiken, Gartenwerkzeuge sowie Gartenpläne vermitteln anschaulich die verschiedenen Aspekte der Gartenkunst. Einzigartige historische Dokumente, darunter eine wunderbare Sammlung von Stichen und Aquarellen, vergegenwärtigen die Geschichte von Schloss und Park Fantaisie. Den Gang durch das Museum runden der Weiße Saal mit seiner reichen Stuckdekoration und die Nachbildung des berühmten Spindlerkabinetts ab, welche beide in das Museum integriert sind.

Gartenkunst-Museum Schloss und Park Fantaisie

Bayreuther Straße 2
95488 Eckersdorf / Donndorf

Tel. 0921 / 7314 00-11
www.bayreuth-wilhelmine.de
sgvbayreuth@bsv.bayern.de

Öffnungszeiten:
April bis September
Di – So 9 – 18 Uhr
1. bis 15. Oktober
Di – So 10 – 16 Uhr
16. Oktober bis März geschlossen

Der Park ist ganzjährig geöffnet (Eintritt frei).
Wasserspiele:
Mai bis Oktober
täglich 9 – 18 Uhr zu jeder vollen Stunde

„Habit de Jardinier", allegorische Darstellung des Gärtnerberufs, Nicolas de Larmessin, Ende 17. Jahrhundert.

Bei Markgrafen zu Gast

Selbst für waschechte Bayreuther ist Schloss Birken noch ein Geheimtipp: Das auf einem kleinen Hügel zwischen Stadtmitte und Universität gelegene Markgrafenschloss ist zwar schon einige hundert Jahre alt. Für die Öffentlichkeit öffnete es seine Tore aber erst nach der Ernennung des Markgräflichen Opernhauses Bayreuth zum Weltkulturerbe, kurz vor dem Jubiläum zu Wagners 200. Geburtstag (2013).

Schloss Birken
Peter
Rothenbücher KG

Schlosshof Birken 27
95447 Bayreuth

Tel. 0921 / 61878

www.
kunstversteigerungs
haus.de
info@rothenbuecher-
birken.de

Öffnungszeiten:
1. April – 15. Oktober
Führung Dienstag und Samstag jeweils 11 und 14 Uhr
Gruppenführungen nach Voranmeldung ganzjährig

Führungen zeigen das Wohnen im Markgräflichen Ministerhaus. Die Besucher können hier die größte Kunstsammlung zur Geschichte der Bayreuther Markgrafen entdecken. Das kunsthistorische Juwel bietet sich aber auch als Rahmen für private Feierlichkeiten und kulturelle Veranstaltungen an.
Fertig gestellt wurde das heutige Schloss 1692 nach Plänen des markgräflichen Architekten Charles Philippe Dieussart. Die Geschichte des Anwesens reicht jedoch weiter zurück. An selber Stelle befand sich einst ein Jagdschloss nebst Gut und dazugehörigen Ländereien, das 1459 erstmals als Haus auf der „Pircken" erwähnt wurde. 1686 fiel es in die Hand des Oberhofmarschalls Hans Wilhelm von Erffa – als eine Schenkung des Markgrafen Christian Ernst von Brandenburg-Bayreuth, der damit seine Schulden beglich. Das Jagdschloss wurde abgerissen, die Anlage neu bebaut. Seine Blütezeit erlebte das Schloss von 1724 bis 1739 unter Premierminister Erdmann Frhr. von Stein. In den Sommermonaten diente Birken als Residenz des markgräflichen Ministers. Im Audienzsaal empfing er Hofbeamte, Gesandte und Bittsteller. Im Barocksaal feierte man glanzvolle Feste und auf dem Anwesen fanden große

Das ehemalige markgräfliche Ministerhaus im Stadtteil Birken. Oben: Aquarell von H.J. Schirner 1998. Linke Seite: Barocksaal von 1692. Rechts: Speisesaal von 1691.

Hofjagden statt. Markgräfin Wilhelmine und Markgraf Friedrich waren oft zu Gast. 1740 gelangte das Schloss in die Stiftung des Baron von Stein. 1956 übernahm es die Familie von Hoesslin.
Die jüngste Geschichte beginnt 1975. In diesem Jahr erwirbt Peter Rothenbücher das baufällig gewordene Schloss, das er innen wie außen aufwendig saniert. Der Schlossgarten und der kleine Park mit Teehaus kehren in ihre ursprüngliche Form zurück. Gartenplastiken nach Modellen von Ferdinand Tietz und Johann Peter Wagner ergänzen das Ensemble, und die kunstsinnige Familie kauft viele Exponate von Markgrafen und Ministern zurück, die über ganz Bayern verstreut waren.
So entsteht eine überregional bedeutende Sammlung, die jeder an der markgräflichen Geschichte Interessierte gesehen haben sollte. Zu den Glanzlichtern zählen Staatsporträts des Markgrafenpaares Wilhelmine und Friedrich, zahlreiche Portraits weiterer Markgrafen, bedeutendes Privatmobiliar von Wilhelmine und dem Markgrafen Carl Alexander von Bayreuth, das Fürstenzimmer der Gebr. Spindler aus Schloss Thurnau, eine Sammlung mit Fayencen, Glas und Silber sowie eine Jagd- und Waffensammlung.

Kultur und Kulinarisches

Die Führung lässt sich bei entsprechender Anmeldung auf Wunsch mit Sekt bzw. Kaffee abrunden – speziell im Sommer bietet sich als Ort hierfür auch der Park an. Ganzjährig stellen die Besitzer repräsentative Räume für Gesellschaften bis zu 30 Personen zur Verfügung – die Gäste können sogar den eigenen Catering-Service mitbringen. Von Geburtstagen über Hochzeiten bis zu literarischen und musikalischen Abenden gibt es viele Gelegenheiten, sich und anderen ein unvergessliches Erlebnis zu schaffen.

„Auf dem lieblichen Hügel"

Der lange Weg zum Festspielhaus

von Frank Piontek

Das Bayreuther Festspielhaus gilt – um ein modisches Wort zu gebrauchen – als „Mutter aller Festspielhäuser". Schon die Zeitgenossen haben das Bayreuther Festspielhaus aufgrund seiner Struktur, seiner Lage, seiner Exklusivität als etwas sehr Besonderes empfunden. Es verdankt seine Existenz dem Genie, aber auch der Durchhaltekraft eines ungewöhnlichen Mannes: Richard Wagner.

Eine berühmte Familie in einem berühmten Bild: die Familie Wagner samt Hunden und Hauslehrer auf der Gartentreppe des im Zweiten Weltkrieg zerstörten Hauses Wahnfried (1881).

„Dort stehe es, auf dem lieblichen Hügel bei Bayreuth“ – so euphorisch hat Wagner seinen Festspielplan angekündigt, der schließlich mit einem Haus realisiert wurde, das einzig und allein für die Werke eines einzigen Komponisten errichtet wurde. Wie aber kam Wagner auf die Festspielidee?

Sie entsprang einem Krisenbewusstsein – der höchst subjektiven Erkenntnis, dass das zeitgenössische Opernwesen oder im Sinne Wagners: „Unwesen“, allen Idealismus verloren hatte. Es waren die Jahre in der sogenannten Provinz, die Engagements an den Theatern in Würzburg, Magdeburg, Königsberg und Riga, die ihn derart frustrierten, dass er aus ihnen lernte, wie man ein Theater *nicht* zu führen und eine Oper *nicht* zu komponieren habe. Zwischendurch hoffte er allerdings, in Paris, dieser „Welthauptstadt des 19. Jahrhunderts“, die zugleich die Hauptstadt der Oper des 19. Jahrhunderts war, die Erfolge zu erzielen, die ihm in Deutschland versagt geblieben waren. Allein auch hier scheiterte er an der großen Bühne, bevor er die Meldung erhielt, dass sein „Rienzi“ vom sächsischen Hoftheater zu Dresden zur Uraufführung angenommen worden war.

Wagner verdankte diese Vermittlung übrigens keinem Anderen als Giacomo Meyerbeer, dem Meister der Gattung „Grand opéra“. Wagner, der später den Meister in seinem Pamphlet „Das Judentum in der Musik“ verunglimpfte, musste wissen, was er Meyerbeer an freundschaftlicher Unterstützung verdankte. Dass er ihn – an den er sich in seiner Pariser Zeit mit geradezu peinlichen Bettelbriefen gewandt hatte, die Meyerbeer nicht unbeantwortet ließ – lebenslang mit seinem Hass verfolgte, mag seinem schlechten Gewissen und seinem Neid auf Meyerbeers weltweitem Erfolg geschuldet sein (während er, der Komponist dreier genialer, kaum gespielter Opern, hilflos im Schweizer Exil saß).

Es gehört zu den Widersprüchen der Wagnergeschichte, dass er an den glanzvoll-perfekten Inszenierungen von Meyerbeers Opern lernte, wie eine technisch vollkommene Opernaufführung auszusehen habe, und dass er sich zumindest bei einigen wenigen dramaturgischen Modellen auch an jenen Ideen orientierte, die Meyerbeer in die Oper eingebracht hatte. Noch das Katastrophenfinale der Götterdämmerung könnte sich dem Eindruck verdanken, den der Schluss des „Prophet“ bei Wagner hinterlassen hatte. Noch „Parsifal“ hat in seinen fantastischen Szenen erstaunliche Parallelen mit „Robert le diable“.

Es war auch die Erfahrung der Provinz, die ihn zu einer Eigenheit des Bayreuther Festspielhauses inspirierte: In Riga, wo er 1838/39 arbeitete, konnte er einen tiefer gelegten Orchestergraben sehen. In Bayreuth sollte der schließlich verdeckt werden, um alle Konzentration auf die Bühne zu lenken – eine Idee, die auch Wagners Kollege Giuseppe Verdi ausgesprochen gut fand. (Auch der ebenbürtige Italiener war ein Reformator der Oper, wenn auch ein wesentlich zurückhaltenderer.) Dass damit zugleich die Akustik beschnitten wurde, war ein Effekt, der nicht einkalkuliert werden konnte. Unter diesem gedämmten „Sound“ haben heute noch die Aufführungen, die Dirigenten und manch hellhörige Zuhörer der Werke zu leiden, die Wagner bis zum „Siegfried“ komponierte.

Vergessen wir nicht, dass Wagner nur ein einziges Stück, den „Parsifal“, mit der Erfahrung des Bayreuther Raumklangs schreiben konnte. Was indes positiv zu Buche schlug und schlägt, obwohl die Zuschauer zur Wagnerzeit sich über die ungewöhnliche Finsternis des Zuschauersaals beklagten: Die Konzentration liegt auf der Bühne – und nicht bei der hübschen Harfenistin oder dem neunten Geiger, auch nicht beim unsichtbaren Dirigier-„Star“.

Bayreuth aber, wo das Haus nach etlichen Verzögerungsjahren im August 1876 eröffnet wurde, war durchaus nicht die erste Wahl Richard Wagners. Wagner war gut vernetzt mit der sogenannten neu-

An eine Aufführung kann ich erst nach der Revolution denken: erst die Revolution kann mir die Künstler und die Zuhörer zuführen. Die nächste Revolution muss notwendig unsrer ganzen Theaterwirtschaft das Ende bringen: sie müssen und werden alle zusammenbrechen, dies ist unausbleiblich.
– Richard Wagner, Brief an Theodor Uhlig, 11. 11. 1851

Eine akustisch ungewöhnliche wie problematische Erfindung, die nicht für alle Wagnerwerke geeignet ist: der „mystische Abgrund" und „technische Herd" (O-Ton Richard Wagner) des abgedeckten Bayreuther Orchestergrabens.

deutschen Schule, zu der auch der große Komponist, Pianist, Dirigent und Lehrer Franz Liszt gehörte, mit dem Wagner seit der Zeit seines Schweizer Exils per Du war. Franz Liszt befand sich in einem Kreis mit avantgardistischen Komponisten, die völlig neue Töne in die musikalische Landschaft brachten: Schumann, Berlioz, Chopin (der seltsamerweise eben dieser neudeutschen Schule zugezählt wurde.) Als Leiter des Orchesters des Weimarer Hoftheaters hatte er die Kompetenz, neue Musiker an sein Haus zu ziehen. Wagner konzipierte also zunächst seine Oper „Siegfrieds Tod" für das Weimarer Hoftheater, wo Franz Liszt sich glühend für Wagner eingesetzt hatte, indem er 1850 den „Lohengrin" des Dresdner Exkapellmeisters uraufgeführt hatte. Wagner war gerade noch mit heiler Haut und elementarer Hilfe Liszts aus der blutig verlaufenden Dresdner Revolution entkommen. „Siegfrieds Tod" erweiterte sich zur Tetralogie, aus dem ursprünglichen Einzelwerk wurde schnell das Schlussstück des Musikdramenquartetts „Der Ring des Nibelungen: Götterdämmerung". Für diese eine Oper sollte ein Weimarer Festspielhaus erbaut werden, in dem peu a peu die anderen Opern Wagners gespielt werden sollten – Liszt veranstaltete übrigens schon die ersten Wagner-Festspiele, als er innerhalb von einer einzigen Festwoche den „Fliegenden Holländer", „Tannhäuser" und „Lohengrin" auf die Bühne brachte. Die Idee des Festspiels war an sich nicht neu; als Wagner in Dresden lebte, beteiligte er sich als Leiter der Dresdner Liedertafel an

Das Theatergebäude durchaus nur als provisorisches halten; mir wäre es recht, wenn es ganz nur aus Holz wäre, wie Turner- und Sängerfesthallen; keine andere Solidität, als die welche es vor Einsturz sichert. Deshalb hier sparen – sparen, keine Verzierung. Wir geben mit diesem Bau nur den Schattenriss der Idee, und übergeben diesen der Nation zur Ausführung als monumentales Gebäude.
– Richard Wagner, Brief an Friedrich Feustel, 12. 4. 1872

einem gigantischen Männergesangfest – eines von vielen im 19. Jahrhundert. Hier brachte er im Jahre 1843 sein oratorisches Großwerk „Das Liebesmahl der Apostel" in der Frauenkirche zur Uraufführung: ein Werk, dessen Nachhall noch in den Höhenchören des 39 Jahre später in Bayreuth uraufgeführten „Parsifal" vernehmbar ist. Ein Quartett von Musikdramen? Wagner hat sich lang und breit über diese Bezeichnung geäußert, weil er sich auch terminologisch von der alten „Oper" abgrenzen wollte. Neu ist zumindest das Bedürfnis, jede Note und jedes Wort des Musikdramas als bedeutendes zu gestalten. Diese Idee ist erzromantisch, schon E.T.A. Hoffmann, der nicht allein geniale Erzählungen, auch die schöne „romantische Oper" „Undine" schrieb, hat Wagners Theorien mit seinen Musikansichten beflügelt. Der Dichter wirkte auch tief hinein in Wagners Stoffe: „Tannhäuser", „Die Meistersinger von Nürnberg" und noch „Parsifal" verdanken ihm einiges, so dass der alte Zauberer sich am Ende seines Lebens glücklich an die Lektüren erinnern konnte, die er als Jugendlicher dem Dichter der Groteske gewidmet hatte.

Bevor es soweit war, vergingen allerdings noch einige Jahrzehnte. Der Weimarer Festspielplan zerschlug sich zunächst, weil eine Tetralogie vom Weimarer Hof schlechterdings nicht gewünscht wurde: Ein mehrteiliger „Wallenstein"-Abend mochte noch angehen, eine vierteilige Opernserie lag völlig außerhalb des Verständnisses der meisten Zeitgenossen. Es kam hinzu das Thema dieses spektakulären Werks, das Wagners Idealismus in die lebendige Form und den Inhalt eines Musikdramas setzte, in dem es um den Widerstreit von Politik und Liebe, um antigesetzlichen Inzest und „Erlösung" geht. Es kam hinzu die spezielle musikalische Kontur, deren Leitmotivstruktur und Kompromisslosigkeit zwar nicht auf „Melodien" und gelegentlich fast geschlossene „Nummern" verzichtete, aber so revolutionär war, dass das Unverständnis der Zeitgenossen nur allzu verständlich war. Wagner aber war ein Überwältigungskünstler ersten Ranges – im frisch gekrönten bayrischen König Ludwig II. fand er 1864, nachdem der Komponist am Abgrund gestanden war wie nie zuvor in seinem nervös durchfurchten Leben, den richtigen Fürsten als Geldgeber, auf den er gehofft hatte, und der ihm – trotz aller schwerer Krisen – bis zuletzt finanziell treu blieb.

Bis dahin aber sollte noch viel Wasser die Isar und den Roten Main herunterfließen. Auch in München plante man zunächst, befeuert von Ludwigs wilder Begeisterung, ein Wagner-Festspielhaus, allein auch dieser Plan zerschlug sich. Wagner, wieder ins Schweizer Exil gejagt, wo er weiter an den Meistersingern und am Ring arbeitete, war darob nicht unzufrieden. Er hatte gesehen, dass ein Festspielhaus in einer Metropole wie München nicht den geringsten Sinn machen würde. Zuviel Ablenkung, zuwenig Kontemplation. Als er in einem Lexikon den Bayreuth-Artikel las, in dem auf das Markgräfliche Opernhaus hingewiesen wurde, fuhr er mit Cosima Wagner stracks ins Frankenstädtchen. Zwar war das hochbarocke, nach absolutistischen Prinzipien entworfene Haus trotz seiner relativ großen Bühne denkbar ungeeignet für Drachenkämpfe und Zwergenzank, doch beschloss Wagner, am Ort zu bleiben, der weit genug vom verhassten München entfernt war, doch immer noch innerhalb der bayerischen Landesgrenzen lag. Hier konnte er – nachdem Ludwig ihm bereits die Uraufführungen von „Rheingold" und „Walküre" entzogen hatte, was zu einem schweren Zerwürfnis führte – daran gehen, mit Hilfe eines kompetenten, schnell entscheidenden Stadtrats und einiger Bankiers das Festspielhaus zu erbauen. Der Urplan stammte vom alten Dresdner Compagnon, dem großen Architekten Gottfried Semper, der schon

Richard sagt, es sei doch traurig, dass er jetzt nun so weit gekommen sei, nur noch zu wünschen, nichts mehr vom Nibelungenring zu hören, und dass das Theater abbrennen möchte.
– Cosima Wagner, 1876

die beiden Dresdner Opernhäuser und das niemals realisierte Münchner Festspielhaus entworfen hatte, aus Wagners Heimatstadt Leipzig kam der verantwortliche Architekt Otto Brückwald. Der Eröffnungstermin 1874 konnte nicht eingehalten werden, immer wieder mangelte es am Geld (ein lebenslanges Wagner-Thema...), doch der König half aus. So sah eine erstaunte Welt im August 1876, dass es Wagner, dem ehemaligen Dresdner Revolutionär, tatsächlich gelungen war, die in Bayreuth vollendete Tetralogie komplett aus der Taufe zu heben. Wusste der angereiste Kaiser Wilhelm I., dass sich die Konzeption dieses gewaltigen Dramas über Liebe und Politik, Macht und Machtmissbrauch den Erfahrungen jener Revolution verdankte, die der Kaiser, damals noch ein preußischer Prinz, niederschießen ließ?

Auch diese Szene gehört zu den Widersprüchen von Wagners Werk und Leben, das bis heute alle unabschließbaren Debatten über Wagner, den größten Polarisierer unter den Komponisten, bestimmt. Hatte Wagner „gesiegt", als er seinen idealistischen, auf die Einheit von Künstler und Volk, von Kunstwerk und Publikum zielenden Festspielplan verwirklicht hatte? Man darf es bezweifeln – aber das Bayreuther Festspielhaus kündet nach wie vor von der ungeheuren Durchsetzungskraft eines äußerst ungewöhnlichen Künstlers.

Virtuose und idealer Schwiegervater

Liszt-Museum
Wahnfriedstraße 9
95444 Bayreuth
Tel. 09 21 / 5166488

Öffnungszeiten:
September bis Juni
täglich 10 – 12 Uhr
und 14 – 17 Uhr
Juli und August
täglich 10 – 17 Uhr
24. und 25.12.
geschlossen
31.12.: 10 – 14 Uhr
01.01.: 13 – 17 Uhr

Ein Rundgang durch die Räume des Museums, untergebracht in genau jenem Haus, das Franz Liszt bei seinen Aufenthalten in Bayreuth auch bewohnte, verwöhnt die Besucher mit Musik des großen Komponisten und ihre Augen mit „einigen der schönsten und wertvollsten Liszt-Portraits" und Büsten. Die Ausstellung bildet chronologisch den Lebensweg des großen Virtuosen und Tonsetzers nach, illustriert durch Schriftstücke und Gegenstände aus Liszts persönlichem Besitz, sein Tagebuch, Briefwechsel, Instrumente. Ein Schwerpunkt des Museums liegt in der Darstellung des Verhältnisses zu seinem Freund, musikalischen Weggefährten und Schwiegersohn Richard Wagner.

Wie aber kommt es zu einem Liszt-Museum in Bayreuth, wo der große Komponist kaum gewirkt hat? Im Haus Wahnfriedstraße 9 ist Franz Liszt im Jahre 1886 während der Bayreuther Festspiele gestorben. Der 75-jährige war nach Bayreuth gekommen, um seine Tochter Cosima bei den Festspielen zu unterstützen und verließ die Stadt nicht mehr. Auf dem Bayreuther Stadtfriedhof ist in einer kleinen Kapelle sein Grab zu finden.

Wahn und Werk

Mit finanzieller Unterstützung des Märchenkönigs konnte Richard Wagner in Bayreuth ein Grundstück direkt am Hofgarten erwerben und das repräsentative, jedoch entgegen anderslautender Vorwürfe nicht verschwenderisch ausgestattete Wohnhaus erbauen, dem er den Namen „Wahnfried" gab. Die Geschichte des Hauses ist zugleich eine deutsche Geschichte des 20. Jahrhunderts: Die Villa war Treffpunkt des nationalsozialistischen Zirkels um Houston Stewart Chamberlain, wurde in den letzten Kriegswochen zerbombt, in den 1950er Jahren notdürftig wiederhergestellt. 1974 begann der Wiederaufbau im originalgetreuen Zustand, 1976 wurde das Wagner-Museum eröffnet.
Nach gründlicher Planung begann im Wagnerjahr 2013 eine umfangreiche Sanierung der Villa, verbunden mit einer Neugestaltung des Museums. Im Garten soll ein moderner Pavillon die Dauerausstellung zur Geschichte der Bayreuther Festspiele aufnehmen sowie Platz für Sonderausstellungen bieten. Im Sommer 2015 soll das Museum in zeitgemäßer Form neu eröffnet werden – jedoch auch während der Bauphase können Interessierte die Grabstätte Wagners, seiner Frau oder diejenige seines geliebten Hundes besichtigen.

„Wahrlich wähnt mir, Wagner waltet in Wahnfried!",

lautet der Kommentar der Schriftstellerin Tanja Kinkel zu den Umbauplänen der Stadt Bayreuth und der Richard-Wagner-Stiftung. Der Name der Villa wird durch den Spruch, der auf der Vorderseite des Hauses eingraviert ist, verständlich: *„Hier wo mein Wähnen Frieden fand – Wahnfried – sei dieses Haus von mir benannt."* – Richard Wagner

Richard Wagner Museum Bayreuth

mit Nationalarchiv und Forschungsstätte der Richard-Wagner-Stiftung

Wahnfriedstraße 2

95444 Bayreuth

Tel. 0921 / 75728-24

www.
wagnermuseum.de

info@
wagnermuseum.de

Öffnungszeiten Nationalarchiv und Grabstätte (während der Sanierung):

Montag bis Donnerstag

10 – 12 Uhr und
14 – 16 Uhr

Freitag

10 – 12 Uhr

Die germanischen Götter sind von gestern

Der schwierige Weg zur Wiederaufnahme der Festspiele

von Stephan Müller

Man kann die Stimmung nachvollziehen, die am 30. Juli 1951 im völlig dunklen Zuschauerraum des Bayreuther Festspielhauses herrschte. Es ist 16 Uhr. Unter ergriffenem Schweigen erhob Hans Knappertsbusch den Taktstock.

Erstmals seit 1939 entstiegen dem Orchestergraben wieder leise die As-Dur-Klänge der „Parsifal"-Ouvertüre. Auf der Bühne sahen die Premierengäste nur eine kreisrunde Scheibe, verschleierte Konturen und bläuliches Licht. Der damals erst 34-jährige Jungregisseur Wieland Wagner hatte das Publikum mit einem neuen, geradezu revolutionären Inszenierungsstil dieses „Parsifals" in zwei Lager gespalten. Bayreuth war wieder in aller Munde!

Während Wolfgang Wagner viele Monate vor den ersten Nachkriegsfestspielen mit den schwierigen Arbeiten – von Finanzen, über Organisation bis zu betrieblicher Steuerung – beschäftigt war, konnte sich Wieland im Sommerhaus seiner Mutter Winifred in Nußdorf am Bodensee in aller Ruhe auf die künstlerischen Aspekte konzentrieren. Das tat er: Wieland entrümpelte die Bühne von aus seiner Sicht überflüssig erscheinenden Dekorationen und Ausstattungen. Durch Abstraktionen und eine innovative Lichtregie rückte er nicht nur die Musik und Stimmen in den Vordergrund, er arbeitete zugleich auch suggestive szenische Botschaften aus dem Werk heraus.

„Neu-Bayreuth“ nannte die Fachwelt bald Wieland Wagners Interpretation, die alle Opernbühnen der Welt erobern sollte und den Weltruhm der Festspielstadt auffrischte. Bayreuth war nicht mehr die Weihestätte mit völkischem „Gewaber“. Wieland Wagner brachte seine neue Kunstrichtung verblüffend einfach auf den Punkt: „Uns interessieren keine germanischen Götter mehr, sondern nur der Mensch.“

So viel Anfang!

Hinter den festlichen Fahnen waren noch die Ruinen des Zweiten Weltkriegs zu sehen. Die Sowjetunion blockierte Berlin, und die schlechte Brikettversorgung im letzten Winter war noch in guter Erinnerung. Die erste Automobilausstellung in Frankfurt, der deutsche Fußball-Meistertitel dank der Brüder Fritz und Otmar Walter sowie die Wiedereröffnung der Festspiele in Bayreuth sorgten 1951 – also erst zwei Jahre nach der Gründung der neuen Bundesrepublik – in den jeweiligen Städten für Aufbruchstimmung. Man sehnte sich nach positiven Ereignissen – auch in Bayreuth: Die „Deutsche Wochenschau“ und viele internationale Rundfunkanstalten berichteten direkt von der Festspielauffahrt.

Für die ersten Nachkriegsfestspiele konnten mit Hans Knappertsbusch und Herbert von Karajan zwei herausragende Dirigenten gewonnen werden. Neben den deutschen Opernstars Josef Greindl, Paul Kuen oder Wolfgang Windgassen gaben sich auch die

Wolfgang und Wieland Wagner (rechts) 1945 vor der am 5. April zerstörten Villa Wahnfried.

internationalen Stars Astrid Varnay (USA), Martha Mödl (Wien) oder George London (Kanada) ein Stelldichein.

Für die insgesamt 22 Aufführungen auf dem Grünen Hügel wurden 1951 fast 40.000 Karten verkauft, so dass die Wagner-Brüder finanziell auf der sicheren Seite waren. Die Besucher, die mit über 14.000 Automobilen gekommen waren, übernachteten in Bayreuth, speisten und kauften schon das ein oder andere Andenken in den Geschäften. Im Schlachthof wurden 56 Rinder mehr als sonst geschlachtet und im Festspielrestaurant täglich viele hundert Paar fränkische Bratwürste verkauft. Wagners Werk, das im Ausland trotz des Krieges auf ungebrochenes Interesse stieß, war in Bayreuth zu neuem Leben erwacht.

Doch beginnen wir von vorn – beziehungsweise am Ende. „Götterdämmerung" in Bayreuth: Im April 1945 wurde ein Drittel der Stadt Bayreuth – unter anderem das Haus Wahnfried – von alliierten Bombern in Schutt und Asche gelegt. Fortan waren die Bayreuther damit beschäftigt, den Trümmerberg wegzuräumen und für sich selbst und die Tausenden von Menschen aus dem Sudetenland sowie den deutschen Ostgebieten Unterkünfte zu schaffen. Keinen Gedanken verschwendete man daran, was mit dem unversehrten Festspielhaus, das die englischen Piloten angeblich

„Was tat dir der treue Schwan?"
– Gurnemanz an Parsifal. Im Bild Szene aus dem 1. Akt, 1951.

für eine Brauerei gehalten hatten, geschehen sollte.

Im „Regierungsauffanglager Festspielhügel" hausten über 500 Menschen, die zum Teil sogar in den Gängen des Festspielhauses untergebracht waren. Auf der Bühne starb unter den amerikanischen Besatzern nicht mehr Isolde, sondern „Madame Butterfly" den Liebestod – im Rahmen der Truppenbetreuung für die 9. US-Panzerdivision.

Schon bald kamen den Stadtvätern die fantastischen Besucherzahlen in Erinnerung. In den 30er Jahren wurde Bayreuth regelmäßig von über 50.000 Festspielgästen besucht. Man erwog die Umwandlung des „Privatunternehmens Festspiele" in eine Stiftung. Oberbürgermeister Oskar Meyer machte Wolfgang Wagner – er war kein NSDAP-Mitglied – das Angebot, ihn bei der Wiedereinführung der Festspiele führend zu beteiligen, wenn er sich von der Familie distanziere. Wolfgang, der zu dieser Zeit zwangsverpflichtet Ruinengrundstücke freischaufelte, lehnte entrüstet ab.

Winifred macht den Weg frei

Meyer hoffte auf eine Kommission von namhaften Künstlern, die bereits für das Jahr 1948 eine Wiedereröffnung mit dem „Parsifal" planen sollten. Das „Versorgungskrankenhaus" sollte zu diesem Zweck kurzfristig zu einem provisorischen Hotel mit 1.800 Betten umfunktioniert werden. Ein ziemlich abenteuerlicher Gedanke, wenn man bedenkt, dass dort noch das US-Armeelazarett untergebracht war. Erst als sich die Hitler-Freundin Winifred Wagner bereit erklärte, die Organisation und die künstlerische Leitung ihren Söhnen Wolfgang und Wieland zu übertragen, wurde der Weg zur Festspielleitung doch noch für die Familie Wagner frei.

Den Wagner-Brüdern fehlte das Startkapital. Es begann die Stunde Wolfgang Wagners. Er besuchte den bayerischen Ministerpräsidenten, Unesco-Vertreter, Juristen und Kulturträger, Industrielle und ehemalige Freunde der Festspiele. Mit dem Motorrad fuhr er durch Westdeutschland und versuchte wertvolle Autographe seines Großvaters zu verkaufen.

Bei der Gründungsversammlung der „Gesellschaft der Freunde von Bayreuth" am 22. September 1949 in Frankfurt legten Wolfgang und Wieland Wagner einen Etat in Höhe von 700.000 Mark, davon Eintrittserlöse von 300.000 Mark, für die Finanzierung der Bayreuther Festspiele im Jahr 1950 vor. Staatliche Zuschüsse waren vorerst nicht zu erwarten. Den Vorschlag des Kultusministers Dr. Hundhammer, über den Bayerischen Landtag 300.000 Mark zu bewilligen, wenn Wieland und Wolfgang Wagner einen vom Staat zu stellenden Intendanten akzeptieren würden, lehnten die Brüder bereits im Vorfeld ab.

Werbe-Rundreise im VW

Nun mussten die westdeutschen Rundfunksender überzeugt werden. Im September 1950 zwängten sich Wolfgang Wagner und die beiden städtischen Vertreter Karl Würzburger und Max Kuttenfelder in einen Volkswagen, um die lange Rundreise von Bayreuth über Hamburg, Köln, Frankfurt und Baden-Baden anzutreten. Eine beschwerliche, aber erfolgreiche Reise auf den damals auch im übertragenen Sinn noch holprigen Straßen.

Schon am 18. September 1950 bewilligte der Bayerische Rundfunk als erster ARD-Sender eine Kulturhilfe von 50.000 Mark. Einen Monat später genehmigte der Landtag eine Subvention in Höhe von 200.000 Mark und die Stadt Bayreuth stellte weitere 100.000 in Aussicht. Die Vorbereitungen für die Bayreuther Festspiele 1951 konnten beginnen.

Während der Vorbereitung der ersten Nachkriegsfestspiele zeichnete sich ab, dass dem Festspielwerk Bayreuth schnell wieder Zuspruch und großes Interesse entgegengebracht wird. Berühmte Dirigenten wie Furtwängler, Knappertsbusch und Karajan wollten ebenso dabei sein wie Mitarbeiter des künstlerischen und technischen Personals. Der Neueröffnung stand nichts mehr im Weg ...

Aus dem Festspielhäuschen

Kontroversen begleiten die Festspiele, seit es sie gibt. Wenn das Bayreuth-Publikum zwischen Bravo- und Buhrufen schwankt, scheint das aus Marketing-Sicht prima.

von Monika Beer

Wagnerianer. Schon das Wort wiegt walkürenhaft schwer, zumal es in der bald 140-jährigen Festspielgeschichte negativ belastet ist. „Das Wort selbst", klärte Cosima Wagner 1881 Daniela, ihre zweite Tochter aus erster Ehe, auf, „hat die Bedeutung, welches jede Partei-Benennung hat: als Opernkomponist ist Dein Papa nicht wie ein Parteihaupt zu betrachten, wohl aber als Stifter von Bayreuth, als Philosoph, und insofern darf man Wagnerianer diejenigen nennen, welche ihm überall folgen." Am besten bedingungslos. Was sich erfreulicherweise in den Festspielzeitläuften gewandelt hat: Heutige Wagnerianer haben sich weitgehend aus der Gesinnungsgefolgschaft befreit und würden von Cosima nur als zitatfeste Besucher der „Opern" Wagners klassifiziert. Zwar gibt es auch aktuell erbitterte Schlachten zwischen Buh- und Bravorufern. Aber die Emotionen kochen vor allem wegen der Inszenierungen und ihrer Ästhetik hoch, und weniger wegen Wagners philosophischem Überbau, von dem zwar viele wissen, dass er antisemitisch verseucht ist, den aber

Same procedure as every year: Wagnerianerin Angela Merkel kommt seit dem Mauerfall jedes Jahr nach Bayreuth, kennt also die in einer heiteren und heilen Welt spielende „Meistersinger"-Inszenierung Wolfgang Wagners von 1981 (oben) nur von der Aufzeichnung, hat aber seit 1990 keine Produktion verpasst und auch die neueste „Ring"-Inszenierung Frank Castorfs von 2013 (links) erlebt, für die Aleksandar Denić unter anderem einen kommunistisch angehauchten Mount Rushmore entworfen hat.

die wenigsten von vorne bis hinten gelesen haben.

Natürlich weiß niemand, wie Wagner seine Werke heute auf die Bühne bringen würde – ein Satz, der eigentlich schon vor dem 13. Februar 1883, seinem Tod in Venedig, Gültigkeit hatte, weil der gerne so titulierte „Meister" höchstselbst mit den eigenen Festspielinszenierungen unzufrieden war. Sowohl die Uraufführung seiner Tetralogie „Der Ring des Nibelungen" bei den ersten Festspielen 1876 als auch der erste „Parsifal" bei den zweiten Festspielen 1882 waren in seinen Augen gar nicht gelungen. Seine Witwe und die Nachkommenschaft hinderte das allerdings nicht daran, stets zu postulieren, dass nur Bayreuth in der Lage sei, werktreue Vorstellungen zu liefern – ein astreines Marketingargument. Unter anderem führte das dazu, dass die „Parsifal"-Uraufführungsproduktion mit Ausnahme des 2. Akts bis 1933 unverändert gespielt wurde, und zementierte bis heute die dynastische Erbfolge auf dem Bayreuther Intendantenthron, obwohl die Festspiele kein Familienbetrieb mehr sind und jedem Politiker klar sein müsste, dass künstlerische Genialität sich nur in Ausnahmefällen durch mehrere Generationen fortsetzt.

Die bisher einzige Ausnahme, die zählt, war Wieland Wagner, einer der insgesamt fünf Enkel Richard Wagners. Auch seine erste „Parsifal"-Inszenierung stand ungewöhnlich lang auf dem Spielplan der Festspiele: Von 1951 bis 1973 – immerhin 23 Jahre und über seinen frühen Tod 1966 hinaus – wurde die kompromisslos abstrakte Inszenierung des damals 34-Jährigen zum Markenzeichen für Neubayreuth. Was nicht nur als optische Abkehr vom bis dahin vorherrschenden Bühnennaturalismus verstanden wurde, sondern auch als Distanzierung von der unrühmlichen braunen Verquickung der Festspiele und der Familie mit dem Naziregime. Selbstverständlich war das nicht, denn der 1917 geborene erste männliche Spross von Wagners einzigem Sohn Siegfried und dessen Frau Winifred war, wie zuvor sein als Komponist heute weitgehend vergessener Vater, der Kronprinz im Bayreuth-Clan, der, als es darauf ankam, von Wahnfried-Freund Adolf Hitler sogar vom Kriegsdienst freigestellt wurde.

Für rückwärtsgewandte, auf die Wiederholung des Immer-Gleichen eingepegelte Wagnerianer war Wielands „Parsifal"-

Die mit Ratten bevölkerte „Lohengrin"-Inszenierung von Hans Neuenfels aus dem Jahr 2010 (linke Seite) zählt aktuell zu den Highlights am Hügel. Als epochal gilt die „Ring"-Inszenierung von Patrice Chéreau zum 100-jährigen Bestehen der Festspiele 1976 (oben). Den unvergleichlichen Walkürenfelsen brachte Bühnenbildner Richard Peduzzi in der „Werkstatt Bayreuth" allerdings erst 1977 ein.

Inszenierung in der eigenen Ausstattung schlichtweg ein Verrat am Werk, an Wagner, am Festspielgedanken. Während die anderen Produktionen im Eröffnungsjahr – neben den konventionellen „Meistersingern" unter Rudolf Hartmann wirkte auch Wielands „Ring"-Inszenierung von 1951 zunächst fast noch traditionell und zeigte sich erst 1953 konsequent entrümpelt – mehr oder weniger am deutschen Nachkriegstheater anknüpften, war Wielands Kunst des Weglassens im „Parsifal" ein theaterästhetisches Signal, das weltweit die Opernkunst prägen sollte. Der Wagnerenkel schaute nicht auf die greifbare Handlungsoberfläche des sogenannten Bühnenweihfestspiels, sondern mit einem intellektuellen Ansatz ins Herz der Figuren, seine Bühnenbilder waren keine Theaterdekoration, sondern Seelenräume in sublimen Farb- und Lichtstimmungen.

Wieland Wagner blieb beim einmal Erreichten nicht stehen, sondern arbeitete und entwickelte beständig weiter:
So wurde aus Neubayreuth allmählich die Werkstatt Bayreuth, in der Wieland für die Aufsehen erregenden Inszenierungen sorgte, während sein zunächst vor allem organisatorisch wirkender Bruder Wolfgang deutlich weniger radikal und in biederer Handschrift sicherstellte, dass die Traditionalisten auch auf ihre Kosten kommen konnten. Wielands archetypisches Theater, das wesentlich unter anderem auf der darstellerischen Ausdrucksintensität der Sänger fußte, feierte auch auf anderen Bühnen und nicht nur mit Werken seines Großvaters international Erfolge. Zunehmend wurden seine Regiearbeiten als progressives politisches Zeittheater wahrgenommen – und waren wegweisend für das, was nach dem Tod des mit nur 49 Jahren

viel zu früh verstorbenen Wagnerenkels kommen sollte.
Die Lebensleistung seines Bruders Wolfgang Wagner – der zunächst gemeinsam mit Wieland, ab 1966 bis 2008 dann alleine offiziell als Festspielleiter fungierte – bestand darin, dass er den Familienbetrieb in mehrfacher Hinsicht öffnete: strukturell, indem er das Privatunternehmen in eine öffentliche Stiftung einbrachte, künstlerisch, indem er weltweit ausstrahlende Dirigenten und Solisten engagierte und andere Regisseure ans Haus holte, die gewissermaßen den theaterrevolutionären Part Wielands übernahmen.
Während August Everdings nicht aus dem Rahmen fallende „Holländer"-Inszenierung von 1969 in der deutschen Opernlandschaft vor allem deshalb aufhorchen ließ, weil mit Steuermann René Kollo erstmals ein Solist am Grünen Hügel debütierte, der sich auch als Schlager-

In seiner legendären „Parsifal"-Inszenierung von 2008 verwob Stefan Herheim die Handlung des Bühnenweihfestspiels mit der Festspielgeschichte. Bühnenbildnerin Heike Scheele zauberte unter anderem eine der Uraufführungsdekorationen auf die Bühne.

sänger einen Namen gemacht hatte, kochte es nach der „Tannhäuser"-Premiere 1972 im Zuschauerraum: Der aus der damaligen DDR stammende Regisseur Götz Friedrich mit seinem bannenden realistischen Musiktheaterstil besetzte, was Wieland Wagner 1963 in Kopenhagen schon ausprobiert hatte, die Rollen der Venus und Elisabeth mit derselben Solistin und ließ zudem den Pilgerchor, den er ursprünglich am Schluss unsichtbar lassen wollte, in Arbeiterkluft auftreten, was viele konservative Premierengäste hörbar auf die Palme brachte.

Polarisierender „Jahrhundert-Ring"

Komplett aus dem Festspielhäuschen waren Teile des Publikums 1976, zum Zentenarium der Festspiele, für das Festspielleiter Wolfgang Wagner erstmals ein französisches Leitungsteam engagiert hatte: den Dirigenten Pierre Boulez, der schon 1966 beim „Parsifal" im mystischen Abgrund am Pult gestanden hatte, dazu den jungen und kaum opernerfahrenen Regisseur Patrice Chéreau mit seinen Ausstattern Richard Peduzzi und Jacques Schmidt. Der „Jahrhundert-Ring", den das Team zeitlich ins 19. Jahrhundert, also in seine Entstehungszeit, verlegte und unmissverständlich auch die Götter als sehr fehlbare Menschen präsentierte, bescherte Neubayreuth seine zweite künstlerische und avantgardistische Hochphase. Auch auf ein heutiges Publikum, das sich die DVD ansieht, verfehlt die Inszenierung ihre Wirkung nicht, selbst wenn sie nicht mehr so ungewöhnlich und innovativ wie damals erscheint, als Buh- und Bravorufer sich gegenseitig auch mal ohrfeigten, Trillerpfeifen en vogue waren und es sogar eine ernst zu nehmende Morddrohung gegen den Regisseur gab.

Reaktionäre Wagnerianer riefen zu ihrer vorletzten Schlacht, gründeten mit dem „Aktionskreis für das Werk Richard Wagners" eigens einen Werktreueverein, von dem es auch heute noch einen Ableger gibt. Wolfgang Wagners theatergeschichtlich kaum relevante Produktionen stellten weiterhin die konservativen Zuschauer zufrieden und waren mit Sängern und Dirigenten der Spitzenklasse auch beim fortschrittlicheren Publikum gefragt, das sich zwar szenisch langweilte, aber das musikalische Höchstniveau schätzte und die Weiterentwicklung der jeweiligen Ensembles gerne verfolgte. Zu Höhepunkten der letzten Jahrzehnte gerieten mehrfach Inszenierungen, deren Regisseure kaum oder noch gar keine Oper inszeniert hatten. Auch wenn die romantische Bilderwelt kitschig war und die Personenregie statuarisch blieb, gelang beispielsweise dem Film-Regisseur Werner Herzog 1987 ein wunderbarer „Lohengrin". Und wer die von Erich Wonder kühn und kühl bebilderte „Tristan"-Inszenierung des Dramatikers Heiner Müller von 1993 erleben durfte, wird nicht mehr vergessen, wie nahe am Tod diese vermeintliche Liebesgeschichte gebaut ist. Nicht jedes Wagnis wurde belohnt, nicht jedem Novizen wurden Lorbeerkränze geflochten. Genuine Opernregisseure wie Götz Friedrich, Harry Kupfer, Jean-Pierre Ponelle, Claus Guth und Stefan Herheim waren eine sichere Bank, zunehmend – dem 1976 in Bayreuth ausgelösten Trend entsprechend – eroberten sich Schauspielregisseure mit Opernpraxis die Wagnerbühne, darunter Alfred Kirchner in der singulären Ausstattung von rosalie, Jürgen Flimm, Christoph Marthaler und Hans Neuenfels. In der Spätphase der Ära Wolfgang Wagners, der erst 2008 im Greisenalter von 89 Jahren zugunsten seiner beiden Töchter Eva und Katharina abdankte, häuften sich künstlerische Fehlentscheidungen und Absagen renommierter Künstler. „Neubayreuth ist alt geworden", konstatierte denn auch Wieland-Tochter Nike Wagner. Selbst der Ausverkauft-Mythos begann zu bröckeln, als 2004 mit Christoph Schlingensief ein „Parsifal"-Regisseur ans Werk ging, der mit seinem unkonventionellen Zugriff und seinem szenischen Multitasking das Gros des Publikums überforderte, und 2005 Wolfgang-Tochter Katharina mit umstrittenen „Meistersingern" in Bayreuth debütieren durfte.

Inzwischen ist die Ära von Neuneubayreuth angebrochen. Die Halbschwestern Eva Wagner-Pasquier (*1945) und Katharina Wagner (*1978) machten zwar durch einige Rand-Neuerungen wie dem inzwischen wieder eingestellten Public-Viewing und der Kinderoper von sich reden, der gern propagierte frische Wind, für den vor allem die jüngere, provozierend auch Regie führende Katharina steht, hat allerdings nicht dafür gesorgt, dass Aufführungen der Bayreuther Festspiele sich noch signifikant von Wagnerproduktionen an Repertoiretheatern unterscheiden. Die berühmten „Suche Karte"-Schilder an jedem der dreißig Aufführungstage sind längst Vergangenheit, auch an der Tageskasse gibt es immer öfter noch Karten.

Immerhin klappte es bisher noch mit den

Dirigenten: Der Hügelkämpe Christian Thielemann gilt nach wie vor als einer der wichtigsten Wagnerinterpreten, inzwischen wird er allerdings von zwei jüngeren Pultstars übertrumpft, die auf ihre Weise Garanten sind für Unerhörtes: Andriss Nelsons, der aktuell noch den „Lohengrin" leitet und für den neuen „Parsifal" vorgesehen ist, sowie „Ring"-Dirigent Kirill Petrenko, der die zwar spektakulär bebilderte, aber sinnentleerte Inszenierung Frank Castorfs zu einem Kunstereignis macht.

Wagnerianer und das Dekonstruktionstheater

Um nochmals die Wagnerianer zu bemühen: Viele von ihnen mögen das aktuelle deutsche Dekonstruktionstheater nicht, zumal wenn es die Musik ignoriert. Katharina Wagners „Tristan"-Inszenierung 2015 und vor allem die „Parsifal"-Regie des gern mit Nazi-Emblemen und -gesten arbeitenden Selbstvermarktungskünstlers Jonathan Meese 2016 werden sie vermutlich bekämpfen, was durchaus im Sinne der Festspielleitung sein könnte. Denn Schlagzeilen – das hat die gesamte Festspielgeschichte gezeigt – bringen, wenn das Stammpublikum weg bleibt, zumindest zeitweilig neue Kunden. Und die müssen sich inzwischen nicht mehr auf langen Wartelisten in Geduld üben, sondern können, wenn sie sich am jeweiligen Stichtag erfolgreich einloggen und der Server nicht wieder zusammenbricht, einfach im Internet Karten bestellen. Wie jeder normale Opernbesucher.

Ein Wagner in Unterhosen und mit Hitlerschnauzbart, im Verein mit anderen namhaften Schwellköpfen: In Katharina Wagners Debüt als Bayreuth-Regisseurin 2007 mit den „Meistersingern" gab es viel Provokatiönchen (linke Seite), während der konzeptionelle Ansatz, den Heiner Müllers ernüchternde und statuarisch-kühle „Tristan"-Inszenierung von 1993 ausstrahlte, weitaus tiefer ging (oben).

Der Sound der Stadt

Musikstadt Bayreuth: Rund um die Wagner-Festspiele hat sich ein vielschichtiges Festivalprogramm etabliert.

von Stephan Herbert Fuchs

Markgräfin Wilhelmine, Jean Paul, Franz Liszt, Richard Wagner: Historisch, literarisch und musikalisch sind diese vier Persönlichkeiten die Aushängeschilder der Stadt. Doch neben den weltbekannten Richard-Wagner-Festspielen oder dem Weltkulturerbe Markgräfliches Opernhaus sind es vor allem die zahlreichen kleineren, keineswegs unbedeutenden Initiativen, Festivals und Veranstaltungsreihen, die das ganze Jahr über den Ton angeben in der Stadt.
Sie bilden die Basis der Kulturstadt, sie sorgen dafür, dass in Bayreuth immer etwas los ist, auch dann, wenn die Festspielgäste längst abgereist sind.

Osterfestspiele gibt es nicht nur in Salzburg, sondern auch in Bayreuth. Schuld daran ist mit Professor Ulrich S. Schubert ein Wissenschaftler, seines Zeichens Lehrstuhlinhaber für Organische Chemie an der Friedrich-Schiller-Universität Jena und Scientific Chairman eines Technologiebereiches des Dutch Polymer Institutes. Seine wissenschaftlichen Arbeiten wurden mit renommierten Preisen wie dem Bayerischen Habilitations-Förderpreis, einem Heisenberg-Stipendium der Deutschen Forschungsgesellschaft und dem Internationalen Preis der Belgischen Polymergesellschaft gewürdigt. Doch der Professor ist auch ein Musiker. Er steht gleichzeitig als Stifter und Vorstandsvorsitzender an der Spitze der Kultur- und Sozialstiftung „Internationale Junge Orchesterakademie“ und bereichert als Intendant des Bayreuther Osterfestivals seit vielen Jahren das Kulturleben in der Stadt.
Als der Chemiker und Materialwissenschaftler 1993 die Konzertreihe „Forum Junger Musiker“ in Bayreuth begründete, hatte er als Klarinettist bereits in verschiedenen Städten in Europa und den USA konzertiert. Ein Jahr später rief er zusammen mit dem einstigen Münchner Generalintendanten August Everding (1928 – 1999) und dem 2010 verstorbenen berühmten

australischen Dirigenten Sir Charles Mackerras die „Internationale Junge Orchesterakademie“ ins Leben, aus der auch das Bayreuther Osterfestival hervorging. Viele hundert Benefizkonzerte wurden seitdem nicht nur in Bayreuth veranstaltet. Fast eineinhalb Dutzend CDs legen davon ein klingendes Zeugnis ab.

Im Sog der klassischen und populären Musik. Linke Seite: „St. Georgen swingt“. Diese Seite: „Musica Bayreuth“ mit Breakin' Mozart (o.li.), clair-obscur (o. re.), an der Orgel: Anna-Victoria Baltrusch.

Zuletzt war das Osterfestival mit rund 100 Musikern aus 32 Nationen so international wie nie zuvor. Die Ausrichtung ist trotzdem von Anfang an immer die gleiche geblieben: „Wir wollen der Region ein hochkarätiges interessantes Angebot bieten, internationale Begegnungen zwischen jungen Künstlern fördern und schwerkranken, speziell krebskranken Kindern helfen“, so Schubert. So gelang es in den zurückliegenden Jahren immer wieder, dass junge Musiker aus Nordkorea, aus dem Irak, Israel, dem Libanon oder anderen Problemregionen der Welt nach Bayreuth kamen und sich in die „Sinfonie der Nationen“ einreihen konnten. Rund eine Million Euro ist seit der Gründung an verschiedene Kinderkliniken überwiesen worden. Möglich machen es namhafte Sponsoren aus der Privatwirtschaft, aber auch die örtlichen Rotary-Clubs. Sie decken sämtliche Unkosten, von der Übernachtung der Teilnehmer bis zur CD-Produktion ab, so dass die Einnahmen komplett dem guten Zweck zufließen können.

Geprobt wird übrigens immer im oberpfälzischen Pleystein. Zu den herausragenden Dirigenten und Musikern, die mit den jungen Leuten die Werke vorbereiten, gehören unter anderem die prominente Geigerin Rebekka Hartmann, Echo-Klassik-Preisträger Matthias Foremny, der spanische Dirigent Miguel Gomez-Martinez oder die schottische Bläser-Legende Bob Ross. Im Fokus der aufgeführten Werke standen bislang vor allem die großen Sinfonien von Gustav Mahler und Anton Bruckner, aber auch Wagners Wesendonck-Lieder oder interessante Crossover-Projekte. Gespielt wird im Markgräflichen Opernhaus, in der Ordenskirche, der Spitalkirche, im Rokoko-Saal des Steingraeber-Palais oder auch mal in einem Autohaus.

Wesentlich älter als das Osterfestival ist das Festival Junger Künstler, das früher Internationales Jugendfestspieltreffen hieß. Es wurde bereits 1950 und damit ein Jahr vor der Wiederaufnahme der Wagner-Festspiele nach dem Zweiten Weltkrieg gegründet (ausführliches Porträt Seite 206). Als weiteres bedeutsames Festival hat sich die „Musica Bayreuth“ mittlerweile international ihr Publikum erobert. Der langjährige Leiter Victor Lukas kommt auf rund 500 Komponisten, deren Werke während der zurückliegenden 50 Jahre aufgeführt wurden. Viktor Lukas ist Kirchenmusiker, Dirigent, Cembalist, Hochschullehrer, Autor und künstlerischer Leiter der „Musica“ und damit das, was man salopp einen „Tausendsassa“ nennen könnte. Auf sein Engagement geht die

Im Umfeld der Festspiele hat sich ein reiches Festival-Leben etabliert. Das ganze Jahr über wechseln sich Rising Stars mit renommierten Musikern ab. Links: Elbtonal Percussion bei der „Musica Bayreuth", rechts: Latvian Voices & Lytos treten bei der SangesLUST auf.

Orgel der Kölner Philharmonie zurück, mit seinem Orgelführer im Reclam-Verlag gelang ihm ein echtes Standardwerk, das bereits zahlreiche Auflagen erfahren hat und in viele Sprachen übersetzt wurde. Mit der von ihm gegründeten Formation, dem „Lukas-Consort", hat er musikalische Schätze, insbesondere des Barock aus dem Dunkel der Geschichte geholt und für die Nachwelt auf Tonträger gebannt.

Nach verschiedenen Stellen in München und Kempten kam er 1960 nach Bayreuth als Kantor der Stadtkirche und als Lehrer der Kirchenmusikschule, bis er 1975 als Professor an die Kölner Musikhochschule berufen wurde. Viktor Lukas hatte schon 1961 die „Orgel- und Musikwoche Bayreuth", die spätere „Musica", begründet. Anlass war der Neubau der großen Orgel in der Stadtkirche, die am 17. September 1961 feierlich eingeweiht wurde. Das Musikfestival sollte ihn fortan nicht mehr loslassen, auch während seiner Zeit in Köln bis zur Pensionierung 1996. Viktor Lukas hatte die „Musica" immer weiterentwickelt. Während zunächst „nur" Orgelkonzerte auf dem Programm standen, folgte nach und nach eine programmatische Öffnung hin zu Solistenkonzerten, Kammermusikabenden, Chor- und Orchesterkonzerten, Liederabenden und Oratorien und schließlich die Aufführung kompletter Opern. Oft stand und steht dabei das von ihm 1968 aus Mitgliedern der Bamberger Symphoniker gegründete Lukas-Consort im Mittelpunkt, aber auch weltweit gefragte Solisten kamen stets gerne ins Operhaus. Allein der Trompeter Maurice Andre war zehn Mal zu Gast, der Pianist Gerhard Oppitz vier Mal und der große Wilhelm Kempff drei Mal. 1971 wurde die Orgelwoche in „Musica Bayreuth" umbenannt. Zu den Höhepunkten gehören unter anderem die Aufführungen von Krzystof Pendereckis „Stabat Mater" (1969), von Klaus Hashagens „Sweelinck" und Hans Chemin-Petits „Introitus u. Hymnus über den 148. Psalm" (1971), Helmut Bielers „Misere, Domine" (1985), sodann aber auch die Neuinszenierungen von Johann Adolf Hasses „Ezio" (1998) und Markgräfin Wilhelmines „Argenore" (2009). Seit 2012 ist Sohn Clemens musikalischer Leiter der „Musica Bayreuth".

Grundversorgung

Kein Festival im klassischen Sinne, sondern eher für die musikalische Grundversorgung zuständig ist die Gesellschaft der Kulturfreunde mit ihrer Konzertreihe. Es ist sicherlich eine Besonderheit, dass ein eingetragener Verein seit mittlerweile weit über sechs Jahrzehnten in ausschließlich ehrenamtlicher Regie hochkarätige Konzertreihen mit international renommierten Solisten, Ensembles, Orchestern und Dirigenten veranstaltet. Der Zusammenschluss finanziert das in der gesamten Region viel beachtete kulturelle Angebot zu etwa drei Viertel aus Mitgliedsbeiträgen und dem Verkauf von Konzertkarten, Abonnements und Programmen. Der Rest wird im Wesentlichen über einen städtischen Zuschuss gedeckt. Zentraler Veranstaltungsort ist das Große Haus der Stadthalle. Vorstand Horst-Werner Nitt hat die Gründungsjahre der Gesellschaft noch hautnah miterlebt und möchte den Zusammenschluss in eine gesicherte Zukunft führen. Nitt hatte im Alter von zehn Jahren begonnen, Geige zu spielen und war 1968/1969 zusammen mit seinem Bruder Richard-Wagner-Stipendiat.

Bayreuth-Capriccio für Klassikfans

Für Klassik- und Kultur-Begeisterte bietet die Bayreuth Marketing & Tourismus GmbH (www.bayreuth-tourismus.de) ein „Gesamtpaket" an, das 3 Tage und 2 Nächte in Bayreuth umfasst. Ob Osterfestival, Musica, Junge Meisterpianisten oder Zeit für Neue Musik – während des Aufenthalts lässt sich jeweils eines der genannten Musikfestivals erleben.
Leistungen: 2 Übernachtungen mit Frühstück, Bayreuth Card (freier Eintritt in 8 Museen, freie Benutzung der Stadtbusse, Stadtführung, eine Tageszeitung Nordbayerischer Kurier), ein Abendessen, ermäßigter Eintritt in das UNESCO-Welterbe Markgräfliches Opernhaus, in das Neue Schloss und ins Alte Schloss der Eremitage.

Eintrittskarten zu den Musikfestivals sind nach Wahl und Verfügbarkeit **zusätzlich** buchbar:

Bayreuther Osterfestival	März/April
Zeit für Neue Musik	März/April
Musica Bayreuth	Mai/Juni
Bayreuther Klavierfestival	Juli
SangesLUST	Oktober
Junge Meisterpianisten	Jan.-Dez.

Daneben gibt es noch jede Menge kleinere, aber deshalb nicht minder bedeutende Festivals in Bayreuth. Zwei davon sind das „Bayreuther Klavierfestival" und das „Festival Zeit für neue Musik". Bei beiden spielt die traditionsreiche Klaviermanufaktur Steingraeber & Söhne eine große Rolle. Im Zentrum des jungen Klavierfestivals stehen hochkarätige Pianisten, wie etwa Fazil Say oder Stefan Mickisch. Die Konzerte finden alljährlich von Juni bis August im Rokokosaal, im neuen Kammermusiksaal des Steingraeber Hauses oder auch in der Stadthalle und dem Markgräflichen Opernhaus statt. Fast zur gleichen Zeit gibt es dort das Festival „Zeit für Neue Musik". Künstlerische Leiter sind die Komponisten Professor Helmut Bieler und Wolfram Graf. Im Rahmen dieses Festivals haben Komponisten wie Arash Safaian, Xaver Paul Thoma oder Günter Mattitsch ihre Werke in Bayreuth uraufgeführt. Regelmäßig werden darüber hinaus etablierte zeitgenössische Komponisten vorgestellt, etwa Horst Lohse, Wilhelm Killmayer, Dieter Salbert, Gordon Kampe und Peter Michael Hamel.
Ein weiteres mehrtägiges Festival gehört seit 2010 ebenfalls zum festen Bestandteil der Bayreuther Musiklandschaft: Bereits bestens etabliert ist das A-Capella-Event SangesLUST, das alljährlich im Oktober stattfindet. Dabei präsentieren die Veranstalter bewährten A-Capella und stets neue, spannende Experimente. Dabei präsentiert sich das Festival von Jahr zu Jahr größer und internationaler: Neben fränkischen Lokalmatadoren sind bei SangesLUST inzwischen Gesangsgruppen aus ganz Europa zu hören, die zu den besten ihres Fachs gehören.

Jazz und Neue Musik

Nicht nur die ernste Muse spielt im musikalischen Leben Bayreuths allerdings eine Rolle, auch der Jazz soll die Wagnerstadt endlich erobern. Dieses Ansinnen verfolgen die Mitglieder des Jazzforums, das seit Jahren mit dem Bayreuther Jazznovember ein eigenes Festivals aus der Taufe gehoben hat. „Die Wagnerstadt ist schon lange kein Entwicklungsland mehr in Sachen Jazz", heißt es. Und weil alle Jazz-Freunde fest davon überzeugt sind, dass es in der Region ein Jazzpublikum gibt, lädt der als örtliche Kulturträger in Bayreuth längst anerkannte Zusammenschluss alljährlich feste Größen – von der regionalen Big Band bis zum internationalen Topact – ein. Der amerikanische Schlagzeuger Bill Cobham gehört genauso dazu wie die Kulmbacher Big Band „Foobirds". Regelmäßige Veranstaltungsorte sind das Jugendkulturzentrum, das Bayreuther Audi-Zentrum und der Becher-Saal im Stadtteil Altstadt.

Dem eingetragenen Verein „Jazzforum Bayreuth" gehören aktuell etwa 180 Jazzfans an. 25 davon organisieren aktiv die Konzerte, kleben Plakate, planen Werbung und Öffentlichkeitsarbeit und aktualisieren die Website. Die Wurzeln der Jazzfreunde reichen allerdings bis in die 1950er Jahre zurück. 1982 wurde dann das Jazzforum Bayreuth e.V. gegründet. Neue Impulse kamen durch die Studenten der Universität Bayreuth Mitte der 1980er Jahre. Später kam der Umzug von der „Etage" ins alte „Podium" in der Mainstraße als ständigem Veranstaltungsort. Der Umzug in den Becher-Saal in der Bayreuther Altstadt ist für Kaspar Schlösser, dem jetzigen Vorsitzenden, der letzte nach außen sichtbare Erfolg, Licht- und Beschallungsanlage seien vom Jazzclub finanziert worden. Auch die Stadt Bayreuth unterstütze die Arbeit seit Jahren und dokumentiert dadurch ihre Verbundenheit zum Jazz als wichtige Kulturgattung.

Freiheit des Denkens, Freiheit der Improvisation – Jazz verkörpert genau dieses Lebensgefühl. Während dieser im Sommer auch Open-Air stattfindet, wie im Juli bei „St. Georgen swingt" (Mitte), dient im übrigen Jahr der Becher-Saal als Spielstätte. An Nachwuchs herrscht kein akuter Mangel. Gleiches gilt für das hochkarätig besetzte „Osterfestival" (oben) und das „Bayreuther Klavierfestival" (unten).

Vorsicht, Leidenschaft!

120 Chorsänger aus Lettland, Portugal, China, Deutschland und den Philippinen – Harmony International.

Das Festival junger Künstler Bayreuth – Das ist eine „Probebühne für die Jugend der Welt“. Jedes Jahr im August schafft das Festival junger Künstler Bayreuth einen Begegnungsort für junge Menschen aus aller Welt, einen Lernort für interkulturelle Kompetenz, einen Experimentierort für das Neue in Musik, Theater, Film, Literatur und Kunst.
Die Gründung des Festivals im Jahr 1950 wird noch heute international als „wichtiges kulturhistorisches Ereignis“, so die New Yorker Dramaturgin Beate Hein im Herbst 2013, wahrgenommen. Damit ist das Festival junger Künstler ein wichtiger Imageträger für ein weltoffenes, innovatives und engagiertes Bayreuth!

Internationale Sänger bei der Operngala des Festivals junger Künstler Bayreuth.

Festliche Eröffnung der Veranstaltungsreihe am Stadtparkett.

Festival junger Künstler Bayreuth
Äußere Badstraße 7a
95448 Bayreuth
Intendanz:
Dr. h.c. Sissy Thammer
Tel. 0921 / 9800444
www.vorsicht-leidenschaft.de
info@YoungArtistsBayreuth.com

Kunst und insbesondere Musik bilden die Plattform, auf der zirka 400 junge Teilnehmende aus ca. 30 Nationen miteinander in Dialog treten, Leistungsgrenzen ausloten und Schlüsselmomente von Kreativität und Leidenschaft erfahren. In den Workshops für Orchester, Kammermusik, Gesang, Tanz, Komposition und vielem mehr erarbeiten sie anspruchsvolle Programme, die in rund 100 Open Airs, Konzerten, Symposien und Events der Öffentlichkeit präsentiert werden.

Das regt auf:

Die Bayreuther Komponisten Kommune: Das Festival junger Künstler Bayreuth ist ein Forum für das Neue und das Experiment in Kunst und Musik.

Das elektrisiert:

Die jungen, internationalen Chorsänger sind mit ihren Konzerten ein klanggewaltiges und temperamentvolles Highlight im Bayreuther Festspielsommer.

Das fasziniert:

„Orient meets Occident" – junge arabische Instrumentalisten und Sänger treten gemeinsam mit deutschen Jazzern auf. Das ist Weltmusik. Hier entsteht aus interkultureller Begegnung Neues, Gemeinsames.

Workshop für Kammermusik.

Das ist einmalig:

Die Festspielkinder! Anspruchsvolle künstlerische Workshops für Theater, Musik, Film und Bildende Kunst – und vor allem jede Menge Spaß für alle Kinder, ungeachtet ihres sozialen oder kulturellen Hintergrunds.

„Das Festival junger Künstler Bayreuth versteht sich als ‚Probebühne für die Jugend der Welt' – der Satz kombiniert das Pathos von der ‚Welt-Jugend' mit dem praktisch-unpathetischen Ansatz, dass hier etwas ausprobiert wird. Eine schöne Idee, und umso nötiger, wenn die Hauptbühnen von Ritualen und Routinen ermüdet sind. Beim ‚Young Artists Festival Bayreuth' darf man sich wundern, zum Beispiel über Wagners überraschenden Plan zu einer großen Oper über die ‚Sarazenin' Fatima, die die Begegnung der west-östlichen Kulturen als Liebesdrama verhandelt. Wir wissen nicht, wie Wagner Fatimas Welt komponiert hätte, es gibt nur den Text – der aber kann einen Impuls geben, in die Ferne der mittelalterlichen Musik in Orient und Okzident zu schweifen und von da aus einen Blick zurück in unsere Gegenwart zu werfen.
Damit wird das ‚Fremde' auch stofflich zum Thema, gerade nicht das Altbekannte. Im Ungesicherten öffnet sich der Blick für das Andere, und in der Begegnung von jungen Künstlerinnen und Künstlern aus der ganzen Welt öffnet er sich auch für den Anderen und die Andere. So ist das mit Begegnungen: Man weiß nie vorher, was dabei ‚herauskommt'. Das Festival junger Künstler pflegt dieses Prinzip der unverhofften Begegnung seit 1950: Aufbruch als Zustand. Und es ist so nötig wie nie, um den Gespenstern am toten Mann Wagner etwas entgegenzusetzen: Jugend, Gegenwart, gute Fragen, Hirn und Passion."

– Prof. Dr. Holger Noltze in seinem Bayreuth-Essay

Sissy Thammer – Intendantin des Festivals junger Künstler Bayreuth.

Musik verbindet – die Band „Beyond Borders" mit Musikern aus Deutschland und Tunesien.

Das gibt es auch noch:

Projekte für Musiktheater und Symposien zum Werk Richard Wagners.

Das fordert:

Junge KulturmanagerInnen übernehmen im Rahmen von „Sprungbrett" Verantwortung für die Projekte des Festivals und erhalten neue Perspektiven für ihre berufliche Ausbildung und ihren zukünftigen Lebensweg.

Das macht Freude:

Die Unterstützung, nicht zuletzt seitens der öffentlichen Hand, an erster Stelle der Stadt Bayreuth, die als Austragungsort nicht nur Technik, Logistik etc. und Projektfördermittel bereit stellt: Bayreuth ist großzügiger Gastgeber für die jungen Menschen aus aller Welt.
Das Festival wird maßgeblich getragen durch das bürgerschaftliche Engagement der Förderer junger Künstler Bayreuth, ihre Spenden, durch ihre Kraft – und durch ihre Leidenschaft!

Ein Pianoforte-Klassiker – nicht nur für Klassisches

Die Geschichte der Pianofortefabrik Steingraeber & Söhne beginnt bereits in den 1820er Jahren in Thüringen. Eduard Steingraeber, Sohn des Gründers, betreute zunächst Franz Liszts Instrumente auf Tourneen, ließ sich 1852 in Bayreuth nieder und fertigte sein „Opus 1", das erste Meisterstück des Klavierbauers, in dem er das Wiener mit dem Englischen Mechaniksystem kombinierte.

Made in Germany – Die Resonanzbodenmacherei der Klaviermanufaktur Steingraeber & Söhne.

Steingraeber & Söhne KG
Friedrichstr. 2 und
Steingraeberpassage 1
95444 Bayreuth

Tel. 0921 / 64049
www.steingraeber.de
steingraeber@
steingraeber.de

Öffnungszeiten des Klaviergeschäfts:
Montag bis Freitag
10 – 18 Uhr
Samstag
10 – 14 Uhr

Franz Liszt, inzwischen gelegentlich Nachbar in Bayreuth, pflegte auf Flügeln der Firma Steingraeber zu spielen und sie nicht selten bei einem furiosen Finale gar zu demolieren.

Klaviere mit Weltruhm

Rasch entwickelte sich die Firma zur größten Klaviermanufaktur Bayerns. Seit 1867 wurden die Steingraeber-Klaviere regelmäßig mit internationalen Preisen ausgezeichnet und 1906 begannen weltbekannte Designer, die Steingraeber Klaviermöbel zu gestalten. Seit 1980 führt Udo Schmidt-Steingraeber in sechster Generation das Unternehmen, in dem derzeit 35 Mitarbeiter in Handarbeit Spitzenqualität schaffen, Instrumente, die von bedeutenden Künstlern der Gegenwart weltweit gespielt werden. Das Steingraeber-Haus, der historische Firmensitz in der Bayreuther Friedrichstraße, ist eines der wenigen weitgehend original erhaltenen Bauten des Rokoko. Der markgräfliche Camerier v. Liebhardt errichtete 1754 das prunkvolle Palais, welches Eduard Steingraeber 1871 kaufte und zum repräsentativen Sitz des erfolgreichen Klavierfabrikanten machte.

Das Erdgeschoss des Rokokobaus eignet sich hervorragend zur Präsentation von Klavieren, während das ehemalige Gesindehaus drei Auswahlsäle für Flügel bietet. Die Werkstätten im Nachbargebäude können Besucher während der regelmäßigen Fabrikführung kennenlernen. Der original erhaltene Rokokosaal, das faszinierende Ambiente und der „Liszt-Flügel" locken auch heute viele Pianisten zu Konzerten nach Bayreuth.

Luisenburg-Festspiele
Luisenburg 2
95632 Wunsiedel

www.luisenburg-aktuell.de

Kartenverkauf
Jean-Paul-Str. 5
95632 Wunsiedel
Tel. 09232 602 162
touristinfo@wunsiedel.de

„Die schönste Bühne der Welt"

„Die schönste Bühne der Welt" – Zu diesem Superlativ ließ sich eine Journalistin der Süddeutschen Zeitung im Sommer 2013 hinreißen, nachdem sie zwei Tage lang die Arbeit der Schauspieler zwischen Felsen und Fichten begleitet hatte.

Und in der Tat ist diese Naturbühne einzigartig! Ursprünglich ein Teil des schon von Goethe durchkletterten Felsenlabyrinths, wurde die Luisenburg 1890 von theaterbegeisterten Wunsiedlern als Spielstätte ausgebaut. Schon damals kamen, durch Zeitungen ganz Europas auf die unvergleichliche Landschaftskulisse hingewiesen, Tausende Schaulustiger von nah und fern. Ein frühes Wunder! Und so bildete die Luisenburg die Keimzelle für alle anderen in den Folgejahren gegründeten Bühnenfestspiele unter freiem Himmel. Kein Geringerer als Fritz Basil vom kgl. Hoftheater München war es, der sie erstmals im Sommer 1914 als sogenannte „Künstlerfestspiele" organisierte. Und mit Werner Krauss und Helene Thimig, der späteren Frau von Max Reinhardt, dem Begründer der Salzburger Festspiele, standen damals zwei junge, hochbegabte Schauspieler im Ensemble, die in Folge zu

den ganz Großen der deutschen Theaterlandschaft gehören sollten. Vielleicht war es sogar die Thimig selbst und ihre beglückende auf der Luisenburg gemachte Erfahrung, die Max Reinhardt in Salzburg Felsenreitschule und Domplatz als besondere Spielorte entdecken ließ.
Nicht einmal der Erste Weltkrieg und die Weltwirtschaftskrise konnten die jungen Luisenburg-Festspiele gefährden, so schnell waren sie zu einem Höhepunkt im Kulturleben Nordbayerns gewachsen.
In den 30er Jahren kamen aus Sachsen bereits Sonderzüge voller Theaterbegeisterter, die mit Blaskapelle vom Bahnhof abgeholt, durch die Festspielstadt den Berg hinauf zur Luisenburg begleitet wurden. Die Zuschauerzahlen schnellten in die Höhe und im Sommer 1937 waren es zum ersten Mal über 100.000.

Seit nun mehr 100 Jahren begeistert die Felsenbühne (Bild links) mit professioneller Bespielung auf höchstem Niveau. Von 2011 bis 2013 zudem mit neuen Erweiterungsbauten ergänzt, bietet die Luisenburg als eine der traditionsreichsten und modernsten Freilichtspielstätten ein breit aufgestelltes Programm: Kinder- und Familienstücke, Musical, Volkstheater, Schauspiel-Klassiker, Operette, Oper, Konzertprogramm.

Mehr als 138.000 Zuschauer begeistern sich heute jeden Sommer an den vier Eigeninszenierungen und zwei Musiktheatergastspielen, fast ein Viertel davon Kinder. Sie, die hier „Robin Hood“ oder „Jim Knopf“ zujubeln, erfahren auf der Luisenburg ihr zumeist erstes, prägendes Theatererlebnis. Und waren es früher die großen Sprechtheater-Klassiker, die den Spielplan dominierten, so sind es heute spektakuläre Musicals wie „Anatevka“, „Rocky Horror Show“, „Blues Brothers“ oder die erste Open-Air-Inszenierung von „Spamalot“, die für Aufsehen sorgen. Schon zwischen den Kriegen als besonders geeignet für die Stücke der süddeutschen und österreichischen Dialektliteratur erkannt, verfügt dieses „Volkstheater“ unter Intendant Michael Lerchenberg inzwischen über ein Alleinstellungsmerkmal in der gesamten bayerischen Theaterlandschaft. „Die Geierwally“, Ludwig Thomas „Der Wittiber“, Orffs „Bernauerin“, „Tannöd“, der legendäre „Brandner Kaspar“ oder die Wiederentdeckung von Ruederers „Die Fahnenweihe“ – letztere sogar vom Bayerischen Fernsehen aufgezeichnet – haben heute den Ruf der Luisenburg-Festspiele für anspruchsvolles, herausragendes Volkstheater überregional etabliert und lassen tausende begeisterter Schaulustiger aus München und Oberbayern alljährlich ins malerische Fichtelgebirge fahren. So hat sich herumgesprochen, was der Münchner Merkur mit „Die Luisenburg – ein Theaterwunder!“ jubelnd umschreibt.

Warnung vor dem Hunde!
Man bittet aussen zu läuten.
Fränkischer Theatersommer
MEIN LIEBER SCHWAN
– WAGNERS RING
mit Angelique Verdel und Alexander Voll
WaS ihR Wollt
William Shakespeare
GIFT
DAS LEBEN UND TÖTEN DER ANNA MARGARETHA ZWANZIGER
Die Magd als Herrin
Der Schauspieldirektor &
KAMMEROPER-ABEND UM LIEBE UND LIST
WAGNER IM RING
Schiller: Ganz oder gar nicht!
der ganze schiller in 90 minuten eine theaterparodie
MUSIKALISCHE ZEITREISE
My Way
DIE LIEBESGESCHICHTE VON FRANK SINATRA UND AVA GARDNER
MAX UND MORITZ
THEATER FÜR KINDER AB 5 JAHRE
Wilhelm Busch
Ein jeder Narr tut was er will

„Kultur ist ein Weckamin“

Interview mit dem Schauspieler und Intendanten des Fränkischen Theatersommers, Jan Burdinski

Interview Oliver van Essenberg

Was für ein Ort! Der Bachlauf der Aufseß schlängelt sich sanft durch üppige Wiesen. Felsen und Fichten säumen die Hänge. Schon von weitem ist das Schloss Oberaufseß zu sehen. Im Turmhaus wohnte Hans Max von Aufsess, Autor des lesenswerten Buches „Der Franke ist ein Gewürfelter“. Jan Burdinski zählt den Frankendichter zu seinen Lieblingsschriftstellern und steht ihm auch an seinem Wohnort sehr nahe. Der Intendant des Fränkischen Theatersommers hat sich im Turmhaus eingemietet. 2011 erhielt er für seine Arbeit den Frankenwürfel, der in Erinnerung an Max von Aufsess vergeben wird.

Das Wanderleben liegt Ihnen gewissermaßen im Blut. Sie sind als Sohn eines Pfarrers im Schwäbischen geboren und mehrfach umgezogen und jetzt hier sesshaft geworden. Das ruhige Aufseß ist sicher ein guter Ausgleich zum unsteten Theaterleben. Wie verhält sich beides zueinander?

Burdinski: Theaterleben ist immer sehr bunt, vielgestaltig und aufregend – ob auf dem Land oder in der Stadt. Da meine Wahl auf das Wanderleben durch die oberfränkische Provinz gefallen ist, galt das Hauptaugenmerk den Fragen: Wie kann man mit Theater diese Region beleben? Wie ist das organisatorisch zu schaffen? Es zeigte sich, dass es auf viel Arbeit hinauslief, so dass ich zunächst einmal vergessen konnte, in einer sehr ruhigen Gegend zu leben. Aber zwischendurch, nach langen Arbeitstagen und großem Tourneebetrieb, merkte ich schon, wie angenehm der Ausgleich ist. Hier ist es tatsächlich die Landschaft, die einen wie von selbst zur Ruhe bringt. Die Landschaft ist in Oberfranken ja außerordentlich ursprünglich und faszinierend und wirkt doch zugleich wie ein Wundermittel gegen Zivilisationsstress. Es ist, wie einmal Max von Aufsess sagte, eine kleinschachtelige Gegend, wo sich um die nächste Ecke plötzlich wieder eine andere Perspektive eröffnet. Für mich war die ganze Schufterei und Fahrerei daher immer auch mit Genuss verbunden. Und so ist es bis heute geblieben.

Ein magischer Ort, Schloss Oberaufseß in der Fränkischen Schweiz (Bilder dieser Seite und übernächste Seite).

Sie haben beide Seiten, das Stadttheater und das Theater auf dem Land, kennengelernt. Merken Sie da deutliche Unterschiede?

Ja. Das Kulturinteresse ist bei einem städtischen Publikum größer. Die Erlebniskultur gehört in der Stadt wirklich zu einem Bedürfnis der Bürger. Hier auf dem Land sind die Kulturinteressen anders gelagert. Das Aufgehobensein in Vereinen ist viel wichtiger, sodass man sich mit dem Theaterangebot manchmal sogar wie ein Fremdkörper vorkommt. Zudem gibt es hier eine größere Hemmschwelle, ins Theater zu gehen. Daher war es harte Arbeit, solche Interessen erst einmal zu etablieren. Das habe ich mir anfangs leichter erträumt. Dann kommt noch etwas hinzu: Bei über 80 verschiedenen Spielorten – unter dem Motto „Heute hier, morgen dort" – ist es viel, viel schwieriger, sich als feste Größe in einer Region zu verankern als mit einem festen Haus. Unter solchen Bedingungen dauert es nicht nur ein paar Jahre, sondern ein Jahrzehnt, bis eine Zugehörigkeit erkämpft ist.

Abgesehen von den wirtschaftlichen Rahmenbedingungen, die bei einem Theater ja sowieso immer schwierig sind, dürfte es in der Zwischenzeit also leichter geworden sein, Akzeptanz beim Publikum zu finden.

Ja, das kann man sagen. Ein ‚Renner' auf der Gegenwartsbühne, nämlich das Kabarett, hat zusätzlich dazu beigetragen, das professionelle Live-Aufführungen auf dem Land ‚üblicher' geworden sind. Allerdings besteht zwischen Kabarett und dem, was wir machen, auch eine Kluft. Während das Kabarett von vornherein das Lachbedürfnis im Auge hat und in den Medien viel präsenter ist, bemühen wir uns darum, die Vielseitigkeit von Literatur und Theater aufzuzeigen, denn auch das Leben ist vielgestaltiger und kann in Kabarettaufführungen nur unzureichend abgebildet werden. An mir selber konnte ich immer wieder beobachten, dass ich als Zuschauer Theateraufführungen oft als viel nachhaltiger empfunden habe.

Vom klassischen Theater heißt es ja oft, dass es etwas Allgemein-Menschliches darstellt. Kommen sich Land- und Stadtmenschen so vielleicht auch ein Stück näher?

Ja, natürlich. Bei einer Aufführung von Molière verschwimmen die Grenzen zwischen Stadt- und Landpublikum. Die Gäste amüsieren sich und spüren, dass es nicht über sie hinweggeht, sondern ins Herz trifft. Das ist auch bei Shakespeare der Fall. Beide hatten so viel Ahnung vom Menschen und waren so genaue Beobachter, dass ihre Stücke von zeitübergreifender Bedeutung sind. So gibt es zahlreiche Komödiendichter in anderen Ländern, die diese Fähigkeit auch haben. Italien ist reich davon. Wenn wir neben dieser anspruchsvollen Komödienliteratur dann noch Kleinkunst und Kammerspiele ins Programm aufnehmen, ist das eine sinnvolle Ergänzung. Dadurch können wir auch mal ganz spezielle Theaterinteressen abdecken.

Sie sind in mehreren Rollen aktiv. Als Intendant, als Regisseur, als Schauspieler, als Stückeschreiber. Wo fühlen Sie sich am wohlsten?

Ich liebe diese künstlerischen Tätigkeiten, bin zusätzlich aber auch noch Technikhelfer, Büromitarbeiter und vor allem Organisator. Diese Aufsplitterung war von Anfang an da und hat ihren Grund in der Personalknappheit unserer Landesbühne. Viele Positionen müssen von wenigen Leuten ausgefüllt werden. Manchmal vergisst man darüber beinah, weshalb man den Beruf eigentlich gewählt hat, nämlich um Stücke über das Leben zu inszenieren und zu schauspielern. Aber auch mit dieser Zwangslage wird man fertig, solange das Zusammenspiel im Team gut funktioniert.

Genießen Sie den Umgang mit dem Ensemble also am meisten an Ihrer Arbeit?

Im Grunde ja. Natürlich stehe ich auch als Darsteller gerne auf der Bühne, aber lange fühlte ich mich eher als Hebamme, die einen Organismus in Bewegung setzt und andere das Vergnügen auskosten lässt, der Theaterarbeit nachgehen zu können. Da hatte ich dann auch meine Mitfreude daran. Neuerdings werde ich jedoch durch die effiziente ehrenamtliche Tätigkeit des Vorsitzenden unseres Theatervereins und durch die profunde Mitarbeit des Büroleiters stark entlastet, so dass ich der künstlerischen Ensemblearbeit mehr nachgehen kann. Das genieße ich.

Viele Städte und Regionen sind bemüht, sich ein Profil zu geben, das sich gut vermarkten lässt. Kultur dient dabei als wichtiger Standortfaktor. Dennoch sind viele Kulturbetriebe chronisch unterfinanziert. Frustriert das auf Dauer nicht auch?

Das ist schwierig zu beantworten. Wir haben in Deutschland ja eine weltweit beneidete Kulturlandschaft, für die wir dankbar sind. Trotzdem spielt der ‚weiche Standortfaktor' des Künstlerischen wahrscheinlich eine immer noch unterschätzte Rolle. Man kann auch sagen: Kultur ist ein ‚Weckamin'. Es bringt Erholung von der Arbeit und beflügelt auch wieder zur Arbeit. In der Kultur steckt für den Konsumenten eine Kraft. Die zu messen, wäre wohl vermessen. Aber ich bin glücklich, in einem Land zu leben, wo Kultur einen so hohen Stellenwert hat. Dennoch müssen wir stets darum kämpfen. die Theaterarbeit auch materiell in eine bessere Lage zu versetzen. Ich sehe sehr wohl die Chancen, die wir hätten, wenn umfangreichere Zuschüsse fließen würden, gerade für unsere Kulturarbeit auf dem Land. Beim Trend hin zu den so genannten Metropolregionen erleben wir Kulturträger auf dem Land einen großen materiellen Nachteil. Hier gilt es mit guten Argumenten und Taten Überzeugungsarbeit zu leisten, sowohl im Bewusstsein der Bevölkerung als auch in der Politik.

Der Kulturtourismus hat einen großen Aufschwung genommen. Vielerorts mit einem Trend zum Spektakel und zum Spektakulären. Kann sich der Theatersommer diesen Trend im Kleinen zunutze machen? Immerhin sind Ihre Spielorte allein schon sehenswert.

Ja, das können wir sicher. Aber für uns bellen nicht die Hunde. Wenn wir hier und dort eine Bühne aufschlagen, wird das in den Medien nicht automatisch hinausposaunt. Wir müssen viel Marketing treiben, damit man uns findet. Und auch für das städtische Publikum bedeutet es jedes Mal eine Entscheidung, sich ins Auto zu setzen, um den Theatersommer in einer prächtigen Natur-Kulisse zu erleben. Denn unsere Intention war ja auch, diese großartige Landschaft zu zeigen, mit ihren vielen Baudenkmälern. Aber wer einmal auf diesen besonderen Theater-Geschmack gekommen ist, bleibt uns treu.

Gibt es für Sie, auch im Hinblick auf die Bespielbarkeit, Lieblingsorte, die ihnen besonders ans Herz gewachsen sind?

Viele. Ich werde das immer wieder gefragt. Man erwartet dann Sanspareil oder so etwas. Aber gleich in der Nähe von Sanspareil liegt zum Beispiel die Marktmühle Wonsees, wo wir einen Scheunenboden, eine Art Tenne, bespielen. Ein wunderbarer Ort. Viele kennen Schloss Geyerswörth in Bamberg. Aber wir haben zum Beispiel auch in Klosterlangheim einen Spielort, traumhaft schön und bei Weitem nicht so bekannt. In Weißenstadt im Fichtelgebirge bespielen wir ein Industriegebäude, auch wieder ein ganz anderes Flair. Und so könnte ich viele Orte aufzählen, die ich liebe, nicht zuletzt Schloss Wiesentfels, ein versteckt gelegenes, traumhaftes Schloss. Oft schätze ich den Zauber intimer Orte mehr als die imposanten Sehenswürdigkeiten. Hier können wir dem Publikum etwas zeigen, das eben nicht den Großevent-Charakter hat, sondern etwas viel Schöneres. Denn es kommt Ruhe dazu. Und offensichtlich gibt es Menschen, die genau das suchen, die gespannt sind, was wir als nächstes auswählen. Wir sind kein Bedientheater, das nur irgendwelchen Trends folgt, den große Häuser vorgeben. Von Trends sind wir relativ unberührt. Das wird honoriert von einem Publikum, das Antennen dafür hat. Wir sind ein Magnet für ein Liebhaberpublikum, nicht für ein Massenpublikum.

Jan Burdinski, Jahrgang 1951, war als Schauspieler und Regisseur an diversen Theatern engagiert. Er unterrichtet Theaterpädagogik und ist seit 1994 Intendant des Theatersommers. Auszeichnungen (Auswahl): Berganza-Preis Bamberg, Kunstpreis des Landkreises Bayreuth, Ehrenmedaille des Bezirks Oberfranken, Träger des Frankenwürfel mit den 3 W's (www = wendig, witzig, widersprüchlich).

Unterwegs zu geistigen Kurorten

Noch heute ist der Fränkische Theatersommer, gegründet 1994, ein Refugium. Mit einer mobilen Bühne wandert das Theater zu den schönsten Orten Oberfrankens. Und das Publikum zieht im Verlangen nach geistvoller Unterhaltung mit.

Fränkischer Theatersommer e.V.
Marienplatz 11
96142 Hollfeld

Tel. 09274 / 947440

www.
theatersommer.de
info@
theatersommer.de

Spielzeit März bis November

Öffnungszeiten Organisationsbüro:
Montag bis Donnerstag 9 – 12 Uhr und 14 – 15.30 Uhr
Freitag 9 – 12 Uhr

Theater, Welt und Himmel: „Faust" auf Schloß Wernstein bei Kulmbach, Szene: „Prolog im Himmel".

Die Vision einer oberfränkischen Landesbühne mit über 80 Spielorten, 200 Aufführungen und 12.000 Zuschauern pro Jahr stand freilich nicht am Anfang des Theatersommers. Sie hätte die Gründer Jan Burdinski und Wolfgang Pietschmann – der eine Schauspieler und Regisseur aus Bamberg, der andere Bildhauer in Hollfeld – eher abgeschreckt. Mit Kabarett, Kinderprogramm und der europäischen Komödie begann die Reise, zunächst zu Spielorten in der Fränkischen Schweiz.
Die Schauplätze wurden erweitert, das Programm wuchs mit. Ein kleines und feines Refugium ist der Theatersommer trotz der gestiegenen Nachfragewelle geblieben. Das Programm spannt einen weiten Bogen: von Schauspiel, Musik- und Figurentheater, Freilicht-Kammeropern über Kinder- und Jugendtheater bis zu Kriminalgeschichten und kulinarischem Theater. Die Orte laden zum Wohlfühlen ein: Man sitzt in urigen Gast- und Bauernhäusern, in exponierten Galerien und Museen, in prächtigen Schlössern und Burgen.

„Ich spiele, also bin ich"

Als Intendant folgt Jan Burdinski dem Motto „Ich spiele, also bin ich." Ein wahrhaftiges Bild vom Menschen liefert das Theater allemal. Burdinskis Liebe gilt dabei vor allem der europäischen Komödie eines Moliere oder eines Shakespeare. In ihr kann „Wahrheit mit lachendem Gesicht" und „hoher Schauspielkunst" serviert werden. Auch über die europäische Komödie hinaus ist das Programm nicht von vornherein an ein spezielles Publikum gerichtet. „Wir wollen, dass es Menschen trifft, sie herausfordert, berührt, provoziert,

vor allem aber, dass es sie erfrischt. Dieser Unmittelbarkeit und Wachheit fühlen wir uns verpflichtet, ob bei einer Tragödie oder einer Komödie", so Burdinski.
Theaterpädagogische Veranstaltungen für Kinder und Jugendliche ergänzen das Angebot. Als Träger fungiert ein Verein, der zunächst unter dem Namen „Theatersommer Fränkische Schweiz" eingetragen war. 2007 folgten die Umbenennung in „Fränkischer Theatersommer" und der Titel „Landesbühne Oberfranken". Das sollte nicht darüber hinwegtäuschen, dass die finanziellen Mittel nach wie vor

Figurentheater aus der Produktion „Wagner im Ring" von und mit Thomas Glasmeyer.

Linke Seite: Im luftig-duftigen Terrassengarten vor dem Büro der Landesbühne Oberfranken, Hollfeld.

Mitte: Eine „Faust"-Aufführung zeigt den Beginn der Walpurgisnacht.

Unten: Innenhof des „Fränkische Schweiz Museums Tüchersfeld" mit Markus Veith in seinem Stück „Eulenspiegels Enkel".

auf Provinzniveau liegen, die logistische Anstrengung jedoch über die Leistung eines Großstadt-Theaters hinausreicht. Die Mitarbeiter im Hollfelder Büro sind deshalb gefordert, hocheffizient und kreativ zu arbeiten. Zwei Techniker begleiten viele Produktionen mit mobilen Bühnen. Nicht zuletzt sind es aber die mit allen Wettern gewaschenen, treuen Künstler, die für Qualität bürgen. Für jede Saison reisen sie von weither an, um in den unterschiedlichen Theaterproduktionen mitzuwirken. Mit enormer Flexibilität: Hier kann ein Schauspieler auch sein Talent als Autor beziehungsweise Komponist entfalten. Gäbe es den Fränkischen Theatersommer nicht, dann müsste ihn ein Künstler erfinden.

Hinter jeder Ecke eine Idee

Obwohl nur 5000 Einwohner groß, hat Hollfeld in der Fränkischen Schweiz eine erstaunliche Anziehungskraft auf Künstler und Kunsthandwerker. Der Verein „Fränkischer Theatersommer“ ist dabei nur einer von zwei Kristallisationspunkten. Während sich dort das Theaterschaffen verdichtet, hat sich im Ideenhaus in der Eiergasse die Bildende Kunst und das Kunsthandwerk etabliert.

Den Künstler Axel Luther zog es von Bayreuth nach Hollfeld. Phantastische Figuren bewohnen seine Galerie im Blauen Haus.

In dem Gebäudekomplex hatte bis 1974 die Brauerei „Weiße Taube“ ihren Sitz. Der Bauunternehmer und Ingenieur Hans Stenglein, Inhaber des Bauunternehmens Grasser, dem heute das Anwesen gehört, hat eine besondere Beziehung zu dem Haus, war es doch niemand Anderes als sein Vater, der den Brauturm 1963 hochgezogen hat. Als Hans Stenglein das Gebäude 1994 erwarb, entwarf er, angeregt vom Künstler Wolfgang Pietschmann und dem Nachbarn Christian Degen, ein feinsinniges Konzept: ein Ideenhaus für Künstler mit Werkstätten, Ausstellungsräumen und Galerien, Verkaufsflächen, Wohnungen und ein Museum, architektonisch eingebunden in das Stadtbild und mit einem Lichtkonzept stimmungsvoll in Szene gesetzt. „Die Belebung der Innenstadt war mir sehr wichtig“, erklärt Stenglein.

Kunst im öffentlichen Raum: Axel Luthers Fassadengestaltung mit dem Titel „Die brennende Wand".

Der Hollfelder investierte nicht nur einige zehntausend Euro, sondern auch zwei Jahre seiner Freizeit in dieses Projekt. Als jüngster Teil wurde 2006 der Blaue Turm fertig gestellt. Die Hollfelder Bürger durften den Entwurf im Rahmen eines Wettbewerbs selbst auswählen. Basisdemokratisch kam Thomas Brix mit seinem Vorschlag zum Zug. Weiße Tauben und 23 Karat Blattgold sowie Staniol-Silber zieren nun den ehemaligen Brauerei-Turm. Das Staniol formte der aus Bayreuth stammende Künstler Axel Luther, der im Ideenhaus ein Atelier besitzt und eine Fassade als „brennende Wand" gestaltete. Schon als Kind hat er mit dem silbrig glitzernden Material gearbeitet, hat sich Geschichten einfallen lassen und diese mit Tiergestalten illustriert. In seinem Reich wimmelt es auch heute noch von Tieren und Fabelwesen, teils aus Alufolie, teils aus Ton.

Das Atelier und das Gebäude an sich sind so abwechslungsreich, dass Besucher sich allein dafür eine halbe Stunde bis eine Stunde Zeit nehmen, nur um alles anzusehen. Einige Schritte weiter, im Laden „Keramik im blauen Haus", stößt man auf die wohlgeformten Arbeiten zweier Töpferinnen. Im Sommer ist der Blumenschmuck vor ihrer Werkstatt eine Augenweide.

Internationale Besetzung

Zu jeder Jahreszeit lädt das Ideenhaus zu Ausstellungen und Besichtigungen ein. Das alte Brauhaus wurde mitsamt Kesseln erhalten. Hinzu kam im ersten Stock ein Museum mit alten Hollfelder Werkstätten: ein Friseurgeschäft von 1930, eine Buchdruckerei von 1900, eine Schneiderwerkstatt und eine alte Zahnarztpraxis anno 1920. Ins Erdgeschoss zog eine Galerie mit rotem Saal ein. Im Winter gehört der Raum den hiesigen Kunstschaffenden. Im Sommer einer Schau mit internationaler Besetzung. Ausgewählt aus mehren hundert Bewerbungen sind zehn bis 15 Künstler mit je ein bis zwei Exponaten vertreten, zu sehen in der Galerie und im Wittauer Haus in der Stadt Hollfeld. Wer vom Schauen und Laufen hungrig geworden ist, kann sich gleich neben dem Ideenhaus, im Gasthaus Moritz, ordentlich stärken. Der Besitzer betreibt auf dem Gelände zudem eine Brennerei mit über 60 Sorten. Wer den Blauen Turm bei Nacht beleuchtet sehen will, hat einen guten Blick von der Terrasse bzw. dem Wintergarten der Gaststätte „Zum Gerber".

Ideenhaus
Eiergasse
96142 Hollfeld

Georg Grasser GmbH
Forchheimer Str. 4
96142 Hollfeld

Tel. 09274 / 247

Eine wildbunte Mischung: Im Haus befindet sich eine Galerie (Bild oben) und ein Museum, daneben eine Töpferei mit üppigem Blumenschmuck.

Die Bühne für jedermann

Jede Freiluftbühne hat eine andere Atmosphäre. So wie jeder Ort anders klingt und sich anders anfühlt. Von der Naturbühne Trebgast heißt es jedoch, sie sei die vielleicht schönste Amateurbühne Deutschlands.

Naturbühne Trebgast
Am Wehlitzer Berg 15
95367 Trebgast

Tel. 09227 / 6220
(erreichbar eine Stunde vor Vorstellungsbeginn)
www.naturbuehne-trebgast.de
s.kuespert@naturbuehne-trebgast.de

Spielzeit von Mai bis August
Kartenreservierung online

Diese Zuschreibung stammt weder vom Verein, der das Theater ehrenamtlich betreibt, noch von den Trebgastern selbst, die daran teilhaben. Sie drängt sich auch dem ganz normalen Besucher auf. Denn Landschafts-Erlebnis und künstlerisches Engagement finden in der Naturbühne auf wahrhaft herzerfrischende Weise zueinander.

Eine eigene Welt

Baumkronen, die sich im Sommer zu einem schützenden Schirm aufspannen, prägnante Sandsteinwände und das schräg emporragende Zuschauerdach begrenzen die kleine Bühne auf dem Wehlitzer Berg – Platz genug für eine eigene Welt. Die Kulisse, die wie ein großer Wurf der Natur wirkt, ist das Produkt vielfacher Umgestaltung. Der Verkehrs- und Verschönerungsverein Trebgast wandelte den ehemaligen Steinbruch ab 1884 zum Festplatz um, nahm Anpflanzungen vor und formte allmählich das Gelände. Jahrzehnte verstrichen, bis 1949 vor den Felsenwänden das erste Theaterstück seine Premiere erlebte. Eine Theatergruppe des Roten Kreuzes schloss sich mit volksnahen Darbietungen an, was wiederum den Verkehrs- und Verschönerungsverein auf den Plan rief, eine Theatergruppe zu gründen. Der Nürnberger Schauspieler Friedrich Dauscher, Leiter der christlichen Berufsbühne „Die Gesandten", machte die Sache 1953, nach einem Gastspiel im Ort, perfekt. Er begründete die Tradition, Profi-Regisseure zu verpflichten und ebnete den Weg zum ambitionierten Amateurtheater. Im Gegenzug für sein Engagement stellten ihm die Trebgaster Essen und Schlafplätze zur Verfügung.

Für jedes Alter etwas

Idealismus, Kulturpflege sowie Heimat- und Naturverbundenheit sind nach wie vor die Stützen des Vereins. Kontinuität zählt im Ensemble, vor allem aber auch im Vorstand viel. Der heutige Vorsitzende Siegfried Küspert trat bereits als Kind im ersten Stück der Naturbühne, dem Ritterschauspiel „Genoveva", auf. Dessen Vater

Populäre Theaterstücke in außergewöhnlicher Atmosphäre. Linke Seite: Szene aus „Max und Moritz", auf dieser Seite unten: das Kinder- und Familienstück „Michel aus Lönneberga".

Alfred Küspert half, und hier schließt sich einmal mehr der Kreis, bei der Inszenierung der allerersten Stücke mit und machte sich in seiner Kinder- und Jugendzeit als Theaterstatist verdient, damals noch bei der Luisenburg.
Auf dem Programm stehen inzwischen jeweils vier Stücke, darunter immer ein Kinderstück, ein Volksstück und ein Klassiker. Publikumsträchtige Vorstellungen statt Theaterexperimente, ergänzt um Gastspiele renommierter Kabarettisten und Musiker. Siegfried Küspert, der vor

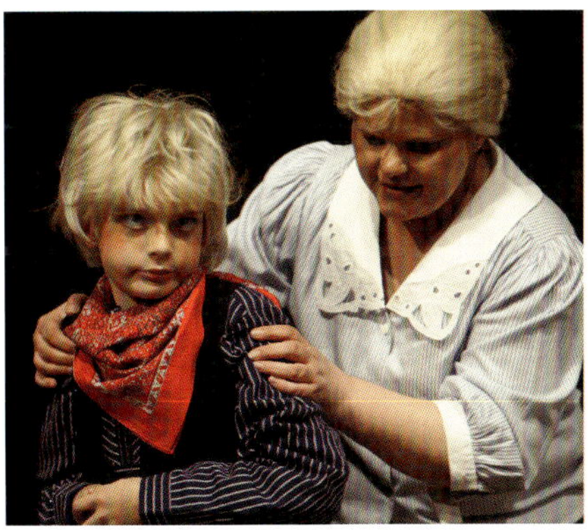

1954 wurde in Trebgast zum ersten Mal der „Jedermann" aufgeführt. 2013 kehrte der Klassiker zurück.

seiner Zeit als Vorsitzender Bürgermeister in Trebgast war, nennt die Mitwirkenden im positiven Sinn „theaterverrückt". Anfahrtswege bis zu 60 Kilometer, geringe Aufwandsentschädigungen und Arbeitseinsätze neben dem Hauptberuf werden akzeptiert.
Regisseure bewerben sich bundesweit bei der Trebgaster Bühne. Sie finden hier, vor allem bei der Ausstattung und der Technik, professionelle Bedingungen vor. Die Sitzplätze, 550 an der Zahl bei Erwachsenen und über 800 bei Kindern, sind überdacht, sodass die Stücke in der Saison von Mai bis August bei jedem Wetter stattfinden können. Die Akustik gilt als hervorragend. Um die Räume mit Maske, Garderobe und Technik würde manches Theater die Trebgaster beneiden.
Und die heimelige Freiluft-Atmosphäre ist ohnehin unbezahlbar.

„Die Dorfheiligen" – Ein bayerischer Schwank in Fränkisch von 2013.

Kleines Theater, große Aufführungen

Der Geizich" – Molières Klassiker im fränkischen Gewand.
Bild unten: Verrückt und schelmisch: Nestroys „Häuptling Abendwind".

Theater
DAS BAUMANN
Ziegelhüttener Str. 40
95326 Kulmbach

Tel. 09221 / 93393
www.das-baumann.de
mail@das-baumann.de

In Kulmbach wird man kaum durch Zufall auf „Das Baumann" stoßen. Das Haus im Stadtteil Ziegelhütten muss man finden. Wer es wie viele Kulmbacher und immer mehr Menschen aus ganz Oberfranken und darüber hinaus für sich entdeckt hat, möchte es aber auf keinen Fall mehr missen.

Ursprünglich wollte der gelernte Fotograf Rüdiger Baumann zunächst nur im Kreis der Freunde ein bisschen Theater spielen. Sein Fotostudio war ein einladender Ort dafür, denn vormals war es eine Gaststätte gewesen. Der Raum war ausreichend groß, und – auch nicht ganz unwichtig – eine Theke war da.

Mit dem Theatervirus infiziert

Zudem waren Birgit und Rüdiger Baumann als Mitspieler der Kulmbacher Amateurgruppe „Die Buschklopfer" bereits mit dem Theatervirus infiziert.
2002 starteten die Theaterfreunde um Rüdiger Baumann mit ihrem ersten Stück „Häuptling Abendwind". 2003 folgte mit der „Frankenrevue" der erste große Publikumserfolg. Nach 50 Vorstellungen war zumindest vorerst Schluss, obwohl die Nachfrage ungebrochen war. Aber eine Wiederholung wäre Stillstand gewesen und damit nichts für neugierige Theatermacher.

Mit der Zeit wurde aus dem Freundeskreis die Theatergruppe „Schauhaufen", aus dem Fotostudio das Theater DAS BAUMANN. Einige Jahre nach dem Start entschloss sich Rüdiger Baumann dazu, das Theater beruflich zu betreiben. Pro Jahr stehen zwei bis drei neue Produktionen auf dem Spielplan. Das Theater DAS BAUMANN ist für viele Genres offen. Das Programm unterhaltsam, nachdenklich, kritisch, frech, aber nie auf billige Lacher aus. Wenn es zum Stück, zur Rolle und vor allem zum Darsteller passt, wird gerne in fränkischer Mundart gespielt. Rüdiger Baumann schreibt und bearbeitet Werke, führt Regie und spielt mit, hält sich aber auch oft raus, um bereichernde Impulse von außen wahrzunehmen.

Rund 70 Aufführungen

In den vergangenen Jahren gingen pro Saison rund 70 Aufführungen über die Bühne. Zeitgenössische Stücke wie „Elling", „Kunst" oder „Sekretärinnen" waren dabei, Bearbeitungen von Werken berühmter Autoren wie Tschechov, Molière, Nestroy, Kleist, Dickens und eigene Stücke. Dazu gehören „König Fimmel will fliegen", „Conradi 1553" , „Missverstand am Badestrand", „Schweinerei!!", „Du mich auch", „A schöne Leich" und „Das Grippenspiel".
Das Theater bietet 70 Plätze. Auf der gerade mal sechs mal vier Meter großen Bühne haben bereits 20 Darsteller gleichzeitig Platz gefunden. Dass die Zuschauer nah dran sind am Geschehen, ist ein Plus des Hauses. Ein weiteres ist die Zusammenarbeit mit professionellen Musikern, die schon vielen Stücken zugute kam. Die Authentizität und Frische der Produktionen sind eine Stärke, die nicht nur die Besucher schätzen. Mehrere Auszeichnungen belegen, dass die Qualität stimmt. Der Schauhaufen erhielt den Kulturpreis der Wählergemeinschaft Kulmbach, den der Kulmbacher Serviceclubs und schon zwei Mal das „Theater-Pärla" von der Arbeitsgemeinschaft Mundarttheater Franken. Rüdiger Baumann wurde für seine künstlerische Tätigkeit im Jahre 2010 der Kulturpreis der Oberfrankenstiftung verliehen.

Die Franken-Revue gewährt einen Blick aufs echte Leben – hier sogar mit einem echten Pfarrer und Landrat.

Gute Seele des Theaters, Schauspielerin und Muse in einer Person: Birgit Baumann.

Weise, witzig und berührend: „Elling" von Axel Hellstenius.

Die Saison im Theater DAS BAUMANN dauert von September bis April. Gespielt und geprobt wird in dem Haus und außerhalb aber längst das ganze Jahr über. Rüdiger Baumann geht in seiner Rolle auf: „Ich kann Menschen, die sich aktiv mit Theater befassen wollen, nur ermutigen. Ob bei uns oder woanders. Es bereichert das Leben unglaublich."

Ausflugsziel Thurnau

Vom „Turm in der Au"
zur prächtigen Schlossanlage

Aus dem 13. Jahrhundert stammt die erste Erwähnung des „Turms in der Au", der dem heutigen Unterzentrum Thurnau den Namen gab. Die Familie der „Förtschen", Verwaltungsbeamte im Dienst der Andechs-Meranier und seit 1292 des Bischofs von Bamberg, erbaute das sechs- bis siebengeschossige Zentrum des Schlosses, die Kemenathe mit zwei Verteidigungstürmen, auf einem Sandsteinfelsen, dem das Schloss auch den Beinamen „hûs ûf dem stein" verdankt. Folgende Generationen, nach dem Aussterben der Förtschen besonders die Grafen von Giech, fügten beständig neue Bauten hinzu. Die ausgedehnte heutige Burg- und Schlossanlage umfasst auch den frühbarocken Unteren Hof mit Arkadengalerie, ein Torwärterhaus, den Hans-Georgen-Bau mit dem beeindruckenden hölzernen Verbindungssteg über der Straße hin zur Pfarrkirche, das Kutschenhaus und den Bau am Rokokobrunnen.
Die Ansicht des Schlosses um 1855 wurde von Carl August Lebschée in Dutzenden Lithografien für das „Album Thurnau" verewigt, die neben den vielen erhaltenen Prunkbauten auch den heute zerstörten Schlossgarten mit Teepavillon und Lindenallee zeigen. Der Aufenthalt des Musikers Wilhelm Kempff nach dem Zweiten Weltkrieg hat Thurnau doppelt geprägt: Er begründete die Städepartnerschaft mit dem süditalienischen Bergstädtchen Positano, und schuf somit auch die Grundlage für italienische Einflüsse auf die Werke des kubistischen Malers und Keramikers Günther Stüdemann, der das Töpfermuseum Thurnau gründete. Vielleicht ist es Kempff auch zu verdanken, dass im Schloss heute das Forschungsinstitut für Musiktheater der Universität Bayreuth residiert.
Schloss Thurnau beherbergt heute ein Kongresshotel mit Gastronomie, das im Kutschenhaus und im Schlosshof glanzvolle Veranstaltungen kultureller und genussvoller Art ausrichtet. Die schönste Veranstaltung jeden Jahres jedoch ist der Töpfermarkt im Schlosshof und am Marktplatz, auf dem am zweiten Adventswochenende 50 ortsansässige Keramiker ihre „Scherben" feil bieten.

Musiktheater im Schloss erforschen

Dass in den 1970er Jahren eine neue Universität ausgerechnet in Bayreuth ihren Sitz fand, hatte nicht zuletzt mit dem Meister des Gesamtkunstwerks und des musikalischen Dramas zu tun: mit Richard Wagner.

„Whatever happened Thursday night": Musiktheater-Studierende der Universität Bayreuth mit einem musikalisch-szenischen Mix aus Musical, Operette, Oper und Pop.

Forschungsinstitut für Musiktheater
95349 Schloss Thurnau

Tel. 09228 / 99605-10
www.fimt.uni-bayreuth.de
fimt.thurnau@uni-bayreuth.de

Nutzung der Bibliothek: auf telefonische Anfrage

Bayreuth, die Festspielstadt, wurde Universitätsstadt und das Forschungsinstitut für Musiktheater (*fimt*) zu einem der Schwerpunktbereiche der neuen Universität. Der langjährige Leiter des Forschungsinstituts Prof. Dr. Sieghart Döhring beschäftigte sich aber – und sinnvollerweise – vor allem mit dem großen, zeitweise fast vergessenen jüdisch-französischen Opernkomponisten: Giacomo Meyerbeer, der als der Antipode des Bayreuther Meisters gilt.
Seit 1977 arbeitet das *fimt* im Schloss von Thurnau. Weitab von den großen und kleinen Theatern der Welt widmet sich das Thurnauer Team, das seit 2006 von Prof. Dr. Anno Mungen geleitet wird, dem großen Thema des Musiktheaters, d.h. der Oper und ihren vielen anderen anverwandten Phänomenen der Kunst. Das groß angelegte Projekt zum Thema Stimme und Geschlecht, das von der Deutschen Forschungsgemeinschaft großzügig gefördert wird, erschließt wissenschaftliches Neuland. Wie man sich mit Opernstimmen, die längst verklungen sind und nie aufgenommen werden konnten, weil die entsprechende Technik noch nicht erfunden war, wissenschaftlich beschäftigen kann, ist die Hauptfragestellung. Und zwei Wagnersängerinnen stehen hier neben dem letzten großen Kastraten, Gian-Battista Velutti, im Mittelpunkt: Wilhelmine Schröder-Devrient und Anna Bahr-Mildenburg.
Hinter den dicken Mauern des Schlosses finden sich Büros, ein Veranstaltungsraum mit einem Flügel der Firma Steingraeber sowie eine Bibliothek und diverse Archive. Die Archivbestände umfassen Nachlässe, die Musikaliensammlung mit Partituren und Klavierauszügen sowie mit etwa 20.000 Exemplaren eine der größten Sammlungen von Programmheften zu Opern, Balletten, Operetten und Musicals. Dramaturgen, Gastwissenschaftler und Studierende kommen nach Thurnau, um die Sammlungen vor Ort zu nutzen.
Der Konzert- und Konferenzraum trägt den schönen Namen „Ahnensaal", obwohl ihm die einst hier aufgereihten Bilder der Grafenfamilien längst abhanden gekommen sind. Seit 2007 finden hier wieder regelmäßig die Thurnauer Schlosskonzerte statt: ein Geheimtipp der Kunstsinnigen aus nah und fern. Ebenso ein Tipp sind die Aufführungen der Studierendengruppe Nota Bene auf dem Campus in Bayreuth.

Kulturzentrum mit familiärer Atmosphäre

Schlosstheater Thurnau
Torwärterhaus neben dem Rathaus
Oberer Markt 28
95349 Thurnau

Tel. 09203 / 9738680

www.schlosstheater-thurnau.de
info@schlosstheater-thurnau.de

Postanschrift:
Schlosstheater Thurnau
Postfach 03
95347 Thurnau

Nach 30 Jahren Tourneetheater mit zahlreichen nationalen und internationalen Produktionen sowie künstlerischen Stationen in Frankfurt am Main, Ravenna, Turin, Mailand, München und Regensburg siedelte sich der Schauspieler, Regisseur und Theatermacher Wolfgang Krebs 2006 in Oberfranken an und gründete im November 2012 das Schlosstheater Thurnau als professionelles Privattheater. Im Torwärterhaus neben dem Rathaus hat er sich eine kleine Bühne mit 65 Zuschauerplätzen geschaffen, die sich inzwischen in Oberfranken und darüber hinaus etabliert hat.

Anspruchsvolle Unterhaltung im ehemaligen Torwärterhaus – Szene aus „Novecento – Die Legende vom Ozeanpianisten" mit Wolfgang Krebs und Thomas Basy als Pianist.

Auf dem anspruchsvollem Spielplan stehen gleichermaßen heitere wie ernstere Stücke. Sozialkritische Komödien wechseln sich mit satirischen oder zeitgenössischen Themen ab. Dazu holt Wolfgang Krebs immer wieder neue Schauspielkollegen und Musiker an sein Theater und bietet so seinem Publikum ein abwechslungsreiches und unterhaltsames Programm. Die ganz spezielle familiäre Atmosphäre wird durch die Nähe zur Bühne im historischen Ambiente des Torwärterhauses unterstützt. Die kleine mobile Bar im Foyer des Rathauses sowie in den Sommermonaten im gemütlichen Rathaushof runden das Theatererlebnis mit einem Häppchen oder Franken-„Seggo" ab.

Im wunderschönen Unteren Schlosshof mit historischer Kulisse hebt Wolfgang Krebs erstmals im Sommer 2014 mit „Romeo und Julia" die Schlossfestspiele Thurnau aus der Taufe, bei der sich professionelle Schauspieler aus der gesamten Republik mit bekannten Schauspielern aus der Region ein Stelldichein geben. Bei den Schlossfestspielen sollen sich Klassiker von Shakespeare, Molière und Goldoni mit modernen Stücken bis zum Musiktheater abwechseln. Der eigens gegründete Förderverein Schlosstheater Thurnau unterstützt den Theatermann bei der Realisierung seiner diversen Projekte.

Typisches und Individuelles

Das Töpferhandwerk in Thurnau hat seine Tradition. Dennoch hat sich das Bild in der zweiten Hälfte des 20. Jahrhunderts stark gewandelt. Die malerisch am Ortsrand gelegene Töpferei Renner ist der einzige Betrieb, in dem nach wie vor weitgehend nach traditionellen Grundsätzen gearbeitet wird.

Hier entsteht seit 1884, inzwischen in sechster Generation, Gebrauchs- und Zierkeramik mit schönen Formen. Der mit der Hand geschlagene Ton wird auf einer Scheibe gedreht. Anschließend wird die Form bis zu drei Wochen lang getrocknet. Mit einer Tonbüchse und einem Gänsefederkiel bringt die Gestalterin die Muster auf (im Bild malt Mechthild Sommer Kranzmuster). Im letzten Schritt wird die Form glasiert und im Elektroofen gebrannt. Charakteristisch für den Thurnauer Stil ist die honiggelbe Färbung vieler Objekte. Von der Tradition ausgehend entwickelt die Inhaberfamilie – Mechthild und Friedrich Sommer sowie Tochter Eva Potzel – dabei auch Keramiken mit neuartigen Mustern und Glasuren. In Handarbeit gefertigt, ist jedes Stück individuell, immer lebensmittelecht und teils ofenfest. Die Werkstatt dient zugleich als Verkaufsraum. Besuche sind während der Öffnungszeiten stets möglich.

Töpferei Renner
Eckersdorfer Weg 1
95349 Thurnau

Tel. 09228 / 353
www.
renner-keramik.de
info@renner-keramik.de

Öffnungszeiten:
Montag bis Freitag
8 – 12.30 Uhr
und 13.30 – 18 Uhr
Samstag 8 – 14 Uhr
sowie nach telefonischer Vereinbarung

Rund um die Schwarze Küche

Das erst zur Jahreswende 2013/14 neu gestaltete Museum zeigt sowohl die jahrhundertealte Geschichte als auch die gesamte Produktionskette der heimischen Töpferei auf – vom Tonabbau untertage im nahegelegenen Hutschdorfer Wald bis zum Gestalten und Brennen der Töpferwaren in Vergangenheit und Gegenwart. Ein Highlight ist die wiederentdeckte typisch oberfränkische „Schwarze Küche" (im Bild) in der ehemaligen Lateinschule aus dem 16. Jahrhundert, in der das Museum seinen Platz gefunden hat.
Die neu überarbeitete Dauerausstellung umfasst außer Thurnauer Gebrauchsgeschirr verschiedener Perioden wie Kannen und Kloßschüsseln auch kunsthandwerkliche Arbeiten und zwei wunderschöne Kachelöfen der Biedermeierzeit.
In einer kleinen Töpferwerkstatt aus alten Zeiten findet man eine historische Fußdrehscheibe, die statt auf einem modernen Kugellager noch auf einer Speckschwarte läuft. Liebevoll wurden im museumspädadogischen Bereich Mitmach-Stationen eingerichtet, an denen Kinder sich als Töpfer ausprobieren können.

Töpfermuseum Thurnau
Kirchplatz 12
95349 Thurnau

Tel. 09228 / 5351
www.thurnau.de/
toepfermuseum
toepfermuseum-
thurnau@t-online.de

Öffnungszeiten:
1. April – 30. Sept.
Dienstag – Freitag
14 – 17 Uhr, Samstag, Sonntag u. Feiertage:
11 – 17 Uhr

1. Oktober – 6. Januar,
1. März – 31. März:
Samstag:
13 – 16 Uhr, Sonntag u. Feiertage: 11 – 16 Uhr

7. Januar bis Ende Februar geschlossen

Zeitlose Schönheit

Archetypische Figuren und Gefäße haben eine fortwährende Dauer. Es sind Grundformen, die jeder unbewusst in sich trägt.

Keramikwerkstatt und Galerie

Claus Tittmann
Berndorf 43
95349 Thurnau

Tel. 09228 / 252
www.
tittmann-keramik.de
info@
tittmann-keramik.de

Die Galerie ist ganzjährig geöffnet

Sonderausstellungen Juli/August und November/Dezember

Öffnungszeiten:
Täglich 9 – 18 Uhr
Am Wochenende nach telefonischer Vereinbarung

„Mensch+Tier", Bronze-Relief aus der Reihe „Jean Paul zum 250. Geburtstag".

Als Urbild des Lebendigen und Menschlichen bezieht sich Claus Tittmann mit seinen Keramikarbeiten darauf seit Mitte der 1970er Jahre.

Seltsam vertraute Bilder

Mensch und Tier und ihre Verbindung sind die sich wiederholenden Grundthemen, mit denen er sich beschäftigt. Seine Gefäßunikate und Plastiken aus Keramik und Bronze haben eine Präsenz, der man sich als Betrachter nicht entziehen kann. „Was C.T. mit seinen Plastiken schafft, sind eigenartige und doch seltsam vertraute Bilder. Indem sie am Erbe der Figur festhalten und es neu interpretieren, nehmen sie eine für die Kunst des 20. Jahrhunderts bedeutsame Entwicklungslinie auf und geben ihr eine neue Wendung". (Peter Schmitt, stellvertretender Direktor am Landesmuseum Karlsruhe i.R.)
Der in Leipzig geborene Claus Tittmann interessierte sich schon früh für Kunst, – er absolvierte neben seinem Beruf als Ingenieur in der Industrie in Frankfurt/Main zunächst Kurse für grafische Techniken am Städelschen Kunstinstitut – machte jedoch erst als 30-Jähriger eine Ausbildung zum Keramiker. Eine wegweisende Rolle spielte 1978 eine anschließende Studien-

reise durch Japan, wo Tittmann, fasziniert von der fernöstlichen Keramiktradition, die Schönheit des Unvollkommenen für sich entdeckte.

Eine eigene Formensprache

In der starken formalen Erscheinung eines Gefäßes oder einer Plastik wird die Perfektion gebrochen: einerseits durch eine zeichenhafte Abstraktion der Form, anderseits durch die unvorhersehbare Einwirkung des Holzbrandes auf das Erscheinungsbild des Objektes. Danach entstanden in Berndorf Gefäßunikate und funktionale Keramiken, die in einem

Reiterin, Keramik.

großen holzgefeuerten Ofen in 20 bis 24 Stunden bis auf 1300 °C gebrannt wurden. Bereits damals spielte neben dem Gefäß die Figur eine wichtige Rolle. Statt diese naturalistisch abzubilden, entstanden Plastiken in lebendiger, sinnhafter Darstellung. Claus Tittmann entwickelte dabei zunehmend eine eigene Formensprache, durch die das Werk erst Gültigkeit erlangt. Seit 1998 ist seine als Keramikerin ausgebildete Tochter Julia mit der Gefäßherstellung beschäftigt, auch sie fertigt figürliche Arbeiten in ihrer individuellen Handschrift.
Bereits 1980 erhielt Claus Tittmann für seine Keramikarbeiten den Bayerischen Staatspreis, 2004 den Designpreis des oberfränkischen Handwerks für fünf große Bronzeschalen und 2006 den Kulturpreis der Oberfrankenstiftung. Seit den 1980er Jahren sind seine Arbeiten in überregionalen Galerien und Museen zu sehen. Sie

Weibliche Sockelfiguren, Bronze.

befinden sich in den Staatlichen Museen Berlin und Dresden, dem Grassimuseum Leipzig, dem Hetjens Museum Düsseldorf, den Kunstsammlungen der Veste Coburg, um nur einige zu nennen. Ein wichtiger Aspekt für Claus Tittmann ist, seine neuen Arbeiten im eigenen Ausstellungsgebäude und Skulpturengarten in Berndorf regelmäßig im Zusammenspiel mit den Werken anderer Künstler in wechselnden Ausstellungen zu zeigen. Aus den Bereichen Malerei und Grafik, Textil und Schmuck gleichgesinnte, hervorragende Partner zu finden, das Publikum zu animieren, auf korrespondierende Tendenzen zu achten, vergleichend zu sehen, ist ihm und seiner die Ausstellungen betreuenden Frau Brigitta ein Anliegen.
Um diese anspruchsvollen Ausstellungen zu sehen, kommen Kunstinteressierte auch aus Berlin, Nürnberg oder München in die Provinz nach Berndorf.

Harmonisches Zusammenspiel von Skulptur und Natur:
Der Skulpturengarten ist ganzjährig geöffnet.

Peter Coler
Karlsbader Str. 13
95448 Bayreuth

Tel. 0921 / 81811
www.peter-coler.com
petercoler@t-online.de

Melancholische Schönheit, stille Sehnsucht

Es ist stets nur ein Augenblick, den der Maler Peter Coler mit seinen Bildern zeigt, kleinste Ausschnitte aus dem wilden Strom der Geschichte. Aber in jeder Momentaufnahme scheint eine ganze Geschichte auf.

Kunstverein Bayreuth
Maximilianstr. 33
95444 Bayreuth
www.kunstverein-bayreuth.de
info@kunstverein-bayreuth.de

Da gibt es die einsamen, an den Rand gedrängten Menschen, von einer unsichtbaren Last gebeugte Wesen. Da sind Szenerien voller Schwermut, im Wechsel mit Landschaften, die eine von Menschen geschaffene, letztlich jedoch menschenabgewandte Geschichte erzählen. Bilder stiller Sehnsucht.

Die Erfahrung der Einsamkeit

Der in Bayreuth lebende Künstler Peter Coler hat seit Anfang der 1970er Jahre eine Welt geschaffen, die – wie in der modernen Kunst häufig – nicht auf eine Verschönerung ausgerichtet ist. Statt dessen sind Themen wie Vereinzelung und Isolation in seinen Werken – neben Ölmalerei auch Aquarelle, Radierungen und Drucke – allgegenwärtig. Der Blick geht nah heran, wahrt aber eine gesunde Distanz zu seinem Objekt. Viele Darstellungen fangen eine Vorstellung menschlicher Würde ein, auch wenn es sich bei den Figuren um gesichtslose Schemen handelt. Die Erfahrung der Einsamkeit offenbart sich aber auch in der Tiefe und Weite einer Landschaft, aus der das soziale Leben fast verschwunden ist. Übrig bleibt hier oft nur ein Zeichen des Menschlichen – ein Leuchtturm an der Küste, Monumente aus Stein und Beton, ein Weg.

Gründungsmitglied des Bayreuther Kunstvereins

Melancholie ist eine Grundbefindlichkeit des Malers, der 1940 in Fürstenberg an der Oder geboren wurde und als Autodidakt zu seinem Steckenpferd, der Malerei und der Grafik, kam. 1971 stellte er das erste Mal in der Eremitage aus. 1975 wirkte an der Wiederbegründung der Freien Gruppe Bayreuth mit. 1980 war er Gründungsmitglied Bayreuther Kunstvereins und dort bis 2005 Mitglied des Vorstands – der

Kunstverein lädt im Übrigen zwei Mal im Jahr zu sehenswerten Ausstellungen ins Neue Rathaus ein. Peter Coler hat allein an über 250 Präsentationen, einzeln und in Gruppen, in ganz Deutschland und im Ausland teilgenommen – das alles neben seinem Hauptberuf bei der Deutschen Bundespost, den er jedoch acht Jahre vor seiner Pension aufgab, um sich ganz der Kunst zu widmen.

„Früher habe ich gedacht, dass ich mit der Malerei sozial etwas bewirken kann. Das glaube ich heute nicht mehr", resümiert der Künstler. Die den Werken innewohnende Sozialkritik ist vielleicht auch deshalb einer gewissen Milde gewichen. Seine Entwürfe als Schmuckhersteller sind der Öffentlichkeit noch kaum bekannt, aber für das schöne Geschlecht umso mehr eine Entdeckung. Viele Materialien wie Achatsteine und Bakelit-Scheiben sind Mitbringsel von Reisen, die Peter Coler u.a. nach Afrika und in den Vorderen Orient unternahm. Als Lions-Mitglied hat er sich für soziale Projekte in armen Ländern engagiert und Erlöse aus dem Verkauf seiner Bilder gespendet. So zeigt sich sehr konkret, wie Intellekt und Emotion im Handeln des Künstlers zusammenwirken.
Der Mensch, der seine Welt entwirft, aber auch in sie hineingeworfen ist, bleibt indes

Menschen, Orte, Stimmungen –
Linke Seite: Einsamer Spaziergang, Öl, 90/130 cm, 2010.
Diese Seite unten links: New York , Öl, 140/125 cm, 2009.
Ganz oben: Warum gingst du schon beim ersten Schnee, Öl, 115/150 cm.
Darunter: Im Park, Öl, 110/130 cm, 2012. Ganz unten: der Maler Peter Coler, 2013.

Colers großes Thema. Und das individuelle gute Leben? Ist es für ihn kein Thema? Sichtbar ist es nicht immer auf den ersten Blick. Der kritische Betrachter kann es allerdings erkennen. Beide Seiten, Entwerfen und Geworfensein, hängen zusammen. Das freie gute Leben setzt die Einsicht in das unfreie voraus.

Internationale Avantgarde auf dem Campus

Moderne bildende Kunst ist reich an Werken und Künstlerpersönlichkeiten, die andere, vom Alltag abweichende Wahrnehmungen anregen. Damit sie sich entwickeln kann, braucht es einen Mikrokosmos aus Öffentlichkeit, Medien und Förderern.

BAT CampusGalerie
Universitätsstraße
Audimax der Universität Bayreuth
95444 Bayreuth

Projektbüro KulturPartner

Tel. 0921 / 61090
www.campusgalerie.de

Öffnungszeiten während der Ausstellung:
Täglich 10 – 18 Uhr

Jubiläumsausstellung „Unerwartete Orte der Kunst" 2009 – Hans Peter Reuter im Haus Wahnfried, „Wahnblau – Raumstation".

Der CampusGalerie der British American Tobacco (Germany) GmbH (BAT) ist das in Bayreuth vorzüglich gelungen. Seit dem Jahr 2000 schafft sie in Partnerschaft mit der Universität Bayreuth ein Forum für die internationale künstlerische Avantgarde. Sie hat es sich zur Aufgabe gemacht, herausragende Positionen zeitgenössischer Malerei und Fotografie zu präsentieren und zu fördern.

Eine neue Ära des Engagements

Das kulturelle Engagement von BAT am Standort Bayreuth reicht zurück in die 1970er Jahre. Auf eine Initiative der Mitarbeiter hin wurde zum ersten Mal 1977 eine Ausstellung im hauseigenen Casino gezeigt. Hauptsächlich regionale Künstler kamen zunächst zum Zug. Ermutigt durch den Kulturpreis 1999 der Stadt Bayreuth, den BAT zusammen mit dem künstlerischen Leiter der bisherigen Casino-Galerie, Peter J. Osswald, erhalten hatte, begann im Jahr 2000 eine neue Ära des Engagements. Aus der traditionsreichen Casino-Galerie wurde die CampusGalerie, die im Februar 2000 im Foyer des Audimax der Universität ihre erste Ausstellung präsentierte. Seitdem setzt die CampusGalerie Meilensteine im Kunstleben der Region Oberfranken. Das Audimax ist mit seinen großartigen, lichten Räumen wie geschaffen, um moderne

Kunst in einer neuen Dimension zeigen zu können. 2009 gingen die Veranstalter in einer bislang einmaligen Aktion mit der Schau in die Stadt hinein und inszenierten an exponierten Orten einen Zusammenprall mit moderner Kunst (s. Bilder auf dieser Seite).

Vernissagen und Rahmenprogramme

Die temporär begrenzten Ausstellungen finden jährlich von Mai bis Juni statt. Die Ausstellungen dienen dabei auch dem Ziel, das universitäre Leben zu bereichern. Vernissagen und Rahmenprogramme führen Studierende, Mitarbeiter von British American Tobacco und Kunstinteressierte aus der gesamten Region zusammen. Zu

„Blue Vault" von Raissa Venables, Stipendiatin der 34. Ausstellung 2010.

sehen sind vor allem Werke junger, vielversprechender Newcomer. Namhafte Meister verschaffen der Schau zusätzlich Glanz und Aufmerksamkeit. Zu ihnen gehörten unter anderem Larry Sultan, Nils Udo, Werner Knaupp und Hans Peter Reuter.

Außenansicht der BAT CampusGalerie im Foyer des Audimax der Uni Bayreuth, Dämmerung am See, bei einer Vernissage.

Die CampusGalerie fördert den Nachwuchs durch Einzelausstellungen und Ankäufe, und sie begleitet junge Künstler auch nach deren Ausstellung in ihrer weiteren Entwicklung. So brachte BAT beispielsweise mit dem Künstler Moritz Götze, ein Jahr nach seiner großen Einzelausstellung in der CampusGalerie, eine exklusive Künstler-Edition mit elf verschieden gestalteten Zigarettenpackungen heraus.

Sich mit Kunst auseinandersetzen

British American Tobacco versteht die Förderung von Kunst und Kultur als Teil seiner gesellschaftlichen Verantwortung und schielt nicht auf den „Return on Investment". Auch vom Betrachter fordert moderne Kunst eine Auseinandersetzung, die nicht ausschließlich nur dem Nützlichkeitsprinzip folgt. Der Prozess ist nicht immer einfach, aber wer sich dafür öffnet, für den schafft Kunst eine befreiende Distanz zur Realität.

Unten links: US-Künstler und Fotograf Larry Sultan (1946 – 2009) neben seinem Werk „Boxers" zur 25. Ausstellung der BAT Campus-Galerie 2006.
Unten rechts: Eröffnungsabend der Ausstellung von Raissa Venables (im Bild Mitte) 2010, mit Vertretern von British American Tobacco und der Stadt Bayreuth.

Neue Kunst und Rauchzeichen

Das Bayreuther Kunstmuseum darf man nicht nur wegen seiner Ausstellungen gesehen haben. Das Alte Barockrathaus besticht zugleich durch sein historisches Ambiente.

Blick in die Ausstellungsräume des Kunstmuseum Bayreuth.

Das alte Barockrathaus entstand im 18. Jahrhundert nach Plänen von Johann David Räntz. Es ist mit typischen Erkern, einem großen Barocktreppenhaus, zahlreichen Stuckdecken und einer farbig gefassten Renaissance-Holzdecke ausgestattet. Ende des 20. Jahrhunderts wurde es sensibel restauriert und für Museumszwecke umgebaut.

Klassische Moderne und Kunst nach 1945

Sammlungsschwerpunkte des Kunstmuseum Bayreuth sind Arbeiten auf Papier der Klassischen Moderne und der Kunst nach 1945. Zum Bestand gehören: die Dr. Helmut und Constanze Meyer Stiftung, die Prof. Dr. Klaus Dettmann Kunststiftung, die Gerda Voith von Voithenberg Stiftung, die Dauerleihgaben Caspar Walter Rauh und Werner Froemel der Oberfrankenstiftung, die Sammlungen Hertha Drescher und Günter Ruckdäschel und Prof. Dr. Felix und Sybille Böcker, die Künstlerschenkungen Max Ackermann, Herbert Bessel, Jürgen Brodwolf, Diethelm Koch, Carl Fredrik Reuterswärd, Klaus Schröter und Georg Tappert, das Plakatmuseum mit 17.000 Plakaten, die Outsider-Art-Sammlung Hildegard Wohlgemuth und die Tabakhistorische Sammlung der British American Tobacco.
Vom Erdgeschoß aus gelangt der Besucher mit dem Aufzug oder durch das historische Treppenhaus in die Ausstellungsräume der zweiten Etage, wo er wechselnde Themen der Moderne erleben kann. Ein umfangreiches museumspädagogisches Programm begleitet jede einzelne Ausstellung. Mit Vorträgen, Ausstellungsgesprächen, Lesungen, Konzerten und praktischen Kursen bietet das Kunstmuseum Bayreuth für alle Zielgruppen einen unmittelbaren Kontakt zur bildenden Kunst.

Im Historischen Sitzungssaal in der ersten Etage haben der Kunstverein Bayreuth und die Tabakhistorische Sammlung der British American Tobacco (BAT) ihre Räume.
In den ehemaligen Oberbürgermeisterräumen erfährt der Museumsbesucher anhand von Graphiken und Objekten des Alltags und des Luxus, die im Zusammenhang mit Tabak als Kau-, Schnupf- und Rauchtabak stehen, eine kleine Kulturgeschichte dieses Genussmittels.

Anonym, Packungsetikett, „Das ist der Rechte", Holland, 18. Jh.

Kunstmuseum Bayreuth und Tabakhistorische Sammlung der British American Tobacco im Alten Barockrathaus
Maximilianstraße 33
95444 Bayreuth

Tel. 0921 / 7645-310
www.kunstmuseum-bayreuth.de
info@kunstmuseum-bayreuth.de

Öffnungszeiten
Dienstag – Sonntag
10 – 17 Uhr,
im Juli und August auch montags

Reise um die Welt an einem Tag

Auf dem weitläufigen Freigelände des Ökologisch-Botanischen Gartens, am Universitätscampus gelegen, wandert der Besucher in kurzer Zeit durch mehrere Kontinente: von Nordamerika nach China, Japan und Korea und über den Himalaja bis nach Europa.

Ganz im Süden des Geländes, neben einer ausgedehnten Streuobstwiese mit alten Obstsorten, gedeihen alljährlich im Sommer etwa 700 verschiedene Nutzpflanzen.

Ökologisch-Botanischer Garten Universität Bayreuth
Universitätsstraße 30
95447 Bayreuth

Tel. 0921 / 552961
www.
obg.uni-bayreuth.de
obg@uni-bayreuth.de

Öffnungszeiten:
Freigelände
März – Oktober
Montag – Freitag
8 – 18 Uhr
Sonn- und Feiertage
10 – 18 Uhr

November – Februar
Montag – Freitag
8 – 16 Uhr
Sonn- und Feiertage
10 – 16 Uhr

Gewächshäuser und Ausstellung
Ganzjährig
Sonn- und Feiertage
10 – 16 Uhr
Dienstag – Donnerstag
10 – 15 Uhr
Samstag geschlossen

Der Weg führt durch naturnah gestaltete Wälder, Heide-, Moor- und Steppenlandschaften sowie Dünengebiete der gemäßigten Nordhemisphäre. Prachtvoll sind die Steppen Zentralasiens und die Prärie Nordamerikas, wenn im Sommer Sonnenbraut, Prachtscharte, Indianernessel und das Moskitogras blühen. Nicht weniger spektakulär sind die östlichen Laubwälder im Herbst, wenn sich Eiche, Ahorn und Amberbaum leuchtend rot und gelb verfärben und so den oberfränkischen „Indian Summer" zeigen.
Die verschiedenen Vegetationstypen, angelegt mit Gesteinen, Wasserläufen und Felsen, sind arttypisch gestaltete Panoramen, die einen naturnahen Eindruck vermitteln. Dank der ökologischen Orientierung hat sich auch eine artenreiche Fauna entwickelt – die Gärten bieten ideale Voraussetzungen für das Verstehen ökologischer Zusammenhänge, nicht nur für den wissenschaftlichen Betrieb.
Zwischen Pflanzen, Landschaften und Tieren verborgen entdecken Neugierige immer wieder erstaunliche Kunstwerke des Künstlers Axel Luther. Zum Abschluss eines sommerlichen Spaziergangs sollten Gäste die umfangreiche Kübelpflanzenausstellung nicht versäumen.
Architektonischer Blickfang des Gartens sind die Gewächshäuser mit über 5000 tropischen und subtropischen Arten. In den unterschiedlich klimatisierten Schaugewächshäusern spaziert man – gerne auch in der kalten Jahreszeit – durch innertropische Tieflandregenwälder, durch Trockenwälder und die Pflanzenwelt der tropischen Hochgebirge. Die Lorbeerbäume im Nebelwaldhaus erinnern an die bedrohte Lorbeerwaldflora der Kanarischen Inseln. Das „Schatzkästchen" unter den Gewächshäusern ist das Gewächshaus für tropische Hochgebirgspflanzen. Hier werden Pflanzen kultiviert, die in den Hochgebirgen Afrikas, am Kilimanjaro, am Mt. Kenya oder in Äthiopien beheimatet sind.

Ein Schwerpunkt sind Beerensträucher sowie einheimische und fremdländische Wildsträucher mit nutzbaren Früchten. Inspirationen für den heimischen Nutzgarten!

Tauchfahrten ins Gebirg

Die Reize der Fränkischen Schweiz lassen sich an unzähligen Stellen genießen. Über Möglichkeiten für eine Fahrt ins Blaue und Highlights abseits der Hauptverkehrswege.

von Michaela Moritz

Die Fränkische Schweiz, unmittelbar vor den Toren Bayreuths, ist ein kleines Paradies und eine der meistgelobten Gegenden Deutschlands. Warum, muss man den Leuten, die um sie herum wohnen, immer wieder sagen, weil sie es sonst vergessen und nicht mehr hin fahren.

Selbst für Kenner gibt es dort immer wieder neue Dinge zu finden und zu erleben, von denen im Folgenden einige verraten werden.
Es fing alles sehr früh an. Man könnte sagen 1771, als Alexander von Humboldt, der später für seine Entdeckung und Vermessung der Neuen Welt berühmt wurde, gerade mal zwei Jahre alt war. 1771 nämlich entdeckte der aus Neudrossenfeld stammende Naturforscher und Theologe Johann Friedrich Esper in einer Höhle bei Burggaillenreuth ein ganzes Sammelsurium von Knochen. Höhlenbären-Knochen. Der Mann schrieb ein Buch mit dem bemerkenswerten Titel „Ausführliche Nachricht von neuentdeckten Zoolithen unbekannter vierfüßiger Tiere und denen sie enthaltenden so wie verschiedenen anderen denkwürdigen Grüften der Obergebürgischen Lande des Marggraftums Bayreuth“. Zwei Jahre nach Erscheinen der Publikation wurden – offenbar auf Geheiß des Markgrafs – einige der gefundenen Bärenrelikte in eine Kiste gesteckt und mit der Aufschrift „Fossile Knochen“ über ein Pferdefuhrwerk und diverse Boote nach England verschifft. Der Adressat: John Hunter, Anatom und Arzt in London und Verfasser medizinisch-zoologischer Schriften. Das Paket und die Nachricht der Knochenfunde, so erzählt man, löste eine Welle der Begeisterung unter Naturforschern der verschiedensten Länder aus, die nun zu Hauf in das „Obergebürgische Land“ und das „Muggendorfer Gebürg“ reisten, denn gerade bei Muggendorf hatte man neben der schon bekannten Oswaldhöhle noch einige Höhlen mehr entdeckt. Und da hoffte man natürlich auf weitere spektakuläre Funde.

Die Riesenburg bei Doos im Wiesenttal. Eine Höhle, die zugleich Ruine ist. Romantischer geht's nicht.

Romantische Anfänge

Just zu dieser Zeit war es auch, dass zwei aus Berlin stammende Erlanger Studenten auf die Idee kamen, in ihren Pfingstferien einfach mal ins Blaue loszureiten. Gen Norden und auf jeden Fall nach Bayreuth. Was sie in den folgenden zwölf Tagen erlebten, fanden sie so vergnüglich, dass sie später in Briefen davon Bericht erstatteten. Ludwig Tieck schrieb an einen Freund, Wilhelm Heinrich Wackenroder an seine Eltern. In Tiecks Brief finden sich Sätze wie diese: „Hinter Ebermannstadt reitet man immer durch ein äußerst romantisches Tal, durch das sich die Wiesent in vielen Krümmungen schlängelt. Zu beiden Seiten hat man

Kunst, Löwenzahn und herrliche Fernblicke: das „kleine Walberla", die Neubürg bei Wohnsgehaig.

ziemlich hohe Berge, geradeaus ebenfalls Berge vor sich. Ich habe noch wenig so schöne Tage als diesen genossen; es ist eine Gegend, die zu tausend Schwärmereien einladet, etwas düster Melancholisches und dabei doch so überaus freundlich." Was war geschehen? Die beiden hatten diese Landschaft 1793 wahrgenommen, wie noch keiner sie je zuvor gesehen hatte: romantisch.

Wer kam nicht alles in der Folge! Dichter, Reiseschriftsteller, Maler, Zeichner. Nicht selten vermengte sich in den Beschreibungen und Darstellungen der naturforschende Blick mit dem romantischen – 1807 nannte ein gewisser Johann Christian Fick die Gegend plötzlich „Fränkische Schweiz" – und man stellte fest, dass solches von Existenzsorgen freies Schauen eine erquickende Wirkung aufs Gemüt hat. Muggendorf und sein Nachbarort Streitberg wurden zu beliebten Sommerfrischezielen. Was wiederum die Aufmerksamkeit eines Kurarztes erregte. 1840 tauchte ein gewisser Dr. Gustav Briegleb in Streitberg auf und gründete eine „Molkekur-Anstalt". Er empfahl seinen bald zahlreich herbeiströmenden Gästen den täglichen Genuss von Ziegenmolke, dazu frische Kräutersäfte und Fichtennadelbäder, körperliche Bewegung in freier Bergluft und überhaupt die Freude an der Landschaft, denn: „Je ruhiger und friedlicher, je freier und frischer, je ansprechender und lieblicher die Umgebung, desto besser der Erfolg der Kur", so hieß es in einem Kurführer.

Alte Kurorte

Leider sind diese Zeiten vorbei. Die Höhlenbärenknochen sind vermutlich alle gefunden, Wackenroders und Tiecks romantische Epoche wurde von nüchternen Zeiten abgelöst, und die Kuranstalten im Wiesenttal haben seit langem geschlossen. Und doch hat die „Fränkische Schweiz" nichts von dem verloren, was ihre Entdecker an und in ihr bemerkten.

Wandert man heute auf dem Höhlenrundwanderweg „Über und unter der Erde" (siehe www.muggendorf.de) durch Oswald-, Wunders-, Witzen- und Rosenmüllershöhle kann man sich durchaus noch wie ein Höhlenforscher fühlen. Wer es bequemer mag, besucht die gut ausgebauten Tropfsteinhöhlen: die Binghöhle in Streitberg (www.binghoehle.de), die Teufelshöhle bei Pottenstein (www.teufelshoehle.de) oder die Sophienhöhle bei Burg Rabenstein (www.burg-rabenstein.de). Wanderlustige laufen von Muggendorf über Oswaldhöhle, Quackenschloss und Adlerstein hinauf nach Engelhardsberg und von dort hinunter zur Riesenburg, einer „Versturzhöhle", sprich einer Höhle, deren Dach eingestürzt ist. Die reitenden Freunde haben diese zwar nicht gesehen, hätten sie aber bestimmt wildromantisch gefunden. Den Blick der beiden ganz authentisch nachempfinden kann man aber, wenn man die Ruine Neideck besucht und von ihr aus ins Wiesenttal schaut. Ein Fenster der Burg „machte das schönste Gemälde", schrieb begeistert Ludwig Tieck, „und durch ein jedes Fenster sieht man eine neue Landschaft." Über die lange Geschichte der berühmtesten Ruine der Fränkischen Schweiz informiert heute der „Archäologische Park".

Und, wer hätte es gedacht, das „Alte Kurhaus" in Streitberg steht noch. Es ist heute ein Restaurant, und im Garten sitzt sich's so schön, und das Essen ist so frisch und sorgfältig zubereitet, dass man sich hier ganz wie einstmals Victor von Scheffel auf Kur fühlen kann (www.altes-kurhaus-streitberg.de). Ähnlich in Muggendorf: Dort trumpft Feiler mit seiner Wildkräuterküche (www.hotel-feiler.de).
Wackenroder und Tieck setzten ihren Ritt damals über Hollfeld, Wonsees und Sanspareil nach Bayreuth und bis ins Fichtelgebirge fort. Sie sahen somit einiges Beachtenswertes und sagten selbst von der eher kargen Gegend um Wunsiedel, sie wäre „für Berlin und 10 Meilen in die Runde... gewiss ein Paradies". Doch viele Schätze der Fränkischen Schweiz waren ihnen auch entgangen. Wir wollen diese hier nicht unerwähnt lassen.

Eine sehenswerte Merkwürdigkeit beispielsweise: der Druidenhain bei Wohlmannsgesees. Eigenartige Felsbrocken liegen hier im Wald verteilt und erinnern an eine archäologische Ausgrabung. Geologisch betrachtet handelt es sich schlicht um eine zerrissene und ausgespülte Sedimentschicht des einstigen Jurameers. Viele sind jedoch überzeugt, dass die Druiden der früheren Keltensiedlung bei Burggaillenreuth den Ort als spirituelle Stätte ansahen und hier auch angehende Druiden ausbildeten. Näheres erläutert Naturpädagogin Rosa Schmidt bei ihren Führungen durch den Hain (www.naturschule.info).

Ans Herz gelegt sei Ausflüglern das Leinleitertal, das südlich von Streitberg vom Wiesenttal abzweigt und Richtung Heiligenstadt verläuft. Man stößt hier – außer auf ein herrliches Tal – in Unterleinleiter auf den Schlosspark, der nicht nur verschiedene Gartenbaustile vorführt, sondern auch eine Freilichtgalerie zeitgenössischer Kunst darstellt. Normalerweise ist er nicht zugänglich, an ausgewählten Tagen finden jedoch Konzerte und Führungen statt (www.schlosspark-unterleinleiter.de). Noch weiter talaufwärts, oberhalb von Heiligenstadt, befindet sich Schloss Greifenstein, das „Klein Neuschwanstein" der Fränkischen Schweiz. Bei Führungen kann man das vorbildlich restaurierte Schloss besichtigen, aus dessen Eigentümerfamilie der Hitlerattentäter Oberst Claus Schenk Graf von Stauffenberg stammte.

Von Heiligenstadt empfiehlt sich ein Abstecher ins östlich vom Leinleitertal gelegene Paralleltal, das Aufseßtal. Nicht nur wegen des nicht minder geschichtsträchtigen Schlosses Unteraufseß in Aufseß, sondern auch wegen der im Ortsteil Heckenhof angesiedelten Kathi-Bräu, bei der sich im Sommer regelmäßig alle Motorradfahrer der Fränkischen Schweiz ein Stelldichein geben.

Repräsentant verschiedener Gartenbaustile und zugleich eine Freilichtgalerie: der Schlosspark von Unterleinleiter. Im Bild: Cerestempel und Skulptur von Herbert Mehlert.

Landschaftsplaner Karl der Große

Ein sehr frühes Kapitel der Geschichte der Fränkischen Schweiz repräsentiert der Ort Pretzfeld südlich von Ebermannstadt. Die Gegend strotzt nur so von Obstbäumen, und dem Spaziergänger gehen im Frühjahr vor weißen Blüten die Augen über. Warum Obstbäume? Weil Kaiser Karl der Große (gekrönt im Jahre 800) es einst befahl. Jeder Bauernhof in seinem Reich sollte Äpfel, Birnen, Quitten, Kirschen kultivieren. Heute kann man das Obst frisch, als Saft, als edlen Brand oder als „Charlemagner" genießen. So der Name eines Apfelschaumweins, der Charlemagne, Karl dem Großen, auf diese Weise ein dickes Dankeschön sagt. Doch vor Genuss der alkoholischen Schmankerl sollte man im Schloss Pretzfeld die neoimpressionistischen Bilder des Malers Curt Herrmann ansehen (Anmeldung unter Telefon 09194/5640), auf dem Kirschenweg rund um Pretzfeld spazieren gehen (www. pretzfeld.de/tourismus/kirschenweg) oder im Frühling von den Gipfeln des „Walberla" aus das weiße Blütenmeer bewundern.

Apropos Walberla. Die Ehrenbürg kennt ja fast jeder. Aber die Neubürg? Es ist die kleine Schwester des Walberla, die von Bayreuth aus im Übrigen viel schneller zu erreichen ist. Man erklimmt das 587 Meter hohe grasbewachsene Plateau am besten ab Wohnsgehaig (Gemeinde Mistelgau). Ähnlich dem Walberla lädt es mit seiner Sanftheit dazu ein, flanierend, schlafend und schauend einen ganz Tag auf ihm zu verbringen. Blickfänge bieten nicht nur die unterschiedlichen Perspektiven ins weite Land, sondern auch Skulpturen zeitgenössischer Künstler aus Deutschland, Frankreich und der Schweiz, die im Rahmen des Projekts „NaturKunstRaum Neubürg" dauerhaft installiert wurden (www.neubuerg-fraenkische-schweiz.de).

Zu guter Letzt noch ein Geheimtipp: das Kleinziegenfelder Tal. Nördlich der A 70 auf der Straße Richtung Weismain. Das Auto am besten auf dem Parkplatz nördlich des Ortes Kleinziegenfeld stehenlassen und von hier nach rechts den Hang hinaufspazieren. Die typischen Bestandteile eines Magerrasentals sind hier zu erleben: Wacholder- und Thymianduft, kleine Blümchen, seltene Schmetterlinge... und eine Besonderheit, ein Radfahrer hoch oben auf einem Felsen mit Frankenfahne in der Hand. Rund um „Claudius" erzählen die Dorfbewohner viele Legenden. Eine davon eine Liebesgeschichte, wie nur die lieblich-karge Landschaft der Fränkischen Schweiz sie schreiben kann.

Rechts: Ein Muss zur Zeit der Blüte ist Pretzfeld, die Hochburg des Kirschanbaus.

Ruine Neideck

Vielfalt
ist unser
Markenzeichen

Echt. Stark. Oberfranken!

Heimat für Genießer

Oberfranken Offensiv e. V.
www.oberfranken.de
www.genussregion.oberfranken.de

WENDELHÖFEN
BLUMENAU
MAINTALSIEDLUNG
HERZOG-HÖHE
KREUZ
HOFGARTEN
BIRKEN
FRANKENGUT
QUELLHOF
GLOCKEN
LERCHENBÜHL
UNIVERSITÄT
Gewerbegebiet
Gewerbegebiet Altstadt
Bayreuth Hbf.
Festspielhaus
Festspielhügel
Richard-Wagner-Park
Bezirkskrankenhaus
Kläranlage
Kulmbacher Str.
Hindenburgstr.
Hohenzollernring
Albrecht-Dürer-Str.
Erlanger Str.
Bismarckstr.
Rathenaustr.
Wittelsbacherring
Justus-Liebig-Str.
Ludwig-Thoma-Str.
Universitätsstr.
Cosima-Wagner-Str.
Birkenstr.
Hofer Str.
Neues Rathaus
Stadtfriedhof mit Grabkapelle Franz Liszt und Jean Paul Grabmal
Ökologisch-Botanischer Garten

Ausgewählte Adressen

Bayreuth – Stadt

Viele weitere Adressen finden sich in den Rahmenbeiträgen dieses Buches.

NEUSTADT
Coburg
Gefell
Neukenroth
Hesselbach
Geroldsgrün
NAILA
173
Köditz
Mupperg
Neuhaus-Schierschnitz
Stockheim
Wilhelmsthal
Steinwiesen
Rodach
SCHWARZENBACH a. Wald
SELBITZ
15
Burggrub
Haßlach b.Kronach
Steinberg
795
Döbraberg
Leupoldsgrün
Mitwitz
Gehülz
WALLENFELS
SCHAUENSTEIN
Konradsreuth
303
Marktrodach
HELMBRECHTS
9
Ahornberg
KRONACH
Seibelsdorf
Schmölz
Neuses
Wartenfels
Presseck
51
Schneckenlohe
Weißenbrunn
303
Neustadt b.Coburg
Küps
Rugendorf
Grafengehaig
Hohenberg
MÜNCHBERG
Oberlangenstadt
173
Burkersdorf
STADT-STEINACH
Marktleugast
Redwitz a.d.Rodach
85
BURGKUNSTADT
Guttenberg
2
Dörnhof
Untersteinach
KUPFERBERG
Stammbach
1
Lichtenfels a.Main
289
Veitlahm
Ludwigschorgast
Zell im Fichtelgebirge
2
Altenkunstadt
KULMBACH
Wirsberg
GEFREES
WEISMAIN
Mainleus
Ködnitz
(326)
Neuenmarkt
Marktschorgast
Buchau
3
Trebgast
Himmelkron
Roter Main
Schneeberg
4
5
48
Kasendorf
Lanzendorf
BAD BERNECK i.Fichtelgeb.
Bischofsgrün
Weißer Main
303
6
Thurnau
1024
Ochsenkopf
Harsdorf
2
Benk
70
48
392
Neudrossenfeld
GOLDKRONACH
7
8
Altenplos
10
Bindlach
Warmensteinach
Wonsees
85
Mehlmeisel
Heinersreuth
11
Laineck
12
13
BAYREUTH
(339)
22
Donndorf
HOLLFELD
Weidenberg
14
Obernsees
Eckersdorf
Mistelgau
Mistelbach
17
Kirchenpingarten
Immenreuth
15
16
Gesees
Seybothenreuth
Glashütten
Pittersdorf
Hummeltal
Emtmannsberg
Speichersdorf
Aufseß
Plankenfels
Hummelgau
18
Heiligenstadt i.OFr.
Haag
2
22
WAISCHENFELD
CREUSSEN
Kirchahorn
NEUSTADT am Kulm
Fränk.
Ahorntal
Prebitz
Streitberg
Vorbach
Oberbibrach
Muggendorf
19
Wiesenttal
Schnabelwaid
Schlammersdorf
Wiesent
20
POTTENSTEIN
626
Speinshart
470
Pretzfeld
Troschenreuth
Thurndorf
Gößweinstein
PEGNITZ
ESCHENBACH i.d.OPf.
Kirchenthumbach
Schweiz
Kirchehrenbach
Kleingesee
Bronn
470
51
Leutenbach
Geschwand
85
GRAFENWÖHR
Egloffstein
580
Michelfeld
Mittelehrenbach
Obertrubach
2
Veldensteiner
AUERBACH i.d.OPf.
BETZENSTEIN
Forchheim
Tr. Üb. Pl.
9
Pegnitz
Hiltpoltstein
Plech
FRANKENWALD
FRÄNK. SCHWEIZ
FICHTELGEBIRGE

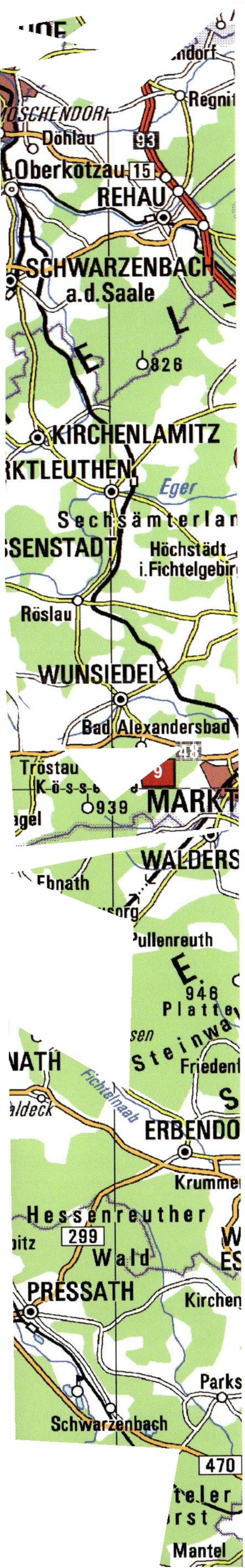

Ausgewählte Adressen

Bayreuth – Außenbezirke und Umgebung

Viele weitere Adressen finden sich in den Rahmenbeiträgen dieses Buches.

Autoren

Monika Beer, Jahrgang 1951. Wahrscheinlich ist es kein Zufall, dass sie so alt ist wie Neubayreuth. Das journalistische Handwerk hat die Redakteurin in der Festspielstadt gelernt, ein Schwerpunkt ihrer Arbeit liegt seither bei Richard Wagner, seinem Festival und seiner Familie. Als Kritikerin schreibt sie nicht nur für den Fränkischen Tag in Bamberg, wo sie seit bald zwei Jahrzehnten lebt, sondern auch für überregionale Zeitungen und Fachzeitschriften. Ihr bisher umfangreichstes Opus ist unter www.infranken.de/meinwagnerjahr zu finden.

Ingrid Eggers, Jahrgang 1946, studierte in Bayreuth Pädagogik und war 15 Jahre lang als Lehrerin tätig. Nach der Geburt ihres dritten Kindes quittierte sie den Schuldienst und studierte an der Universität Bayreuth Geschichte, wo sie anschließend 17 Jahre lang als Privatdozentin ausländische Studierende in Bayerischer Landeskunde unterrichtete. Seit 1989 ist sie freiberuflich als Gästeführerin in Bayreuth tätig. Ihre Leidenschaft sind die Bauernhäuser, die sie denkmalschutzgerecht restauriert und als Ferienwohnungen vermietet.

Dr. Oliver van Essenberg, Jahrgang 1970, arbeitete als Mitgründer eines Plattenlabels (Hyperium, Nürnberg) zunächst in der Musikbranche. Er studierte Germanistik mit Schwerpunkt Journalistik an der Universität Bamberg und promovierte 2003 in Literaturwissenschaft. Nach Tätigkeit in einer Agentur, wo er den Bereich Öffentlichkeitsarbeit verantwortete, machte er sich 2008 selbstständig und gründete 2010 den Verlag „selekt".

Dr. Karla Fohrbeck, Jahrgang 1942, ist Kulturwissenschaftlerin, Kulturpublizistin und Kulturpolitikerin (zuletzt Schul- und Kulturreferentin in Nürnberg). Sie ist in Bayreuth aufgewachsen, wohnt in Neudrossenfeld, hat ihr Projektbüro bei der Agentur KulturPartner in Bayreuth, und zwar in der früheren Dichterwohnung von Jean Paul in der Friedrichstraße 3. Von 2007 bis 2013 war sie u.a. für Idee und Gesamtorganisation des Jean-Paul-Weges in Oberfranken verantwortlich sowie Autorin der beiden Bücher zum Weg („Jean Paul in Oberfranken" und „Jean Paul in & um Bayreuth").

Stephan Herbert Fuchs, geboren 1967 in Bayreuth, ist seiner Heimat Franken auch beruflich treu geblieben. Der studierte Germanist ist seit rund 25 Jahren als hauptberuflicher freier Journalist und Pressefotograf tätig, unter anderem für Tageszeitungen, Fachzeitschriften, Magazine und Agenturen. Kultur und Musik gehören zu den Schwerpunkten seiner journalistischen Arbeit.
Er lebt in Kulmbach (www.stephan-herbert-fuchs.de).

Prof. Dr. Uta Hengelhaupt, Jahrgang 1954, studierte Kunstgeschichte und Geschichte an den Universitäten Bochum und Würzburg und absolvierte eine Ausbildung als Klavier- und Cembalobauerin in Bamberg (Firma I.C. Neupert). Nach einer mehrjährigen Mitarbeit in der Bayerischen Denkmalpflege folgten Tätigkeiten als Wissenschaftliche Assistentin und Professorin an der TU Berlin und in Frankfurt a. O. sowie als Kooperationspartnerin verschiedener Forschungseinrichtungen in Stuttgart, Wien und Trossingen. Seit 2009 ist sie Leiterin des LEADER-Projektes „Genussregion Oberfranken" bei der Handwerkskammer für Oberfranken in Bayreuth.

Dr. Peter O. Krückmann, Jahrgang 1952, ist Museumsdirektor bei der Bayerischen Schlösserverwaltung, wo er die Gemäldesammlungen sowie die Schlossbereiche Bayreuth und Coburg betreut. Zahlreiche Publikationen vor allem zur Kunst- und Kulturgeschichte Bayreuths, zur Schlösserarchitektur und zur Malerei Venedigs. 2007 wurde ihm die Bürgermedaille in Gold der Stadt Bayreuth verliehen.

Georg Lang, Jahrgang 1948, begann nach dem Abitur ein ausschweifendes „studium generale" und widmete sich daneben dem Brotstudium Architektur/Stadt- und Regionalplanung in München und Berlin. Seine Berufstätigkeit führte ihn nach Berlin, Lörrach (Südbaden) und Bamberg. Seit 2004 ist er Sympathisant der internationalen Slow Food-Bewegung.

Cornelia Masel-Huth, Jahrgang 1953, begann schon während ihres Studiums der Soziologie, Psychologie und Betriebswirtschaft in Berlin und Frankfurt für verschiedene Zeitungen zu schreiben. Mit ihrem Ehemann war sie Vorreiterin des biologischen Landbaus in Oberfranken. Nach einem Ausflug nach München und in den Bereich Eventmanagement kehrte sie in ihre Heimatstadt Kulmbach zurück und übernahm 2010 Projektleitung und Redaktion des Magazins ECHT Oberfranken – Menschen Ideen Perspektiven.

Michaela Moritz, 1968 in Nürnberg geboren, arbeitet als Journalistin, Fotografin, Librettistin und Texterin. Sie schreibt und fotografiert für regionale Medien, hat als Co-Autorin Bildbände zur Hirtenkultur Sardiniens und zur Esskultur Siziliens veröffentlicht und leitet philosophische und literarische Reiseseminare in verschiedenen Gegenden Europas. Sie lebt in Lauf a.d. Pegnitz.

Stephan Müller, geboren 1965 in Bayreuth, verfolgt bereits seit 1984 als freier Journalist die Bayreuther Geschehnisse mit Schreibblock und Kamera. Als Gästeführer und langjähriges beratendes Mitglied im Kulturausschuss sowie als Buchautor gehören die Geschichte der Bayreuther Festspiele, das Werk von Richard Wagner und die Stadtgeschichte zu seinen Spezialgebieten. Von 1999 bis 2012 war er Leiter der Statisterie im Bayreuther Festspielhaus. Seit 2008 ist er Mitglied des Bayreuther Stadtrates.

Dr. Frank Piontek, geboren 1964 in Berlin, lebt seit 1988 in Bayreuth. Als Kulturpublizist verfasste er viele Vorträge, Aufsätze, Artikel und zwei umfangreiche Blogs (Musil: Der Mann ohne Eigenschaften; Jean Paul: Die unsichtbare Loge) über Musiktheater, Kunst und Literatur in Bayreuth, Salzburg, Paris, Berlin, Venedig, Leipzig u.a. 1997 wurde sein Theaterstück „Casanova kam zu spät" uraufgeführt (Markgräfliches Opernhaus), 2013 das Stück „Siebenkäs" (Studiobühne Bayreuth). Er übernahm Regie- und Dramaturgiehospitanzen an der Semper-Oper Dresden und Wiener Staatsoper. Er wirkte an der Konzeption des „Jean-Paul-Wegs" in Oberfranken mit und konzipierte das Jean-Paul-Museum, Bayreuth. Über Richard Wagner verfasste er das Buch „Plädoyer für einen Zauberer" (Köln, 2006).

Mia Pitroff, Jahrgang 1980, ist Autorin, Musikerin und Kabarettistin. Geboren und aufgewachsen in Bayreuth, studierte sie Germanistik und Kunstgeschichte in Bamberg. Ihr Kabarett-Debut „Mein Laminat, die Sabine und ich" wurde mit mehreren Kabarettpreisen in Deutschland, Österreich und der Schweiz ausgezeichnet. 2012 erschien ihr ironisch-objektiver Frankenratgeber „Mir san mir sind die anderen" (Conbook Verlag). Regelmäßig ist Mia Pittroff als Autorin und Sprecherin der „Betthupferl"-Reihe auf Bayern 1 zu hören. Sie lebt in Berlin.

Dr. Simon Reitmeier, Jahrgang 1979, arbeitet für den Cluster Ernährung am Kompetenzzentrum für Ernährung in Kulmbach. Er verfasste seine Dissertation zum Thema „Warum wir mögen, was wir essen – Eine Studie zur Sozialisation der Ernährung" (transcript Verlag 2013). Der Autor untersucht dabei die vielfältigen Einflüsse auf den Geschmack bzw. das Ernährungsverhalten des Menschen.

Birgit Ringlein, geboren 1956 in Bayreuth, gelernte Rechtsanwaltsgehilfin, lebte lange Zeit in USA und Tunesien. 2000 kehrte sie nach Bayreuth zurück und ist seitdem Lehrstuhlsekretärin bei der Universität Bayreuth. Seit vielen Jahren beschäftigt sie sich als Buchautorin intensiv mit dem Thema fränkische Küche. Buchveröffentlichungen (Auswahl): „Bayreuther Kochbuch" (Mundartverlag Naumann 2006), „Apfelkiechla und Zwiebelblootz – Die besten fränkischen Spezialitäten" (Husum 2007), „Bierspatzen und Brauergulasch" (Husum 2008), „Bratwurst – Der universelle Genuss" (Husum 2011), „Knödel und Kartoffeln – Genussvolle Beilagen und Gerichte" (2012). Einem ganz anderem Genre wendet sich die Autorin in „Der Duft von Ambra" zu, einem historischen Roman, der im Februar 2014 beim Verlag ACABUS erschien.

Eric Waha, Jahrgang 1970, hat als Redakteur beim Nordbayerischen Kurier in Bayreuth, dem er seit 1992 angehört, die Möglichkeit eines seiner Hobbys, das Fotografieren, mit dem Schreiben zu verbinden. Und gleichzeitig immer die Hand am Puls der Region zu haben, mit der er verwachsen ist. An der Region schätzt er besonders die Lage zwischen Fichtelgebirge und der Fränkischen Schweiz, die landschaftlichen und kulinarischen Reize, die Herzlichkeit der Oberfranken, ihre großartige Braukunst, die wahrscheinlich besten Bratwürste der Welt und die vielen Möglichkeiten, die entdeckenswerte Stadt mit ihren reichen Schätzen und kurzen Wegen genießen zu können.

Thomas Zimmer, Jahrgang 1963, besuchte die Fachoberschule Bayreuth. Gemeinsam mit seiner Frau Alexandra leitet er die alteingesessene Bäckerei-Konditorei Lang in Bayreuth. Er hat sich schon früh für seinen Beruf und für das Handwerk in der Region engagiert, z.B. als Gründer des Junghandwerks Bayreuth (heute Junioren des Handwerks) sowie als Vorstandsprecher des Junghandwerks Oberfranken. 2007 bracht er den Verein „Genussregion Oberfranken" auf den Weg. 2009 wurde Thomas Zimmer zum Präsidenten der Handwerkskammer für Oberfranken gewählt, 2013 zum Vizepräsidenten des Zentralverbandes des Deutschen Handwerks.

Impressum

Konzept, Redaktion, Porträttexte
Dr. Oliver van Essenberg

Mitarbeit (Porträttexte der Seiten)
Dr. Marina von Assel (234)
Christina Drescher (169, 188, 189, 224)
Bernd Hobe (225)
Andreas Kaul (209)
Marianka Reuter-Hauenstein (137)
Miriam von Stenglin (181)
Folkert Streich (210)
Jens Wagner (235)
Eric Waha (42, 62, 92, 144)

Fotografen
Martin Bursch / Genussregion Oberfranken (MB)
Eva Hagen / ADM Service (EH)
Josef Hagen / ADM Service (JH)
Manfred Jahreiss / Fotostudio Jahreiss (MJ)
Michael Schinharl (MS)
Eric Waha (EW)

Layout und Grafik
Stephan Drescher
Petra Jost

Druck
Druckerei Fruhauf GmbH, Bamberg

Verlag
selekt Verlag
Untere Königstr. 19
96052 Bamberg
Tel. 0951/2975923
www.selekt.org
info@selekt.org

Mit freundlicher Unterstützung durch
©ADMSERVICE GmbH

Bildnachweise (Seite, Fotograf / Copyright, Platzierung)
4/5: Restaurant Eremitage, 8/9: Ludwig Richter / Historisches Museum Bayreuth, 10: Restaurant Eremitage, 12/13: EW, 14/15: wikimedia commons / Marianne.schreiber, 16/17: MS, 18/19: MB, 20: Bayerisches Brauerei- und Bäckereimuseum (o.), Museumspädagogisches Zentrum / MUPÄZ (M.), MB (u.), 21: MB, 22: Bayerisches Brauerei- und Bäckereimuseum (o.), MB (u.), 23: MB (o.), Kulmbacher Brauerei AG (u.), 24: Brauerei Gebr. Maisel, 25: MS, 26: JH, 27: Uta Hengelhaupt (o.), Oliver van Essenberg (u.li.), MB (u.re.), 28/29: EW, 30: MB (o.), EW (u.), 31: EW, 32/33: EH, 34: EW (o.), Oliver van Essenberg (u.), 35: Oliver van Essenberg (o.), EW (u.), 36: JH, 37/38: EW, 39: JH, 40/41: MB, 42/43: EW, 44-47: EH, 48-51: Kern, 52: Bäckerei-Konditorei Lang (o.), EH (u.), 53: MB (o.), Bäckerei-Konditorei Lang (u.), 54/55: JH, 56: JH (o.), Frank Märzke / GuideMedia (u.), 57: EH, 58: Oliver van Essenberg, 59: EW, 60: Markus Raupach / GuideMedia (o.), EW (u.), 61-63: EW, 64: MJ (li.), JH, 65: JH, 66-69: Drossenfelder Bräuwerck, 70: adpic Bildagentur, 71/72: MB, 73: JH (u.li.), Forsthaus Schweigelberg, 74/75: Burg Rabenstein Event GmbH, 76: Greene Entertainment (re.u.), Burg Rabenstein, 77: Burg Rabenstein, 78-79: EH, 80: JH (li.), artKontour, 81: JH, 82: MJ, 83: Hallermühle (u.), MJ, 84: EH, 85: Martin Koslowsky (u.re.), EH, 86: MJ (o.), MS (u.), 87: Schloss Neudrossenfeld (li.), MJ (re.), 88: MJ, 89: Rinaldo Minuzzi (o.), wikimedia commons / El Grafo (Panoramabild S. 89-91 unten), 90: Sammlung Dr. Gerd Mayer / Historisches Museum Bayreuth (o.), Rinaldo Minuzzi, 91: Dr. Gerd Mayer / Historisches Museum, Rinaldo Minuzzi, 92: EH, 93: EH (o.), EW, 94/95: EH, 96: Copyright und Produkte: www.zieher.com / Foto: Gerd Preiß / www.die-lichtzeichner.de, 97: EH (o.), Dötzer Restauration, 98: EW, 99: Miamiam Glouglou (li.), JH (re.), 100: JH (o.), Goldener Anker (u.), 101: Goldener Anker (o.), JH (u.), 102: Luise Duttenhofer / Schiller Nationalmuseum, Marbach, 103: EW, 104: Restaurant Eremitage (o.), Frank Piontek (u.), 105: Andreas Harbach, 106: Stadt Bayreuth, 107: Beate Roth, 108/109: EH, 110/111: Restaurant Eremitage, 112/113: Goldener Löwe, 114: Regierung von Oberfranken, 115: JH, 116: Regierung von Oberfranken, 117: JH (u.), 118/119: EW, 120: Handwerkskammer Oberfranken, 121: EW, 122-124: Handwerkskammer Oberfranken, 125: JH (re.), Bayerische Schlösserverwaltung / www.schloesser-bayern.de (u.), Handwerkskammer Oberfranken, 126: Stadt Kulmbach (u.), Handwerkskammer für Oberfranken, 127: Johannes Stark, 128: EH (li., li.u.), Schreinerei Spielbühler, 130: EH, 131: artus (u.), EH, 132/133: EW, 134: Rettet die Fachwerk- und Sandsteinhäuser e.V. (li.), EW, 135: EW, 136: Rettet die Fachwerk- und Sandsteinhäuser e.V., 137: Museum Hummelstube, 138: Andreas Mätzold, 139: Café Mühle (re.), Andreas Mätzold, 140: Andreas Mätzold, 141: EW, 142: EW, 143: Image Design (li. Mi. re.), EW, 144: Melanie Nützel, 145: EW (Porträt), Melanie Nützel, 146: EW (o.), JH (u.), 147: JH (u.), EW, 148/149: EH, 150: ECHT Oberfranken, 151: Sibylle Forster / Bayerische Schlösserverwaltung (o.li.), ECHT Oberfranken, 152: Sibylle Forster / Bayerische Schlösserverwaltung (o.li.), ECHT Oberfranken, 153: Museumsverein Naila (o.), ECHT Oberfranken, 154/155: wikimedia commons / Guido Radig, 156: wikimedia / Stevetodao, 157: Oberfranken Offensiv (o.), Oliver van Essenberg (u.), 158: EH, 159: Restaurant Eremitage, 160: Steingraeber & Söhne (o.), Bayerische Schlösserverwaltung / www.schloesser-bayern.de (u.), 161: Stadt Bayreuth (o.), H.J.Schirner (u.), 162/163: MS, 164: Restaurant Eremitage, 165: Stadt Bayreuth, 166/167: Restaurant Eremitage, 168: EH, 169: Frahm, Bayerische Schlösserverwaltung, 170/171: EW, 172/173: MS, 174: J.C. Köppel / Historisches Museum Bayreuth (li.), Andreas Harbach, 175: Andreas Harbach, 176: Andreas Harbach (li.), Restaurant Eremitage (re.), 177: Andreas Harbach, 178: Heinrich Stelzner (Lithographie Harmoniegebäude), Andreas Harbach, 179: MS (o.), Harbach (Mi.), Projektbüro Jean Paul Weg (Grafik), 180: Beate Roth, 181: Bayerische Schlösserverwaltung / www.schloesser-bayern.de, 182: Oliver van Essenberg, 183: H.J. Schirner (o.li.), Oliver van Essenberg, 184-185: Nationalarchiv der Richard-Wagner-Stiftung, Bayreuth, 186: Jörg Schulze / Bayreuther Festspiele GmbH, 188: Stadt Bayreuth (re.), wikimedia commons / Nadar (li.), 189: Staab Architekten, 190: Bayreuther Festspiele GmbH – Bildarchiv, 191: Nationalarchiv der Richard-Wagner-Stiftung, Bayreuth, 192: Nationalarchiv der Richard-Wagner-Stiftung, Bayreuth – Zustiftung Wolfgang Wagner, 194: Enrico Nawrath / Bayreuther Festspiele, 195: Siegfried Lauterwasser / Bayreuther Festspiele (o.), Tobias Hase / dpa picture alliance (u.), 196: Enrico Nawrath / Bayreuther Festspiele, 197: Siegfried Lauterwasser / Bayreuther Festspiele, 198: Enrico Nawrath / Bayreuther Festspiele, 200: Jörg Schulze / Bayreuther Festspiele, 201: Wilhelm Rauh / Bayreuther Festspiele, 202: St. Georgen swingt, 203: Jonathan F. Kromer (o.li.), Andreas Harbach, 204: Andreas Harbach, 205: Stephan Herbert Fuchs (o.), St. Georgen swingt / Norbert Achtelik (M.), Steingraeber & Söhne (u.), 206-208: Festival junger Künstler Bayreuth, 209: Steingraber & Söhne, 210/211: Florian Miedl / Luisenburg-Festspiele, 212-215: EH, 216: Fränkischer Theatersommer, 217: EH (li.), Fränkischer Theatersommer, 218/219: EH, 220/221: Naturbühne Trebgast, 222/223: DAS BAUMANN, 224: Günter Karittke, 225: Sandra Stierle, 226: Schlosstheater Thurnau (o.), Oliver van Essenberg (u.), 227: Eva Hagen (o.), Markt Thurnau (u.), 228: Martin Tittmann, 229: EH (u.), Martin Tittmann, 230: Peter Coler, 231: EH (u.re.), Peter Coler, 232/233: BAT CampusGalerie, 234: Kunstmuseum Bayreuth, 235: Jens Wagner, 236/238: Michaela Moritz, 240: Rolf Pätschinsky, 241: Michaela Moritz, 242/243: wikimedia commons / Benreis, 246: Stadt Bayreuth / GMK, 248: Landesamt für Vermessung und Geoinformation, 250-254: EW (Inge Eggers), Dieter Putz (Karla Fohrbeck), Ronald Wittek (Eric Waha), die Autoren.

Weitere Bücher der Serie *Lebensart genießen* sind im Medienfachhandel und über die Internetseiten des Verlags erhältlich.

www.lebensart-bamberg.de

www.lebensart-nuernberg.de

www.lebensart-wuerzburg.de

www.lebensart-fichtelgebirge.de